漂流の演劇

維新派のパースペクティブ

永田靖 編

大阪大学出版会

Ⅲ 時代×都市

Ⅳ 旅×松本雄吉

序

松本雄吉とその演劇

永田靖

松本雄吉と維新派の仕事とは一体何だったのだろうか。俳優の律動的な群舞と幾何学的なミザンセーヌ（演出）、既成の劇場を好まず、港、浜辺、湖畔などに巨大な木造劇場を建てるスタイル、テキストの因果律にはよらず、音韻の連鎖による語彙の羅列とその連呼という発話形式など、どれをとっても極めて独自の美学に貫かれている。戦後日本演劇の中でも傑出した成果を示しているばかりか、同時代の世界前衛演劇の中でも特筆に値する作品群を残していることはおよそ衆目の一致するところであろう。

維新派は松本雄吉が一九七〇年に創設した「日本維新派」に始まる。あるいは更にその前身の「舞台空間創造グループ」にルーツを求めることもできる。良く知られているように、松本は大学で美術を専攻したことはあってもいわゆる演劇の教育を受けたことはない。ちょうどこの一九七〇年代の前後には日本内外でアヴァンギャルドの仕事、つまり既成の芸術のジャンルを逸脱し、あるいは多ジャンルを横断的に踏み越えて行く仕事が多かった。演劇の領域でもこの種の試みがその後の演劇のあり方に根源的な影響を残すこととなったが、それらの先駆的な仕事は劇作家でも演出家でもなく、美術や音楽、あるいは文学と言った他領域の作家の実験であることが少なくなかった。とりわけ美術の領域との関係は決定的で、ロバート・ウィルソンやタデュウス・カントルなど挙げるまでもない。彼らの演劇、もしくはパフォーマンスが、同時代の演劇がテキストに縛られ自由さをなくしているという認識から、視覚性と身体性に力点を移そうとするのは自然の流れであった。

ロバート・ウィルソンには、一九七二年にイランのシラーズ演劇祭で上演した『カ・マウンテンとガーデニア・テラス*1』というタイトルが直接示すようなサイト・スペシフィックな作品がある。これは一週間続くパフォーマンスで、十数人のグループをなす観客がシラーズ郊外の広大な荒れた丘陵地帯にある七つの丘の麓に作られた舞台を一つずつパフォーマンスに参加していき、その荒地を越えていくという一種の巡礼のスタイルを取る。参加者たちは、それらの舞台で場合によっては聖書を購読したり、場合によっては儀礼らしきものを行ったり、場合によっては『白鯨』を読

*1　Maria Shevtsova, *Robert Wilson*, Routledge, 2007, pp. 10–11.

んだりしていく。丘陵のあちこちには、ロバート・ウィルソンの舞台には馴染みの動物たち、フラミンゴや魚、蛇などや、また人間たちが書割で、さらに様々な立て札や船なども配置され、この地帯をパフォーマンスのスペースに変化させた。この実験が「変わりゆく家族と人々の物語」という副題を持つように、これは参加者一人一人の一種の精神の巡礼を企てるものであった。それはウィルソンが幼少時に言語障害を煩い、その治療のためにダンスを始めたことと繋がっていた。ウィルソンは身体の動きが感覚の領域を超えていくことで人間に解放性をもたらすことを知り、その後障害を持つ子供たちとのパフォーマンスに応用していく。ウィルソンのパフォーマンスは精神の治癒なのである。

　松本雄吉も最初期からサイト・スペシフィックな作品を作っていることは良く知られている。一九七五年の『足の裏から冥王まで』は淀川の河川敷でのパフォーマンスだったが、ロバート・ウィルソンのようなキリスト教世界や神話世界の枠組みは借りず、「観客席を真ん中にして中心に塔を建てて、そこでミュージシャンが演奏をする。客席の周りを溝で囲んで舞台との境界を作って、時計の針みたいに芝居がまわっていって、三六〇度まわりきったところで終わる[*2]」といったもので、「アウトサイダーをつなぐ通底道」を作ろうとしたという。一種の領域横断を主題としていると言

*2 松本雄吉「維新派史・原郷と漂流その可能性の中心」松本雄吉ロングインタビュー③『維新派大全　世界演劇／世界劇場の地平から』松本工房、一九九八年、一六五頁。

えば言えなくもないパフォーマンスだが、これと同じタイトルの作品は一九七八年に天王寺野外音楽堂で再演され、また映画監督井筒和生（後の井筒和幸）が記録映画にも残している。映画によれば、それは全裸による暗黒舞踏と宙づり、嘔吐、性行為などが行なわれ、これらの作品が彼らをこの時代もっとも過激なパフォーマンス集団の一つにしていたことは論を俟たない。

この時代のいわゆる演劇人ではないアーティストが行った脱領域的でサイト・スペシフィックなパフォーマンスは数多くあったが、松本の場合はロバート・ウィルソンのような精神の治癒にルーツを持つようなものではなかった。扇田昭彦がウィルソンと比較して「硬質な美意識を貫いた大掛かりな装置、さらには音楽、美術、演技をほぼ等価に扱い、様々なジャンルを越境・横断する舞台を創る姿勢、せりふ以上に視覚性を重視する行き方、舞台の色調を黒と灰色に絞る色彩感覚[*3]」などを共通点としているように、松本とウィルソンの舞台表象は一見極めて似た部分を持つ。「実際やっていることはすごい人工的」で、「トタンやペラペラの感じ、プラスチックやミニチュアの世界とか好きやし」と松本本人が言うように、松本もウィルソンも性質的にはモダニストだろうと思う。扇田の言うようなこの二人の舞台が質的に近いものを持つことはよく理解できるとしても、この二人のもっとも類似している点は、解釈の

*3　扇田昭彦「現代演劇史の中の維新派」同書、九四頁。

自在さは観客の側にあるとしたうえで、作品は作者が作るもので、観客は完成したその作品を楽しむものだという言わば伝統的な理解を貫いたことだろう。むろん松本は一九八〇年代の初めには高野山に設けた稽古場「化身塾」で一般参加の講座をしているし、ウィルソンも一九六四年と一九六五年にはテキサス大学に戻って子供と一緒に作品を制作はしている。しかし彼らの長く続くキャリアを見れば、作品を受け手たる観客との相互交渉の場とは考えていなかったということは疑いがなく、この点において同時代のパフォーマンス・アートの作り手たちとは根本的に異なった。

例えば、パフォーマンス・アーティストのマリーナ・アブラモヴィッチは、同じように美術の世界からパフォーマンス・アートの世界に入っていく。その一九七四年のナポリのギャラリーでの『Rhythm0』では、立ち続けるアブラモヴィッチに対して来場者は、拳銃、ナイフ、斧、バラ、ワイン、塩、砂糖など七十二の事物から好きなものを選んで本人に対して何をしてもよい、本人は全くの無抵抗で来場者の振る舞いを完全に受け入れるというパフォーマンスを行なった。また翌年アムステルダムで行なった展覧会で、四時間だけ現実の娼婦と役割を交換するというパフォーマンス『役割交換』を行なった。アブラモヴィッチと役割を交換したその娼婦が、アブラモヴィッチ展のオープニングをホストするというアーティストの役割を務めたのである*4。

*4 Mary Richards, *Marina Abramovic*, Routledge, 2010, p. 15.

ともに自分自身と自我との境界を曖昧にし、あるいは際立たせることを観客との相互的なパフォーマンスで行為するという考え方に依っている。松本には、そしてウィルソンにも、このような意味では作品そのものの概念を根本的に動揺させるということはなかった。基本的には松本の作品は、いわゆる近代の作品概念の範疇にあり、それは額縁舞台の中に安住するというのではなかったが、二十世紀初頭の「歴史的アヴァンギャルド」の試みの七〇年代的展開なのである。

それは例えば、「歴史的アヴァンギャルド」の一人、ロシアの演出家メイエルホリドの「ビオメハニカ」にも比肩できるような律動的な演技身体を打ち立てたことでも明らかであろう。それは九〇年代以降のいわゆるヂャンヂャン☆オペラ以降のことであるが、松本の最後期に近づくにつれ、アジア性や日本性に大きく関心が傾くにもかかわらず、例えば日本の能や歌舞伎、あるいはインドのカタカリや中国の京劇の演技身体には全く関心を示すことはなかった。これは同時代のヨーロッパの前衛がアジアの演技身体を学習し、模倣し、吸収したのと対照的である。例えば、デンマークの演出家ユージェニオ・バルバは、インドのカタカリ、能、日本舞踊、インドネシア舞踊などを、グロトフスキから学んだ身体と心理の交換可能性を存分に活用して、これまでになかったような独特なニュアンスを持つ演技身体を構想していった。ウィルソンですら、しばしば「ニープレイ」においてメイエルホリド的律動性を取り込んでいるが、同時に日本舞踊や京劇の身体には深く関心を示し、例えば台湾で制作した『鄭和1433』（二〇一〇）では台湾伝統歌劇の歌仔戯を題材に作品を構想したように、西欧の前衛の多くがアジアの演技身体に関心を示して行くのに対し、松本は一貫して自身の持ち得た演技身体に、アジアの伝統演劇のそれを組み込もうとはしなかった。

ウィルソンとの違いは他にも見いだせる。松本の遺した書き物を読むと、自然のメタファーで語ることが多いのに気がつく。路地について述べるくだりでは、「〈路地〉や〈廃墟〉というのは『風のすみか』やね[*5]」という。路地に盆栽を並べることはそこを通る人にも楽しんで貰えると同時に、それは盗まれるという危険も併せ持つもので、自分と他人の所有感覚の曖昧さを「路地」の特徴といい、それはただそこに生まれるものだとしている。自他の境界の曖昧さについても、松本は繰り返し述べており、それが維新派の作品の美質となっていることも本人が述べているが、それをここでは「風のすみか」という喩えで語っている。また生き物と事物の差がないことを追求しているとして「雨上がりですべてのものが濡れている等質な風景[*6]」や「乾ききった砂だけしかない砂漠の風景」などを例に出して、事物それぞれの個性を一度

*5　松本雄吉「維新派という美学　身体・風景・野外」『維新派大全　世界演劇／世界劇場の地平から』前掲書、一五頁。

*6　松本雄吉、同書、二七頁。

引っ込めて均一で等質な風景の価値を讃え、いっそ自己もそこに埋没させたいと言う。これは例えば本人が一番好きだった小説が丸山健二『台風見物』だと言っているのと通じるものだろう。台風は日常を吹き飛ばし、家も街も空も海も同質の色合いにしてしまう。そこでは人間も生き物も事物も互いの差異はなく、自己と外界との境界が霧消している状態を現出させるものとして理解されている。

　他方、ウィルソンの作品では一見「自然」とは何の関係もないように見える。そこでは黒白のモノトーンや様々な原色の抽象的な構築物が、具象性を欠いた平面的な背景の中に置かれていることが多いため、「自然」の再現的な具象性はほぼ皆無に近い。しかし、作品はしばしば古代神話やヨーロッパの古典劇、オペラを原典にしているものが多く、そのため作品の中にはそもそも「自然」が内包されていると考えてよい場合が少なくない。例えば『森』（一九八八）は、ベルリンで上演された作品で、古代メソポタミア神話の中の『ギルガメッシュ叙事詩』を原典としている。ウィルソンはこれを十九世紀のヨーロッパ世界に置き直し、暴君であるギルガメシュ王と野獣の性質を帯びていたエンキドゥが言わば十九世紀近代文明に馴致されていく様を描いている。平面的な背景に天井から真っ直ぐな松の木を思わせる円柱が何本も落ち、舞台は「森」を表象している。ここでは荒々しい森（自然）は、抽象化を受けて統御された森（文明）となる。ウィルソンの「自然」は抽象的な構築物に閉じ込められ、見た目の美しさとは裏腹にアイロニーを放つ。

ウィルソンの場合、実は「柱」に自然と文明のアイロニーを含ませるのは、ここに始まったことではなく、最初期から見て取れる。一九六八年の『ポールズ』（『柱』）というオハイオ州の郊外での野外インスタレーションで、ウィルソンは規則的に高低差をつけて切断された約六百五十本にも及ぶ木製の電柱を八メートル四方の正方形のエリアに整然と配置した[*7]。これを背景にウィルソンは展示期間中ダンスをしたというが、この木を切り倒した電柱に、自然を統御してきた近代文明へのアイロニーを読み取ることは不可能ではないだろう。つまりここでは、まるで近代そのもののように、整列した柱の抽象性に荒々しい「自然」を封じ込めている。

この点、自然そのものに自他の境界をなくしてしまおうとする松本とは根本的に異なる。松本の「自然」も総じて言えば、近代批判を主眼とするが、維新派の歴史の中でもっとも興味深いことの一つに、高野山、より正確には浅香山に稽古場を設けたということがある。「化身塾」という名の稽古場では、彼らは草を取り魚を獲っては共同生活をしながら、しかし時には夜になると大阪の繁華街、難波まで出て酒を飲んだという[*8]。ウィルソンが二〇〇六年にNYを遠く離れたロングアイランド島の最先

*7　Robert Stearns, "Tangible logic: Wilson's visual arts," Franco Quadri and others, *Robert Wilson*, Rizzoli, 1997, p. 219.

*8　松本雄吉「建ち上がる風景、愉楽の路地　松本雄吉『南風』を語る」『維新派大全　世界演劇／世界劇場の地平から』前掲書、四〇頁。

端、自然のまっただ中に、モダンな美しい「ウォーターミル・センター」というレジデンス・プログラムなどを行える拠点を設立したのと対照的である。そういう暮らしの中で、松本は高野山の自然の中にいて、その前方には大阪の繁華街難波の自然（人工的な）があり、その背後には熊野の自然があるということを実感したという。熊野の自然は、難波のものとも、高野山のものとも異なって、男性的で粗削りな自然で、緑の色ももっと違って、怖い自然なのではないかと。そしてそれは中上健次の世界と繋がっているものとしてある。

中上健次の作品を題材にしたのは一九九七年の『南風』であることは良く知られている。『奇蹟』『千年の愉楽』などを題材にしたこの作品は、主人公の少年が熊野の路地を舞台に夢のような現実の中で育つ少年が、やがて再開発を企てるやくざとの抗争の果てに死に絶えていく様を描くものである。作品のために松本は紀州、熊野、串本などを調査しているが、そこで松本はこの地方の独特の風土と出会っている。この地方の地名の面白さに触れた後、「面白いのは海、新宮にさしかかるとそれまで枯木灘を右側に見て走っていたのが、海が突然なくなるんです。降りたらどっちが北なのかわからない。ものすごく落ち着かない。なんか異界に入ったような印象で、迷子になった感覚[*9]」と言う。ここでは熊野の「異界」のような地理的風土の特異性を受け止め、それは『南風』で現出された「路地」に定着させていると考えることができるだろう。ウィルソンの自然にはこの種の地理的な固有性は無縁であろう。

初めて舞台上に街を作った作品は一九八四年の『蟹殿下』とされている[*10]。これは「通天閣からジャンジャン横町、聖天坂をぬけて南港までの道のりを歩いてみて面白かったので、一切自分の思いを入れずに、その道にある看板とか落書き、「非常口」とか「小便するな」とか「セールスお断り」とかね、そういうのを写真に撮ったりメモしたりして、それを脚本にした。そうすると、地域性とかドラマとか、ちゃんと出るんですよ。海とか風の匂いが、それだけでしてくるんやね[*11]」と松本本人が述べている。つまり言うなれば「土地の現実の導入」という方法を使って、この「穴から這い出た蟹がクレーンで吊した巨大な満月の海に帰るまでの下町の風景を再現[*12]」した作品においては、舞台上に再現された場所が、ただそれだけでドラマを持つことを示した。この考え方を松本はその後ずっと、最後期まで継続していくのは、周知のことだろう。

舞台の上に街や路地を再現するとは、しかし松本が忌み嫌った「リアリズム演劇」の核心ではなかったろうか。例えば、ロシアの作家マクシム・ゴーリキーの『どん

*9 松本雄吉、同書、四一頁。

*10 松本雄吉「苦行の時代——化身塾開設から閉鎖まで」『維新派大全 世界演劇／世界劇場の地平から』前掲書、一七六頁。

*11 松本雄吉、同書、一七六頁。

*12 松本雄吉、同書、一七七頁。

底』（一九〇二）の第3幕は、同じように「路地」が舞台である。最下層に生きるマイノリティをリアルに描いたこの作品の路地は、同じ下層民の路地ではあるが、その地理的個性は不特定で、したがってその路地だけでは松本が言うような意味ではドラマを生まない。ここで、演劇に地理的固有性を持ち込むことは、しばしば演劇の、単なるリアリズムを越える効果を持ったことは思い出してよいだろう。例えば、テネシー・ウイリアムズ『欲望という名の電車』（一九四七）は、アメリカの南部の都市、ニューオーリンズを舞台にしている。冒頭のト書きは次のように始まる。「ニューオーリアンズ市の〈極楽〉という名の街路に面した、ある町角の二階建ての建物の外側。その街路は、L&N鉄道の線路と、ミシシッピ河のあいだを通っている。そこは貧しい地区ではあるが、アメリカのほかの都市にある貧民地区とはことなり、一種の卑俗な魅力をそなえている。ほとんどの家屋は白ペンキ塗りの木造で、風雨にさらされて灰色になっており、がたついた外階段と、バルコニーと、ふう変わりな装飾の破風がついている。[*13]」これは古い南部の植民地プランテーションで裕福だった女性（ブランチ）が身を持ち崩し、自己を偽って南部の新しい近代都市ニューオーリンズに住む妹の家に居候にやってくるものの、妹の夫（ポーランド系移民）とそりが合わず、乱暴されて精神的に破滅してしまう劇である。

*13 テネシー・ウイリアムズ（小田島雄志訳）『欲望という名の電車』、新潮社、一九八八年、七頁。

ニューオーリンズはかつてフランス植民地であったところで、旧市街のいわゆるフレンチ・クォーターは今でもその名残を留める屈指の観光地となっている。アフリカ系アメリカ人に、フランス人やクレオールが混入した歴史があり、多文化社会であるが、テネシー・ウイリアムズが描く安アパートは、そのような古い南部の文化はもちろん、古いクレオールの文化とも違い、いわば新興都市としての近代化された文化を持っている。ここでテネシー・ウイリアムズは、ちょうど松本がしたように、街のそのままの寸描や、街の声を書き込んでいる。例えば第2場の「タマーラ（メキシコの料理）売り」や第5場の新聞の集金にくる少年や、第9場の供養の花売りで盲目のメキシコ女性などである。その第9場のト書きには、「物売り女が角をまわって現れる。盲目のメキシコ女で黒っぽいショールをまとい、メキシコの下層階級の人たちが葬式や祭りの時に飾る、けばけばしい錫箔（すずはく）の造花の束をもっている。彼女はやっと聞きとれるぐらいの売り声をあげる。その姿も屋外ではやっと見わけられるぐらいである。「フローレス。フローレス。ご供養の花はいかが。フローレス。フローレス」[14]」と、ここでは登場人物化され、台詞が与えられているものの、松本の言う「土地の現実を導入」している点で共通する。テネシー・ウイリアムズの場合には、この土地の現実は、ただ単にリアルな再現を目的にしているのではなく、「タマーラ売り」は女主人

*14 『欲望という名の電車』同書、一七四～一七五頁。

公のアイデンティティの動揺を感じさせる引き金になり、「新聞の集金の少年」は女主人公の性的嗜好を仄めかすきっかけになり、「供養の花売りメキシコ人」は同じく女主人公のかつて聞いた亡くなった夫について話し合う女たちを思い起こさせるという具合に、どれも女主人公の記憶や潜在意識を外化するものとなっている点は強調しておくべきだろう。

松本はリアリズム演劇を受け入れることはなかったが、作品に土地の現実を導入することで、その土地のドラマを発揮させることを企てた点では、二十世紀最後のリアリストの極地にいた。この土地の現実を導入するという点では、『風景画』（二〇一一）の犬島、『MAREBITO』（二〇一三）の瀬戸内海、『透視図』（二〇一四）の大阪、『トワイライト』（二〇一五）の曽爾村、最後の作品の『アマハラ』（二〇一七）の奈良など、おそらくもっとも「成功」した作品群を世に送り続けることとなる。この後最晩年までの松本と維新派の成果は、戦後日本演劇の中でも傑出したものと言って間違いないし、世界中を見渡しても並ぶべき例はほとんどないと思われる。

以上、ここでは松本雄吉と維新派の仕事が二十世紀初頭の前衛として一貫していたこと、そしてそれは近代主義的な構えを一方で維持しつつ、極めて独自な地平を切り開いたことについて記してきたが、これらは松本雄吉と維新派の持つ美学の極く一部でしかない。これだけ大きな仕事を成し遂げて来たにもかかわらず、その仕事の持つ意味や美質についてはまだまだ十分に議論がなされているとは言いがたい。まとまった論集については、唯一『維新派大全　世界演劇／世界劇場の地平から』(松本工房)と、近年刊行かなった『維新派・松本雄吉　1946～1970～2016』(リトルモア)があるばかりで、その仕事の大きさを考えればまだまだ不十分であろう。今回の本書はそのような松本雄吉と維新派の仕事についての、協働者として、あるいは一観客として関わった研究者、批評家、作家、アーティストなどによる論集である。

松本雄吉と維新派の仕事は多岐にわたる論点を含み、幾重にも議論を重ねるにふさわしい戦後日本演劇の突出した成果である。以下に続く各章では、それぞれの論者の観点で、それぞれの松本雄吉と維新派の仕事を縦横に論じて下さっている。いわゆる学術論文もあれば、批評もあり、また回想もあれば、アフォリズムに似たものもあるという具合に、形式は様々である。これらを一読すればそれぞれの立ち場で、松本雄吉と維新派とどう付き合っていたのか、どう向き合っていたのかがよく分かるものとなっている。この二十世紀の前衛の極北として生き抜いた松本雄吉と維新派の仕事は、これから長く始まる研究と回想、対話と議論などによって、いよいよ本格的に日本の演劇・芸術・文化の地図の中に書き込まれていくことだろう。

I 劇場×芝居

維新派のアジア

『台湾の、灰色の牛が背のびをしたとき』を中心に

永田靖

松本雄吉と維新派の仕事は、全体としてみれば「アジア」を主題とするものがそれほど多くはなかった。松本の仕事と思考は七〇年代日本の「アングラ演劇」との共通点を多く持つが、同時に違いもあり、その一つはアジアとの向き合い方だったろうと思われる。例えば唐十郎は『二都物語』（一九七二）、『ベンガルの虎』（一九七三）などで満州やインドシナを幻想的に描き、独自の方法で日本のポストコロニアリズムへの接近を試みていた。また佐藤信も『ブランキ殺し、上海の春』（一九七六）、『夜と夜の夜』（一九八一）などでアジアを舞台にして日本の近代史と革命とを捉え返す試みを続

けていた。これらは彼らがアジアをどう見ていたかを示しているが、この方向は戦後の「新劇」の中にも見いだせる。森本薫『女の一生』(一九四五)、真船豊『中橋公館』(一九四六)、岸田国士『速水女塾』(一九四八)、加藤道夫『挿話』(一九四八)などがアジアを戦場とした戦争と個人のアイデンティティの関係を描くものとしてあったとすれば、例えば五〇年代以降では安部公房『制服』(一九五四)、飯沢匡『やしと女』(一九五六)、八田尚之『人間の最後の誇り』(一九五九)、秋元松代『村岡伊平治伝』(一九六〇)、宮本研『からゆきさん』(一九七七)など、個人のアイデンティティを超えて日本の植民地主義の功罪の問題を主題系の中に織り込んだ作品が増えていく。この「新劇」の流れの中に、上記アングラのアジアを主題とする作品も位置づけていくことができる。

しかし松本の七〇年代は必ずしもこうではなかった。松本は西堂行人との対話の中で言っている。「僕らの世代は自分が日本人でありアジア人であるということを認めたくなかったんです。アジアは嫌いでしたね。アジアという括りの中に日本人が入っていることに違和感があって、目はいつもヨーロッパに向いていたように思います[*1]。」松本の七〇年代の作品は『あまてらす』(一九七四)にしても、『足の裏から冥王まで』(一九七五)にしても、破天荒な身体のエネルギーに満ちたパフォーマンスで

*1　松本雄吉「松本雄吉、20世紀と野外演劇を語る」西堂行人『蜷川幸雄×松本雄吉　二人の演出家の死と現代演劇』作品社、二〇一七年、一五四〜一五五頁。

はあっても日本の植民地主義やアジアへの贖罪意識を主題としてはいない。松本は続けている。「屋台村なんかにアジア性を内包させてしまった。自分が忌み嫌っていたはずのアジアというものに、共感を覚えていたんですね。そういった意味で、アジアによって自分を発見し直したところはあります[＊2]。」これは主として『呼吸機械』と『台湾の、灰色の牛が背のびをしたとき』について、いわゆるヂャンヂャン☆オペラを巡って対話している部分であるが、そうであれば松本はこのヂャンヂャン☆オペラの時代にアジアに出会ったということになる。それはアジアを巡る状況が一九六〇年代～七〇年代とは一変した、一九九〇年代以降におけるアジアということになろう。一九九〇年代以降の維新派の仕事は、『カンカラ』にしても『風景画』にしても、とりわけ『ろじ式』にしても、そこにはアジア的なるものが抜きがたく描き込まれている。松本を前にして、西堂行人も述べている。「あの屋台村と維新派の舞台空間にすごく「アジア的」なものを感じるんです。『台湾の——』の時なんかは、とくに犬島の雰囲気も相俟って維新派のアジアっぽさみたいなものを強く感じました。やっぱり維新派の原点はアジアにあるのかな、と思わせてくれます[＊3]。」

では松本や維新派が出会い、描いた「アジア的なるもの」とはいったいどのようなものだったのか、ここではそれがもっとも直裁に描かれていると考えられる『台湾

＊2　松本雄吉、同書。

＊3　西堂行人、同書、作品社、一五四頁。

の、灰色の牛が背のびをしたとき』を中心に考えたい。

地理の演劇

この作品は、松本雄吉と維新派の「〈彼〉と旅をする20世紀三部作」という三部作の第三作にあたる。南米を舞台にした第一作『nostalgia』、東欧を舞台にした第二作『呼吸機械』に続いて、この作品はアジアの二十世紀を背景にしている。どれも二十世紀を特徴づけた「移民」をテーマとしている。作品がこの三部作の中に置かれているることはその性格を如実に物語るものだろう。つまりこの三部作で扱われた二十世紀前半の日本人の南米（ブラジル）への移民、東欧から新大陸への移民、そしてアジア諸国への移民はそれぞれ背景を異にしており、本来同列には扱うことが難しいが、それでも松本はここで二十世紀前半の移民の流れが二十世紀の世界を特徴づけた大きな要因だったことを示そうとしている。先の二つの移民については本論のテーマとは違うので、さしあたり議論から外すことにして、第三作に焦点を絞りたい。

作品は、M0、M1という「M」でナンバリングされた二つのイントロダクションの場面の後、二〇〇三年に大阪で発見された米国製一トン爆弾の不発弾が発見されたというナレーションが入る。これは松本本人が経験した出来事で第二次世界大戦時の大阪空襲と現在とを結びつけ、劇が今に繋がっていることを予め示している。その後、ナレーションは「黒潮」の起源を語る。いわく、「黒潮は、熱帯太平洋の北緯十度あたりを東から西へ流れる北赤道海流の延長線上にある。この北赤道海流がミクロネシアの島々を洗った後、フィリピン島東岸に触れて北転する。北転するあたりの強い海流が黒潮の直接の源とみなされている。フィリピン東方沖で誕生した黒潮は、北進してバシー海峡を通過し、台湾東岸沿いに進み東シナ海に入る。その流れは八重島諸島、宮古諸島、沖縄本島、奄美諸島西岸沿いを更に北進する。奄美大島の北西で日本海に入る対馬海流を分岐した後、本流は種子島、屋久島の南、トカラ列島あたりで東に方向を変える。トカラ海峡から太平洋岸に出て、九州、四国の東岸を洗い、潮岬の南を通り、伊豆諸島の御蔵島と八丈島の間を抜け、房総半島の犬吠埼沖へと、時には4ノットの速さで強く流れる。犬吠埼沖から日本沿岸を離れて、更に北東に進み、北太平洋海流に移行し、アメリカ大陸におよんでいく[*4]」その後、俳優たちは日本列島に付属する島々をラップ調に読みあげて、このイントロダクションの部分が終了する。ここで示された黒潮とアジアの島々がこの作品の縦軸として、後続する劇的世界を繋いでいく。

維新派の作品には伝統的な意味での登場人物による対立や葛藤がほとんどなく、場

*4 「M 2」『上演台本』維新派、二〇一〇年。

面で語られるイメージ群と断片的なエピソードの積み上げによって劇が進行する。この作品でも、劇は全体で十三のエピソードに分割されて、おおよそ十九世紀末から第二次世界大戦終了時までの時間の流れを追いながら、政治的事件、軍事的出来事、移民家族の日常などの描写を積み重ねていく。そうして劇全体は、黒潮の流れを逆流、あるいはなぞるかのように日本から台湾を超えてフィリピンまでを、行きつ戻りつしながら、このいわゆる「海の道」を舞台に生じた歴史的な出来事やフィクションを描いていく。

「海の道」を描くことについて松本はプログラムで書いている。「維新派はこれまでも、日本人のルーツである「海の道」をテーマに芝居をしていたと気付いたんです。南の海から海の道を通って、日本にやって来た人々を、しばしばテーマにしていたと。それで改めて調べてみたら、アジアの海って様々な少数民族や言語が、大陸以上に多く存在するのに、そのほとんどが文献化されてないんですね。だから海を舞台にすれば、今まで誰もやったことがないアジアの話ができると思いました[*5]。」この作品の着想を端的に示しているとおり、作品ではこの海の道を通って日本からアジアの諸国へ移民した人々を多く描いていく。例えば二十世紀初頭に多くの日本人移民の労働力で建設されたフィリピンのルソン島のベンゲット街道のエピソード、サイパン島

*5　松本雄吉「20世紀の海の道」維新派『台湾の、灰色の牛が背のびをしたとき』公演プログラム、二〇一〇年、四頁。

に移住し商店と旅館を経営して日本人街を繁栄させた山口百次郎のエピソード、また台湾の少数民族の高砂族でありながら日本兵となり終戦後もそうとは知らず山間部に暮らし続けた中村照夫（台湾名でスニョン）のエピソードなど、庶民の視線で日本近代史から見たアジアが語られて行く。そのことで劇作品は、フィリピンから日本に至る「海の道」こそが、歴史の舞台であり、アジアの人々の生活の場であったことを語る。

ではそれはどのように描かれているのだろうか。先にあげたM２の黒潮のナレーションの後の場面は次のようになっている。

ここから、そこまで、1間、2間、ここから、そこまで、3間、4間
みずたまり、みずたまり、みずたまり、みずたまり
日本の北緯、北緯四十五度、三十三分北、海道択捉島
日本の南端、南緯二十度二、十五分フィリピン、海沖ノ鳥島
日本の東端、東緯百五十、三度五十九、分南ミ鳥島
西端は東経、百二十二度、十六分東シ、シナ海与那国島
アソコ煙突、択捉エトロフ、コッテ給水塔?、南鳥島トリシマ
ソッテ電柱、沖ノ鳥島ハア、アノサキ物干し?、与那国島ヨナクニ

ここからそこまで、一間二間、ここからそこまで、三間四間
みずたまり、みずたまり、みずたまり、みずたまり
ここからそこまで、一間二間、ここからそこまで、三間四間
みずたまり、みずたまり、みずたまり、みずたまり[*6]

つまり、日本の地理上の端点が示されるとともに、そこに位置する島々が具体的に示される。と同時にそれは「ここから、そこまで」の「一間、二間」の距離であり、さらに道ばたの「みずたまり」のようなものだという言い換えで表現されている。松本本人が、「『海の道』を可視化した人は、今までいないと思うんですよ。空撮した映像を見せるとかではなく、地上にいたまま海の道をパアーッと思い浮かべられるような、可視化の方法を探りたいと思っています[*7]」と言うように、舞台全体は中央の周辺に十一の舞台が設置されて、上手と下手の二つの「ウエシマ」「シモジマ」に加えて、「イシマ」「ニシマ」「ミシマ」からずっと奥に遡るように「ナシマ」「ヤシマ」「クシマ」まで名前が付けられている[*8]。おそらくこれは番号で、この番号を持つ「シマ」はもちろん、上演中にはそれが「シマ」であるということは言葉では示唆されないが、しばしばこれらが「島」かも知れないと思わせる演出には出会うことが

*6　『上演台本』前掲書。
*7　『プログラム』前掲書、四頁。
*8　『上演台本』前掲書。

あった。

おそらく、ここで維新派の作品は「地理の演劇」とでも言うべき独自のスタイルを獲得している。演劇は一般には社会の歴史や政治問題、家族や人の悩みや歓びを描いて来たが、「地理」そのものを主題にした作品は維新派を持って始まる。単に劇場から外に出て上演をするのではなく、固有の場所性を持つ島、湖、港湾、学校、広場などなどで上演するのを好んだのもそれが「地理の演劇」を志向していたからと思われる。後に記すように、この作品では松本は「地理」とはいわず、「海理」と呼んでいるのだが。ではそれはどのように描かれているのだろうか。

通常、維新派の作品は、その律動的な身体運動や反復運動や、自然を含み込む舞台美術などについては繰り返し言及され、議論されているが、維新派の作品の内容を検討する際には、そのテキストも重要である。松本本人が最初期よりテキストをベースにした作品づくりを志向していなかったからと言って、その作品の中でのテキスト（つまり言葉）の意味合いは軽んじられるべきではないばかりか、しばしば重要な要因として機能している。この短い場面でも、作品全体の構想が凝縮して示されていると考えられる。これは松本の作品の一つの特徴であり、つまり一つの場面を作品全体の換喩として働かせている。作品は個々の別々の場面の集成であるが、それぞれの場面で繰り返し全体が想起されるような「換喩的断層」の集成としてアジアが描かれている。

この作品に描かれている時間は概ね二十世紀前半であるが、作品はその近現代史的時間だけではなく、多層性も持っている。例えばこれは次の場面M3「やしのみ」にも表れている。この場面では冒頭浜辺で「腰を屈め、漂流物を拾う人々」が次のようなテキストを群舞していく。

あかかいあまがい、あさりはまぐり、つのがいことぶし、しおふきしじみ
さざえのしがい、ばかがいばかがい、なみがいまきがい、までがいるりがい
あかいかこういか、すじいかはりいか、よだかりふじつぼ、いそがにかざみ
かめのてひとで、うみへびくらげ、あおさてんぐさ、ながれもながれも
からから、からから、かいがら、かいがら
かいがら、かいがら、からから、からから
やしのみひしのみ、とちのきゆすのき、たけのねしだのね、はすのみけしのみ
さめのはうまのは、かいのてかいのは、いしのはいしのや、ひとのけもののな
やしのみからから、ひしのみからから、とちのきかいがら、ゆすのきかいがら

たけのねかいがら、しだのねかいがら、はすのみからから、けしのみからから
さめのはひいふう、うまのはみいよう、かいのていつむう、かいおはななや
かいがらふうふう、かいがらふうふう、かいがらほらこれ、かいがらほらほら

つまりここで朗唱されるのは、数々の貝や海藻、魚介類の種類、また椰子の実をはじめとする木の実の種類である。それは場面が示すように人々が浜辺で拾う魚介類かも知れないし、見つけた果樹の実なのかも知れない。いずれにせよこの場面が「やしのみ」と名付けられているのは、松本本人がプログラムで言及しているように「柳田国男が伊良湖岬で椰子の実を拾って、日本民族の故郷は南洋諸島だと確信した」ことと無関係ではあるまい。松本は特に民俗学的な議論をこの場面で展開しているのではないが、「何か身体に直接語りかけてくるようなヒントが必要[*9]」だったという。これらの貝や魚介類、また果樹の実の羅列はまさに「直接身体に語りかけてくるヒント」としてあるのだと考えられる。これらのヒントはここでは地理的な拡がりというよりは、時間的な古層へと身体を誘うものであるように思われる。というのは、この後続の場面では、石器時代の遺物としてシャコガイの貝斧についての博物誌的な、次のような記述がナレーションされていくからである。「フィリピン新石器時代の代表

*9　『プログラム』前掲書、六頁。

的な異物として、シャコガイ製の貝斧がある。パラワン島のタボン洞穴群のひとつドゥヨン洞穴やスールー海、サンガサンガ島のバロポック岩陰移籍で発見されている。よく似た貝斧は、黒潮列島の石垣島の名蔵貝塚や宮古島の浦底遺跡でも多量に出土している。フィリピンでは、この種の貝斧は、石製の斧と共に、カヌー（丸木舟）をつくる道具、手斧（チョーナ）と考えられている。一般にシャコガイと呼ばれる貝は、シャコガイ科に属し、太平洋沖南部やインド洋のサンゴ礁域に生息する大型の二枚貝である。種類としてシャゴウ、オオジャコ、ヒレナシジャコ、シラナミ、ヒメジャコの六種類が知られている[*10]」

これは、おそらくは博物誌か図鑑の中の記述を引用していると考えられる。というのは、上演台本にはこの直後に図版のキャプションらしき記述「フィリピンと南琉球のシャコガイ製貝斧。図1、2はパラワン島ドゥヨン洞穴、図3は西表島中野西崎貝塚、図4は石垣島名蔵遺跡」が、おそらくこれは上演には不要にもかかわらず、思わず知らず、引用されているからである。この作品の前年に松本と維新派は『ろじ式』という作品を上演している[*11]。この『ろじ式』は野外ではなく、室内の劇場で上演されたものだったが、特徴的だったのは、六十センチメートルほどの立方体の標本箱約六百個を舞台の装置、小道具として使ったことだった。ここでは植物、動物、化石

*10 M3「やしのみ」『上演台本』前掲書。

*11 二〇〇九年十月〜十一月、東京では豊島区にしすがも創造舎、大阪では精華小劇場において公演。同時期に大阪大学総合学術博物館で「維新派という現象『ろじ式』」展を開催中の時で、松本は博物館の鉱物遺跡の展示が興味深かったと筆者に語ったことがある。

などはもちろん、鍋、釜、帽子、靴など日常生活品までも標本にされ、場面によって並べ替えられて様々な背景となった。この作品や博物館での展示を行っていたこの時期の松本と維新派が博物標本や博物誌的な関心を持っていたと考えることは不自然ではないだろう。『台湾―』においても同じ関心が表れていると考えられ、この場面での魚介類の羅列から貝斧の記述にはそれが見て取れる。しかしこれはただ博物誌的関心を示すだけではなく、冒頭の漂流物を拾う人々の場面は、柳田国男への連想から、古代日本のルーツへの時間的遡及に言及しようとしているのではないだろうか。「黒潮列島の石垣島の名蔵貝塚や宮古島の浦底遺跡でも多量に出土している」とナレーションされているのはその証であろう。この作品で描こうとした「海の道」はただ地理的な拡がりを見せるだけではなく、時間的古層への遡及をも行おうとしている。

おそらくこの場面は次の場面と繋がることで、この作品でもっとも美しい連想を掻き立てる場面の一つとなっている。

缶たこつぼ缶、缶軽石缶、ビン石炭ビン、ビンコークスビン
缶流木缶、缶船板缶、ビン板切れビン、ビン棒切れビン
骨棒切れ骨、骨看板骨、靴木のかぶ靴、下駄根かぶ下駄

鍋スポンジ釜、傘スチロルカゴ、缶ビニイル缶、ビンタイヤビン
カタカナ、ひらがな、ローマ字、漢字、ハングルハングルハングルハング
ルハングルハングルハングル、ローマ字、漢字

おそらくは浜辺に打ち寄せられる漂流物の遺物の中に、缶やビン、下駄や鍋、傘やタイヤなどがあるのだろう。そしてそれがカタカナ、ひらがなからハングルや漢字への連想を引き起こすものとなっている。つまりこれら漂流物と文字が同列に扱われ、言語の音を失った痕跡たる文字だけが浜辺に打ち付けられている。それは直後の「ハン・シュクホウ」と「シュウ・シンショウ」という、保護された二人の幼子の描写によって、突然に古代の時間から日本の植民地時代へと引き戻される。前者は、日本名をノリコと言い、推定年齢は一歳、チチハル市で保護され、後者は日本名をナカムラといい、推定年齢は三歳、奉天市で保護されたと、テキストは語り続けて行く。

つまりここでは近現代の時間を行き来するばかりではなく、古代の博物誌的時間と近現代との時間的往還が現出されており、それがリアリティを持つのは、これらの博物誌的テキストと魚介類や事物の羅列の律動的朗唱とのコンビネーションに依るからである。松本は「今までは海の道をある種のロマンチシズムで扱っていたけど、それ

とは少し違う形の『二〇世紀の海の道』を描き出したい。エリアとしては台湾島から始まり、東南アジアからオセアニア辺りまで。日本語のルーツとも言われている、ポリネシア語の言語圏内にある国や島々が舞台となります[12]」と述べているが、この作品では海の道は古代から現代まで続くものとして壮大な時間の流れの中で日本の近現代アジア史が捉え返されようとしている。

アジアへの道

しかし、これらのことは一体どのような意味を持つのだろうか。松本は述べている。「例えば陸には様々な境界線が引けるけど、海には引けない。もし引けたとしても、海流で流されてしまいますしね。（笑）実際船の上で漁をして暮らしている人たちには、国境という感覚や国への帰属意識がかなり薄いらしいんです。魚を追いかけて海のあちこちを自由に移動して、陸はたまたま寄港するだけの場所。そういう陸とは異なった海の理屈＝海理ということを考えてみたいです[13]。」ここで松本は、地理を大地の理屈、すなわち「地理」とした時に、それにとらわれない「海理」という考え方を示そうとしている。ではこの「海理」はどのようなものとして理解できるのか、例えばそれが端的に示されている場面M6「海の道」を考えてみよう。

＊12　『プログラム』前掲書、四頁。

＊13　『プログラム』同書、五頁。

図１　M６　海の道（撮影　井上嘉和）

　ここでは中央の本舞台に男たち（移民）がトランクを持って登場。さらに舞台の上手と下手の階段舞台には日本髪を結った女たちはトランクを持って登場。女たちと男たちが、「基隆（キールン）、台北、台南、高雄（カオシュン）、ルソン、マニラ、ミンドロ、サマール、マスバテ、パナイ、ネグロス、レイテ、パラワン、セブ、ダバオ、ミンダナオ」と、台湾の都市から概ね南下して、フィリピン諸島の島や都市の名前が、ラップ調に歌われて行く。その諸都市の名前の歌の間に、中野正剛『亡国の山河』の次の一節が語られる。

「嘗て孔子を出せし国の末路や如

何、嘗てやすらけく緑陰に眠りし烏来人（マレー人）の現状や如何、嘗て釈迦を出せし民族の後裔や如何、途中に車輪のれき轆（れきろく）たるあり、車上に揚々たるは白膚碧眼の人なり、車前に鞭を執り輪下に塵に塗るるは、皆吾人と眉目相似たる有色の民なり、アジアはいっさいにさきだちてまず奴隷の境遇を脱却せねばならぬ、自由を得たるアジアは、周そう堅固に統一されねばならぬ、新しき世界の黎明がきた、ヨーロッパは夢より覚めねばならぬ、しかしてアジアは惰眠より起たねばならぬ[*14]」。背景に登場してラップ調の歌を歌う日本髪を結った女たちはいわゆる「じゃぱゆきさん」であろう、そして男たちはこの時代にフィリピンに多く移住した日本人に違いない。彼らはこのナレーションの間に、上記のこの海域の島の名前を羅列していく。「パラオ、ヤップ、グアム、サイパン、マリアナ、カロリン、トラック、ビキニ、マーシャル、ツバル、キリバス、クック、サモア、ソロモン、ニューカレドニア」。これら日本の植民地主義が南進したままに羅列を続け、最後は「アジアへ、アジアへ、アジアを、アジアを、しまなみ、しまなみ、しまみち、しまちみ」と連呼する。その後明治十年、明治二十七年、明治二十八年の実際の移住者の名前、例えば野波小次郎、南繁蔵、日本吉佐移民会社、岩本千綱といった名前と簡単な来歴を語って行く。

*14 「M6海の道」『上演台本』同書。

これらの東南アジアの島々の名前、中野正剛の『亡国の山河』の一節、そして「アジアへ、アジアを」の連呼は、ここでの「海理」の歴史的な実相を良く示している。ここで「海理」は地理的な境界を越境するものとしてあるが、それは今日的な政治的領域の越境を目指すことでナショナリズムの超克への希求を描くものとしてあるのではなく、明確に戦前の日本の植民地主義的な地理的拡大を描くものだ。もちろん松本は国粋主義者でも植民地主義者でもない。この「海の道」の場面では、この時代のいわば歴史の描写として企てられたのであろう。

それはこの「海の道」の冒頭でこの作品のタイトルの源泉にもなった詩が読まれることに見て取れる。これはウルグアイ生まれのフランス人詩人シュペルヴィエルの詩集『無実の囚人』の中の一篇「灰色の支那の牛が…」から、作品で読まれるのは

灰色の支那の牛が
家畜小屋に寝ころんで
背のびをする
するとこの同じ瞬間に
ウルグヮイの牛が

誰か動いたかと思って
ふりかえって後を見る。
この双方の牛の上を
昼となく夜となく
翔びつづけ
音も立てずに
地球の廻りを廻り
しかもいつになっても
とどまりもしなければ
とまりもしない鳥が飛ぶ[*15]

という、詩全編である。もっとも原作の「支那の牛」の部分だけはここで「台湾の牛」に置き換えられてはいる。松本はこのシュペルヴィエルの詩をモチーフにしたことについて、「西洋文明って、人間の眼の歴史というか、人間の視座みたいなものが非常に強い。だから必ず「××が○○を見た」という表現になるんです。その点アジアは、すごく主格がいい加減。特に日本語なんか、主語抜きの文章や会話が多いで

*15　『シュペルヴィエル詩集』堀口大學訳、『世界の詩61』彌生書房、一九七二年、九二〜九三頁。

しょう？　シェペルヴィエル自身はフランス人なんですが、人間が偉そうな場所にいない視点は、すごくアジアっぽい感じがします」と述べておりシュペルヴィエルの詩をアジア的と見なしている。

この伝でいけば、『台湾の──』は物語を述べている主格は曖昧であり、物事を空の上から俯瞰するような、詩の顰みにならえば「この牛の上を休みなく翔び続けている鳥」が見続けていることとなる。古代の遺跡時代も、近現代史の移民の歴史も、植民地主義もまたこの空を飛ぶ鳥の視線から眺められている。

この「海の道」はアジア的なモチーフが濃厚に演じられる部分である。中野正剛は戦前の右翼思想家でアジア主義者の一人である。この鳥の視線に眺められることで、中野正剛の一節や戦前の植民地主義も歴史の断片として相対化されていく。

劇は、この後も台湾への移民の歴史的事実の断片のナレーションが続き、松本金十郎のダバオでのマニラ麻栽培のエピソード（一九二四）、山口百次郎のサイパンでの旅館や商店、料亭経営のエピソード（一九一五）、八田與一の官田渓烏山頭におけるダム建設のエピソード（一九一七）、三浦穣のジャワ島やセレベスでのキリスト教伝導やコーヒー農園のエピソード、そして中林茂のニューギニアのアラフラ海での潜水漁のエピソードなどを語っていく。多くは庶民的な視点からのエピソードを描いており、日本の植民地主義の東南アジアへの拡大とこれらそれぞれの日本人のアジアとが交錯していく様が浮き彫りになっていく。

この作品『台湾の――』のポスターは、通常の世界地図をさかさまにしたアジアを下

図2　「台湾の、灰色の牛が背のびをしたとき」ポスター

地に使っている。従来のアジアの地図ではなく、上下逆さまにすることでアジアは従来にない近さと相互に国家を超えて結びつく道筋を持つという着想を、ここで松本がいう「海理」と結びつけようとするかのようである。黒潮の流れをモチーフにすることで、アジアの海域の前歴史的な繋がりを仄めかし、遠い空の上から俯瞰する鳥の視点で、国民国家以前の源泉に立ち帰ろうとしている。

おそらく冒頭で触れた、六〇年代新劇や七〇年代アングラ演劇のアジアと根本的に異なるのはこの点であろう。遠い空の上から俯瞰する鳥の視点、それは一九九〇年代以降に松本と維新派が達成した極めて独自性の強いヂャンヂャン☆オペラ、とりわけ「〈彼〉と旅をする20世紀三部作」を貫くものだろう。それはとりもなおさずグローバリゼーションの時代であったこの時代を反映しており、良くも悪しくもそれがこの作品の評価に関係している。

日本の文脈と台湾からの視線

この作品は、良く知られているように松本の没後最後の維新派としての作品となった。二〇一六年秋に平城宮跡で上演されたその作品は題名が『アマハラ』と変更されたものの、作品内容は基本的には変わりがない。またこの作品は、翌二〇一七年に台湾の高雄において芸術祭に招待され、上演を果たした。この二つの上演の受け取られ方はどのような違いがあったのか、最後に記して起きたい。それは大いに異なったからである。

この上演は、「瀬戸内国際芸術祭２０１０」の一環として初演された。これは二〇一〇年七月十九日～十月三十一日までの一〇五日間、瀬戸内海の七つの小島を会場に開催されたものである。二〇一三年に第二回目が開催されている、トリエンナーレである。テーマは「地域の活性化」と「海の復権」で、十七カ国から七十六件のアートを展示公開し、総来場者は九十二万八四二六人に上る[16]。

この芸術祭は瀬戸内海地方の過疎化と地域活力の低下を食い止め、かつては日本各地の海上交通の要路として栄えた歴史がある瀬戸内海地方をもう一度アートの力で活性化を企てようとするものである。実行委員会会長で当時香川県知事の真鍋武紀は述べている。「高度経済成長の課程で取り残され、残念ながら過疎と高齢化が進み、地域活力の低下にともない、島の固有性が失われつつあります。現代アートを持ちこんで、島に住んでいる人たちがアーティストや建築家と一緒に新しい何かをつくることによって、島の人々も元気になる。そうすれば地域、瀬戸内海全体が元気になり、また世界にこの場所の魅力を発信していけると思っています[17]。」

*16　『瀬戸内国際芸術祭２０１０　総括報告』平成二十二年十二月二十日、http://setouchi-artfest.jp/images/uploads/news/report_20101220.pdf

*17　真鍋武紀「瀬戸内国際芸術祭２０１０　開催にあたって」『瀬戸内国際芸術祭２０１０公式ガイドブック』美術出版社、二〇一〇年、二三～二四頁。

瀬戸内海ではこれより以前に、同じく小島である直島に、教育産業のベネッセ・コーポレーションがジェームス・タレルなどの現代アートを導入したり、美術館を建設して、成功を収めていた。この芸術的な成功を土台に、近隣の六つの島にアートやアート・プロジェクトを導入して、地域の活性化を図ったのである。

劇団維新派が上演したのは、この中の犬島である。犬島は岡山県に属する小さな有人島で、人口は二〇一五年現在五十人にも満たない島である。この犬島には一九〇九年から一九一九年まで銅の精錬所があり、現在ではそれが遺跡となっている。精錬所の跡地を利用して、「犬島アート・プロジェクト「精錬所」」が開催されており、精錬所内を展示空間として整備して、アート展示を行なっている。

維新派はこの犬島で既に二〇〇二年に単独で作品『カンカラ』上演を行なっている。精錬所という近代化遺産の残る小島で上演することは、島の固有の歴史と文化を上演に結び付けることを意味する。『カンカラ』も、ふとしたことで明治時代の精錬所労働者の中に入り込む。そこで出会った死んだ親友に似た韓国人との触れ合いを描くことで、日本近代史と個人のアイデンティティが、犬島の戦前の文化的地層と重ね合わされて行く。

『台湾の──』でも、述べてきたように、フィリピンから日本に続く海の道をモチーフにして、主として二十世紀の前半のアジアの出来事が語られて行くが、自ずと作品は上演される犬島の海に浮かぶ過疎の小島としての、またかつては銅の精錬で日本の近代化に参加したという社会的背景に結び付けられていく。フィリピンから日本に至る移住と侵略と敗戦の歴史は、そのまま日本海の犬島の歴史と無関係ではなく繋がっていることが示されて行く。西堂行人はこの上演を次のように評している。「まだ日本が貧しかった頃、国内で食い詰めた者たちが台湾やベトナム、インドネシアなどに向かった。移民たちが自身の来歴を語る。そのエピソードの集積は戦前の日本人が、どのように二〇世紀を生き抜いてきたかの証言になっている。（中略）松本はその遠い記憶を年号や地名を連呼することで呼び覚ます。舞台上には幻想の地図と歴史が記述され、そこから広がる空間や時間の来し方を、観客は想像力の中で組み立てる。犬島の野外劇場には、丸太で組まれた舞台上にそのイメージがぽっかりと浮かび上がるのだ[*18]。」西堂に限らず、私たちの感想はほぼこの評言に言い尽くされている。この作品が犬島で上演された時、アジアの海の道が瀬戸内海から遠く台湾、フィリピンへと繋がり、私たちの「ルーツ」に遭遇したような深い感銘を受けた。

他方、台湾ではどうであったろうか。台湾で台湾からの視線でこの作品を見る場合、どう感じられるのだろうか。幾つかの劇評を紹介したい。

*18　西堂行人「『台湾の、灰色の牛が背のびをしたとき』20世紀、アジアの旅」『蜷川幸雄×松本雄吉　二人の演出家の死と現代演劇』前掲書、一九二頁。

劇評のソースは、表演藝術評論台というウェブサイトである[*19]。これはいわゆる国立劇場に相当する国立両戯院が主催する実名による署名劇評サイトであり、査読もある。ここで例えば精華大学中国文学研究所の修士課程学生は書いている。『『台湾の灰色〜』はただ海に渡った植民者からの一瞬の関心であり、テキストの中で「台湾」が占める位置も極めて少ない。この大きな叙述詩を観ていた私はもし台湾人ではないなら、もっと感動するかもしれない。しかし、叙述者と私達はそもそも立場が異なり、テキストには上からの目線という権力的な不平等さえも感じられる。（中略）物語に登場するのは海外の日本人、または「湾生」（台湾生まれ育ちの日本人）さえも登場したが、いかに感情豊かな作品に見えるとしても、「台湾」はただ言及された無数の島々の一つであり、歴史の中の一粒の砂にすぎない。どれほどロマンチックに作られようとしても、この作品は些かに自己中心的であり、または軍国主義的ではないだろうか？」ここでは、台湾の扱いの小ささと、作品の日本中心的な見方を批判している。

また同じサイトで、清華大学台湾文学研究所の助教授は、「平凡な人々や命の普遍的意義を描くために、第二世界大戦における日本の立場、つまり植民地支配者である立場、または南洋の島国の被植民の立場などが、どれも空虚なものにされて、ただの

*19 表演藝術評論台 https://pareviews.ncafroc.org.tw/?tag=日本維新派、劇評の日本語訳は、すべて台湾在住演劇研究者黄資絜氏による。最終閲覧日、二〇一九年三月三日。

美学的背景となっている。もし『AMAHARA』が台湾で上演されるのではないとしたら、このような構成は一種の美学的な選択や策略になるかもしれない。しかし、高雄で上演する際に、台湾の観客は間違いなく元植民地の歴史的記憶と感情を抱えながら（人によって程度が異なるとしても）劇を見ているのである。松本雄吉の本意はどうであろうと、歴史的背景に鋭い感受性を持つ観客から見ると、台湾との繋がりは両国ともに神聖化されている八田與一によって代表されることが、どうしてもポストコロニアルの複雑な感情を呼び起こす。」と書かれ、シュペルヴィエルの詩による俯瞰的視点からの語りは、そうとは理解されず「空虚な美学的な背景」に過ぎないとされている。さらに同じサイトで、同じく精華大学中国文学研究所の博士課程学生は、「舞台と客席が一つの巨大な船として作られて、過去を表現している俳優たちと現在生きている観客（その中に日本人と大量の台湾人がいる）は乗っている。これはまた、昔の「大東亜共栄圏」を気まずく「再現」している。われわれは船に乗る資格を持つかどうか、船はどこへ向かうのか、これらの問題について、昔でも現在でも私たちには決定権を持たない。（中略）（このように歴史的問題から）逃げれば逃げるほど、問題が出てくるのではないだろうか。『AMAHARA』を通してもっと考えるべきなのは、この歴史に対することの世代の人の想像力が限られていたことや、個人の立場と歴史的文脈との関係をどう解釈すればいいのかということである」と書き、『アマハラ』の舞台装置である観客を包むような船の形が逆に植民地主義を想起させたと批判している。

この台湾側の反応はこの際には正面から受け止めていくべきであろうと思う。この過去を踏まえた未来希求的な美しい作品に私たちは喝采を送った。それはこの作品のいうようにアジアの「海の道」を私たちアジアに暮らす人間の、地域や時代を超えた繋がりとして示すことが芸術としては喜ばしいことであるからである。その上で、作品はまたこれからの私たちに必要なことも台湾の批評を通して伝えてくれるものとなった。一九九〇年代までに日本の演劇はトランス・カルチュラリズムの洗礼とその学習を経験してきた。その先陣を走った松本と維新派には心から敬意を表しつつ、この作品の成功と台湾の批評は、これからの日本の演劇のあり方を考える上で、一つの大きな道標となっている。

維新派と一九二〇年代のドイツ・アヴァンギャルドたち

市川明

はじめに

二〇一三年の十月、維新派の『MAREBITO』を見るために瀬戸内海にある犬島を訪れた。海辺での稽古の様子も見せてもらったが、そのとき松本雄吉は水辺の風景がよく似合うなと改めて思った。海を眺める彼の眼差しは優しく涼しげだった。松本は彼の作品に登場する多くの少年同様、移民・漂流民だった。彼の記憶の地図には水辺の風景が染み込んでいるのかもしれない。彼の作品・上演を「漂流」というキーワードで括り、考察してみたい。『水街』（一九九九）と『キートン』（二〇〇四）を中心に論じ、その延長線上にある『呼吸機械』(二〇〇八)についても触れたい。

その際、一九二〇年代のドイツ・アヴァンギャルドたちと関連付けながらそのモダニズムを探る。前衛芸術家の名前と作品は、一、フリッツ・ラングの映画『メトロポリス』(一九二六年製作、一九二七年公開)、二、ベルトルト・ブレヒトの教育劇『リンドバーグ(たち)の飛行』、『了解についてのバーデン教育劇』(一九二九)、三、バウハウスのオスカー・シュレンマーの『三つ組バレエ(*Das triadische Ballett*)』(一九二二)である。断っておくがこれらの人たちや作品から松本が直接影響を受けたわけではない。ただ松本が日本の演劇史の中で「はぐれ子」的存在であり、維新派をめぐる言説が表層的なものに終始している現状を思えば、こうしたアプローチから維新派上演の芯の部分に迫ることも一つの方法であろう。ちなみにここに挙げたドイツ人芸術家は、一九三三年にナチスが政権をとったこともあり、三人とも「漂流民」である。ラングは一九三三年にパリへ。三五年にアメリカ国籍を取得し、ハリウッドで映画を撮り続けた。ブレヒトは一九三三年に亡命し、十五年間流浪の旅を続けた後、ドイツに帰還した。バウハウスで教鞭をとったシュレンマーだが、ナチスから退廃芸術のレッテルを貼られ、学校そのものが一九三三年に廃止された。彼らのモダニズムが時空を超えて松本やロバート・ウィルソンなどの芸術とどこかで共振しているように思える。

難民・移民の時代の演劇

十年ほど前、ニューヨークに滞在したとき、セントラル・パークでも、「自由の女神」像の島に渡るフェリー乗り場付近でも、デモの隊列に出会った。差別撤廃を求めて、移民が抗議行動を起こしているのだ。チャップリンの映画『移民』（一九一七）を思い出した。奴隷船の周航のような船旅が終わろうとしている。自由の女神が近づき、船上の移民たちは歓喜の声を上げる。「自由の大地に着いた」（字幕で表示）と。だが解放されたはずの彼らはロープで仕切られ、隔離されてしまう。チャップリンはじめ、みんなの不安と失望の顔……。

カフカの『アメリカ』（『失踪者』）は次のように始まる。「女中に誘惑され、妊娠させてしまった。そこで十六歳のカール・ロスマンは貧しい両親のもとからアメリカへ追放された。ゆっくりとニューヨーク港に入っていく船の甲板に立ち、急にまぶしく輝き始めた太陽の光を浴びながら、彼はじっと自由の女神像を見つめていた。剣を持った女神が、やおら腕を胸元にかざしたような気がした」。女神が持っているのは移民たちの希望のシンボルであるトーチ（たいまつ）のはずだが、希望の揺らぎを暗示しているのだろうか。

二〇一五年、シリアをはじめとする紛争地域から海を渡り、ドイツを目指す難民は当初の予想を大きく上回り百十万人に上った。連邦首相のアンゲラ・メルケルは人道的観点から積極的に難民を受け入れる姿勢を取ったが、これに反対するペギーダ（西洋のイスラム化に反対する愛国的欧州人）やＡｆＤ（ドイツのための選択肢）などの右翼組織、極右政党の活動は活発になり、難民・移民への襲撃も起こった。現在もロヒンギャ難民や、中米からアメリカ国境を目指す移民集団「キャラバン」の問題などが世界的に報じられている。

こうした難民・移民の時代に維新派の上演はいっそう強く社会的な光を帯びるようになった。松本が四十年近い彼らのパフォーマンスの総括として始めた『〈彼〉と旅をする20世紀三部作』は日本人の視点から難民・移民の問題を考える機会を与えてくれた。第一部の『nostalgia』（二〇〇七）は、一九〇八年に移民船でブラジルに渡った日本人少年ノイチとポルトガル移民の少女との愛を絡ませながら進む。ノイチは日本人排斥運動のさなか、南米を放浪する。第二部の『呼吸機械』（二〇〇八）では、第二次世界大戦中の東欧を戦争孤児たちがさ迷う。第三部『台湾の、灰色の牛が背のびをしたとき』（二〇一〇）はアジア編で、二十世紀に日本から東南アジアに渡った人たちの話を中心に展開される。維新派作品における漂流民の系譜を原点にさかのぼって追ってみたい。

野外劇場・演劇が意味するもの

一九七〇年に松本雄吉によって大阪で創設された演劇集団「維新派」（七〇年から八七年までは「日本維新派」と名乗っていた）は、豪華な舞台装置と言葉・音楽・踊りからなる集団パフォーマンスで知られている。「維新」は『詩経』の「維（こ）れ新（あらた）なり」を語源とし、政治や社会の革新を表している。松本にとっては、演劇の革新とそれと結び付く社会の革新が劇団名に込められているものと思われる。

文化現象としての維新派を生み出したのは、彼らが創出する祝祭的空間だった。結成以来、彼らは一貫して野外にこだわり続けてきたが、数ヶ月間、「飯場（ハンバ）」と呼ばれる宿舎・食堂で集団生活をしながら巨大な野外劇場を作り上げるというスタイルが特徴だ。彼らは劇場だけでなく屋台・夜店などが立ち並ぶ「街」を作ったが、公演期間が終わると街は跡形もなく消え、彼らは風のように去っていった。「解体‥劇場の痕跡、釘一本たりとも残すな」という「維新派流野外劇場ノ戒メ」に従って。祭の広場の中心に舞台があり、カーニバル的な雰囲気が「街」全体を支配している。そこには足を踏み入れた者のみが共有できる空間があり、観客も参加者・「街」の人なのだ。

大阪南港ふれあい広場、犬島銅精錬所跡、びわ湖湖上舞台など、野外劇場は場所を変えていったが、その原点は天王寺野外音楽堂にある。学生運動が盛んだった一九六〇年代の終わりから七〇年代にかけて、私たちが政治集会によく使ったのが天王寺公園にあった野外音楽堂だ。集会のあとナンバ球場までデモをしたものだ。今は音楽堂も球場も存在しないが。ロックやフォークなどのジャンルを越えて音楽家が集う「春一番」などのコンサートも開かれていた。維新派は一九七六年の『黄昏の反乱』から八〇年の『昼間よく通る近所の道』まで毎年、天王寺野外音楽堂を本拠地のように使っていた。『キートン』の舞台である廃墟となった映画館のように、風が吹きぬけ雨に降られるのに、そこは劇場であり集会場だった。門も囲いもあるのだがアウトローが自由に使える「空き地」のような場所だった。松本雄吉は天王寺野外音楽堂についてて次のように述懐している。

大阪、天王寺公園の中にあったその劇場は、高い屋根のある舞台とすり鉢状の客席からなり、太いポプラのそびえる段々の客席に座ると、左手に通天閣が見え、頭上には月が輝き、すぐ横にある動物園からは獣たちの鳴き声が聞こえ、入場券を持たない労務者風の人々が、塀や木によじ登って、中をのぞいている。……一九七〇年代、ここで公演するほとんどの劇団は……自分たち流に自由に工夫を凝らし、自分たちの〈劇場〉にしていた*1。

*1 松本雄吉『維新派・松本雄吉 1946～1970～2016』リトルモア、二〇一八年、一六頁。

天王寺公園に隣接して「新世界」と呼ばれる繁華街がある。地下鉄御堂筋線「動物園前」駅を降りて、小さなトンネルを抜けると「新世界」が開け、ジャンジャン横丁に入る。維新派の代名詞ともなった「ヂャンヂャン☆オペラ」の由来の場所だ。ホルモン屋や串かつ・焼き鳥の食堂・立ち飲み屋、碁会所、パチンコ店などが並ぶ。維新派が作る野外劇場のある「街」はここの風景に重なる。ジャンジャン横丁の突き当りには新世界のシンボル、通天閣が立っている。松本は新世界という街をこよなく愛し、ここでよく飲んだ。酔っ払うと今池、天下茶屋の路地をうろつき、潮の香に引き寄せられるように南港のフェリーターミナルまで来た、と彼は言う。こうした体験から『蟹殿下』[*2]（一九八四）という芝居が生まれ、南港のフェリーターミナルの小劇場で『蟹殿下』の上演が実現した。それは「通天閣あたりの路上に迷い出た一匹の蟹が、記憶をたよりに海までの帰路を探し歩く望郷ストーリー」である。一九九〇年代に入ると松本率いる維新派は、南港のふれあい港館広場に巨大な野外劇場を組み立て、ヂャンヂャン☆オペラを上演するようになる。舞台空間の延長線上に、本物の海が見え、汽船が汽笛を鳴らして進み、夕日が舞台を照らし出した。野外劇ならではの借景を利用したパフォーマンスに観客は心奪われた。

松本は野外劇場の意味を、「一回性の演劇・劇場」に置いている。野外での上演

*2　松本雄吉『蟹殿下』。『維新派・松本雄吉　1946〜1970〜2016』所収、一二三〜一二二頁。

は、やろうとする強い意志としっかりした企画がないとできない。劇場の場合は一年も二年も前からホールの予約を押さえるけど、それはあくまでスケジュール調整で押さえるだけである。野外でやるというのは、一年も前の時点からエネルギーを持ち続けなければいけない、と松本は言う。彼はまたインタビューで次のように述べている。「劇場は所詮借りもののハコでしょ、落ちつけへんよね」「野外というのは、単に劇場を外に建てるということでなく、〈外に立ち続ける〉ということやから」[*3]と。体制には取り込まれたくない、辺境・周縁にいたい、漂流し続けるアウトローでいたい。野外上演にはそんな彼の願いが込められている。

『水街』（一九九九）

松本は一九九九年に『水街』を書き、演出した。上演は一九九九年十月二十二日から十一月八日まで、大阪南港ふれあい港館・野外特設劇場で行われた。またこの作品で維新派は初の海外公演を果たしている。二〇〇〇年三月四日から三月十七日までオーストラリアのアデレードで、南港と同じ様なスケールの劇場を建てて『水街』を上演し、好評を博した。『水街』では二十世紀初頭の産業革命期に大阪にやってきた移民・漂流民が扱われている。維新派は大きなプールを建設し、水上の移民のバラッ

*3　西尾俊一・衛藤千穂監修『維新派大全　世界演劇／世界劇場の地平から』松本工房、一九九八年、三〇頁。

クで「水街」を表出させた。

松本は九州南部の天草にある小さな島の出身である。両親は彼が幼い頃に離婚し、母親は小学二年生の彼を連れて大阪此花区の四貫島に移り住んだ。島から島へと渡ってきたのだ。松本自身が彼の作品に多く登場してくる移民・漂流民の一人である。四貫島の周りには天草のように多くの島があった。福島、歌島、姫島、百島、桜島……。大昔のオオサカは難波八十島と呼ばれていたらしいが、現在でも島の付く地名がやたらと多い。堂島、中之島などよく知られた名前もある。地名だけを聞いているとオオサカ群島だ。自宅から大阪南港へはまず尼崎からJR東西線に乗る。加島、御幣島、海老江、新福島と駅は続くが、ほとんどが島の付く名前である。海老江で地下鉄に乗り換えると今度は玉川、桜川など川の名前が多い。大阪は水の都なのだ。

四貫島は「子ども心に思っていた大都市オオサカのイメージとは異なっていた。暮らしている人の顔が都会人でなかったし、暮らしぶりも都会風でなかった」と松本は言う。松本には、バラックの路地にナスやきゅうりやゴーヤを育て、七輪で魚を焼き、船の家で生活している同級生の家族がいて、これらはすべて『水街』の世界を形作っている。『水街』は明治の末から大正にかけ四国、九州、沖縄、奄美大島、そして朝鮮半島から、工場労働力としてオオサカという外国へ流れ込んできた、百万は越えたと言われる人々の生活を描いた芝居である。

❶ 上演からたどる漂流民・異民の街

舞台は「皇紀二千五百六十三年」（一九〇三年、明治三六年）に大阪・天王寺で開かれた第五回内国勧業博覧会で始まる。「珍獣館」「機械館」「不思議館」などのパビリオンに人が姿を見せ、見世物小屋的な雰囲気が広がる。もともとこうした博覧会は帝国主義列強の植民地支配を内外に誇示するために開催されたもので、「学術人類館」では植民地住人が民族衣装を着て日常生活を見せることも行われた。大阪の博覧会では、展示対象となった民族のうち沖縄県（琉球人）と清国が、「民族蔑視だ」と抗議する「人類館」事件が起きた。（この事件は知念正真の岸田國士戯曲賞受賞作『人類館』（一九七六）に詳しい）。大阪における沖縄からの移民を描いた『水街』で、オープニングにこの場面を用いることによって当時の状況を明らかにしようとしたのだろう。

物語は次のようなものだ。小舟で漂流の旅を続けるタケルは、大阪にやってくる。タケルは運河に落ちたカナという少女を助ける。居合わせた少年たちに、「この子の家はどこ？」と尋ねると、「尻無川」という答えが返ってくる。彼はカナを背負い、家まで送り届け、姉のナオと知り合う。姉妹は沖縄出身である。二人が住んでいるのは、水上に立てられたバラックのある移民の街。タケルは彼女たちの沖縄からの移民仲間であるマサモリやセントクとも仲良くなる。この作品はタケルとナオやナオの周りの少年たちとの交流・友情の物語である。

尻無川という地名から大阪の大正区が舞台になっているものと思われる。大正区には沖縄からの移民が今日でもたくさん住んでいる。彼らは安い労働力として必要とされ、過酷な労働を強いられた。沖縄の人たちが条件のよい仕事に付くことは困難で、収入はきわめて少なく、水辺のバラックや小舟に暮らしていた。宮本輝の『泥の河』の世界がそこにはあった。沖縄の人たちは自分たちのことを沖縄言葉で「ウチナンチュー」と呼んで、「ヤマトンチュー」（本土の人たち）と区別しているが、二つの「民族」の間には明らかな差があった。タケルという名前は日本神話の英雄である日本武尊（やまとたけるのみこと）から来たものと思われ、したがって彼はヤマトンチューである。一方ナオたちはウチナンチューだ。

松本が暮らした此花区の四貫島をはじめ、西淀川区、港区、大正区など海に面した地域には移民が数多く住み着き、「島」を形成していた。運河を挟んで向こう側には巨大煙突が林立する工業地帯があり、コントラストをなしている。『水街』でも、舞台奥に製鉄所・製鋼所、造船所、紡績工場、セメント工場などの工場群と高層ビルが立ち並ぶ。神戸製鋼や新日鉄堺などを見ればわかるように、製鉄所は原料や製品の入出荷に有利なように港のそばに位置し、巨大な溶鉱炉が製鉄所のシンボルだった。『水街』でも大きな歯車、煙突からの煙、溶鉱炉の赤い火などが強烈に作品全体の風景を彩っている。踊りという形で表れる労働者の労働場面も重要だ。黒い服を着た労働者の苦役の場面。彼らは山盛りの石炭を天秤で運ぶ。紡績工場の女工たちが女工服を着て踊る。「オッパジャ、オッパジャパジャ……」。赤ん坊を背負った女性や妊婦の踊りもある。第6場の「溶鉱炉」では運河の向こう側にはっきりと溶鉱炉が姿を見せ、赤い火を噴出、空が赤く染まる。労働者たちが大小の金づちを振り下ろす踊りは力強いが、同時に搾取という過酷な実態を見せている。

　第3場「水街」では舞台袖から流れるように次々とバラックが送られてきて、あっという間に水上生活者の街が出来上がる。見事な舞台転換で、黄金期の映画にも負けないセットが作られる。救われたカナを寝かせる部屋から見える水辺の風景も美しい。「美術家から演劇人になった」松本は、徹底的に本物にこだわる。彼が模範とするのは美術家だった黒澤明の映画であり、彼のレイアウトだ。「演劇畑の人はすぐ簡略化とか象徴化を考える」と松本は言うが、それに与（くみ）しない松本の創作姿勢は舞台装置だけでなく小道具などでも一貫している。見世物小屋のような内国博覧会から始まったこの芝居は、序奏の「煙の都」を経て、ここから本編に入るのだ。

主人公である少年たちだが、タケルは舟で、ナオたちはバラックで暮らす。溶鉱炉などの労働現場や労働者と結び付く場面はあるが、彼らは孤児であり、子どもたちだけで独立した生計を営んでいる。くず鉄を拾ったりゴーヤを育てたりして。彼らはここでいわば共同体を形成している。そこには素朴な、原始共産主義のようなものが存在しており、食べ物を分け与えたり協力して作業したりして、貧しいながらも楽しい共同生活を送っている。

この作品では資本家は一人も登場しないが、少年、労働者に続く第3のグループがあるとすれば兵士であろう。若い兵士（少年兵）たちはみな銃を持っている。彼らは銃を構えいっせいに発砲する。戦争がすべてを破壊し、溶鉱炉も水街の廃墟も跡形もなく消えていく。丘蒸気の「ポー」という汽笛の後に「銀河鉄道」という別れの場面が用意されている。松本が影響を受けたとされる宮沢賢治の小説『銀河鉄道の夜』が重なる。銀河鉄道の旅、ジョバンニとカムパネルラの友情、川に落ちたザネリを救うために川に飛び込み行方不明になったカムパネルラのことなどが。ナオのところにブラジルにいる叔父夫妻から手紙が届く。ナオとカナはブラジルへの移住を決意する。タケルは再び太平洋を西に向けて進む旅に出る。ナオとタケルの旅はそれぞれ、『〈彼〉と旅をする20世紀三部作』の第一部『nostalgia』と第三部『台湾の、灰色の牛が背のびをしたとき』へと続いていく。

運河の向こうの工場群や高層ビルなどは姿を消し、水街の廃墟もその痕跡さえとどめていない。最終景「青空」で、残されたのは舞台一面に張られた水と、巨大な雲に覆われた空だけだ。沖縄のハイビスカスを思わせる赤い花が一面に浮かべられている。少年たちが水面を見やりながら一列になって舞台奥を行進し、横切っていく。タケルが流れていく軍艦の模型を拾い上げ、じっと眺めた後、また水に戻す。「ホーイヤヘイ、アーイヤホイ……」。主題歌の『大空よ』が全員によって歌われ、幕となる。

❷『水街』とラングの『メトロポリス』

『水街』の労働者の場面を見ていると、フリッツ・ラングのサイレント映画『メトロポリス』が思い起こされる。ラングは一九二四年終わりにアメリカに二ヶ月滞在している。船がニューヨークに入港したとき、突然海からそびえ立つような摩天楼が迫ってきた。何千という照明のついた窓のある巨大なビルディングがラングに強烈な印象を残した。ドイツに帰ったラングは一九二五年から二六年にかけて『メトロポリス』の製作をはじめ、完成、翌二七年に公開された。西暦二〇〇〇年の未来都市を想定したSF映画だ。

松本はかつて、「劇場で演じられる演劇はトーキー、つまり音入りの映画で、野外演劇は無声映画の世界だ」と述べた。ラングはもともと画家であり、脚本作家をし、映画監督になった。短い期間だが俳優をしたこともある。こうした経歴は松本と非常によく似ており、一コマ一コマの画面が絵になっているのも二人の美術家・演出家（監督）の真骨頂であろう。維新派は一九九二年に大阪南港に十五メートルの高さの機械都市「メカノポリス」を建設し、『虹市』を上演した。それは『水街』に引き継がれていく。装置の立派さにおいて松本の「メカノポリス」もラングの「メトロポリス」も遜色がない。ラングではオイゲン・シュフタンによるシュフタン・プロセス（鏡に映された映像を用いて合成）を用いた特撮が行われ、精巧な模型が巨大なビルディングに生まれ変わった。またバベルの塔をはじめ、装置にも膨大なお金をかけた。松本も舞台美術に映画畑の林田裕至を使い、「舞台空間には垂直のラインが必要」と三千本もの丸太を立てたりして（『ノスタルジア』、一九九三）、観客をうならせる舞台装置を作り上げている。

ラングはアメリカのビジョンを資本主義そのものに置き換えた。巨大なメトロポリスには二つの対立する社会が並存している。地上では資本家階級が非常に贅沢な生活をしており、いわば地上の楽園を形成している。摩天楼の最上階では大資本家のフレーダーセンがテレビカメラで労働者を監視・支配している。一方、地下の穴倉のような世界では労働者階級が富裕層の利益のためにあくせく働いている。上の世界は二十四時間、下は二十時間で時計が一日を刻んでいる。二種類の時計の時間差が生み出すものは「搾取」である。中央に大きな階段のある地下の機械室では巨大な機械が煙を上げて一日中作動しており、何人もの労働者が機械の奴隷として懸命に運転を制御している。仕事が終わると疲れきった黒い仕事着の労働者集団が整列して鉄格子の向こうに帰っていく。さらに地下深く階段を下りていくと労働者の集会所であるカタコンベや聖堂がある。

地上の帝王フレーダーセンの息子フレーダーは労働者の娘マリアと出会う。たくさんの子どもを連れて地上に現れたマリアを見た途端、フレーダーは恋に陥る。フレーダーはマリアの導きではじめて地下に下りて、そこに抑圧された労働者の世界があることを知る。マリアはフレーダーに二つの世界の「調停者」になることを求める。……ここからはマリアの存在を危険に思った支配者のフレーダーセンがマリアのアンドロイドを作らせたりして、SF映画の本領を発揮していく。労働者が蜂起して勝利するというラングが用意した結末は検閲によってカットされてしまうのだが。『水街』では資本家は一人も登場しないが、運河の向こうの高層ビルや工場群、溶鉱炉や大きな歯車などで、摩天楼の『メトロポリス』と同じ社会対立を描き出している。異なるのはラングが垂直軸（摩天楼の最上階と地下）で、松本が水平軸（運河の対岸とこちら側）でそれを展開していることである。

『水街』の労働者の場面について言うと、もちろんチャップリンの『モダンタイムズ』やブレヒトの『セチュアンの善人』の「八頭目の象の歌」の場面など、資本家の搾取を表した場面は存在し、状況的には『水街』に近い。だがラングの『メトロポリス』では巨大な機械がもくもくと煙を吐き、子どもを食べる神・モロクに変身する。こちらの方にどうしても『水街』の赤い火を吐く溶鉱炉を重ねてしまう。ラングも松本も視覚的人間であり、絵面（づら）がよく似ているのだ。『水街』ではヤマトンチューのタケルが水街に漂着し、ウチナンチューのナオと知り合い、その仲間たちと友情を結ぶが、これは『メトロポリス』のフレーダーとマリアの出会いとその後の展開に似ている。ジャンルもストーリーもまったく違う二作品だが、ラングと松本の間には共通の美学やコンセプトがあるように思える。

❸ 水辺の風景と南港の野外劇

四貫島は子ども心に思い描いた大都市オオサカのイメージとは違った、と松本が言うとき、そのギャップは、華やかなオオサカとそこに住む貧しい人々とのコントラストから生じたものだろう。松本の作品は故郷喪失者、漂流民、異邦人の眼差しを反映している。それは対象に距離を置いた、ブレヒト的な意味での「異化」の眼差しである。

松本の原風景は水辺の風景であり、郷里の天草や港湾都市大阪の風景である。松本作品では川や海は逃走の経路と見られている。逃走は松本にあっては、カフカとはまったく違うやり方で行われる。カフカの『変身』では、人間疎外に陥ったサラリーマンが毒虫に変身することによって逃げ道を見出す。カフカはさまざまな動物寓話を書いているが、彼の作品の逃走線は動物への変身だ。一方、松本では川や海は船による別世界への移住という可能性を与えてくれる。出口なしの状況の克服は、松本にあってはカフカとは逆に非常に現実に接近したものとなる。川や海は逃走の同義語であるのみならず、新しい岸辺への出発の同義語でもあるのだ。松本の作品はオープンな結末の中に、登場人物が水辺の向こうを思い浮かべ、希望を抱く明るいエンディングになっている。（もちろん行く先々で困難が待ち受けていることは百も承知だが）。その意味において南港の野外劇は効果的だ。なぜなら観客は背景に広がる港を眺めながら、タケルやナオの船出にエールを送れるからだ。

ブレヒトはデンマーク亡命中、スヴェンボーの海峡越しにドイツを望むわら屋根の家に五年余り住んでいた。そこで詩人はドイツの友人たちの闘争を見守りながら詩を書き、それを彼らに送り続けた。「自由な決断で亡命した移住者ではなく、追放された人、難民」として。彼は詩『抒情詩には向かない時代』で次のように書いている。「海峡に浮かぶ緑の小舟や楽しげな帆を／私は見ない。私が見るのはただ／漁師の引きちぎれた網だけだ」*4。自分自身を永遠の移住者だと感じていたブレヒトには、水辺の風景が典型的な亡命の風景であり、彼は好んで水辺に住み続けた。まず一九二〇年代の終わりにアマー湖畔のウッティングに、亡命から帰国後はベルリンのヴァイセンゼー湖畔に、そして最後にシェルミュッツェル湖畔のブッコーに住んだ。こうした風景が『スヴェンボー詩集』や『ブッコー悲歌』など、珠玉の詩集を生み出している。亡命者にとっても水辺の風景は生きる力を与える心の糧だったのだ。

松本は水辺の風景と結び付いた大阪南港での野外劇を次のように総括している。

> 南港で五年…、『ROMANCE』（一九九六）に始まり、『南風』、『王國』、『水街』、『流星』と一年に一作のペースで五年間。同じ場所に留まりこれだけ公演したことはない。一作品に建て込みから解体まで三ヶ月はそこで暮らすことになるから、五年間で十五ヶ月、私たちは南港で生活したことになる。……南港での五年間、私たちはオオサカという都市に居ながらにして確かに自然人であった。

*4　Bertolt Brecht: Schlechte Zeit für Lyrik. In: *Werke. Große kommentierte Berliner und Frankfurter Ausgabe.* Frankfurt a. M. 1988–2000. Bd.14, S.432.（以下ブレヒトからの引用はBrecht, GBA…と略記）

> 〈中略〉『南風』は熊野の新宮に辿り着いた漂流民の末裔の話だったし、『王國』の主人公たちはこの列島の山野を駆け巡ったサンカと呼ばれる非定住民たちであり、『水街』は南方から移住してきた近代漂流民の集落であった。……
>
> 　考えてみれば、南港での五年間は〈漂流〉という無辺際なイメージを〈劇場〉という囲いの中に具象化する格闘であり、その格闘こそが〈野外の劇場〉という精神を支えてきたように思える。〈歌わない音楽〉、〈踊らないおどり〉、〈喋らない台詞〉という私たちがここ数年で獲得した金科玉条も〈漂流〉というイメージが内包する非言語性、非記号性、非中心性からして思えば自明の空間論であった。私たちは〈漂流〉というテーマを抱くことによって私たちの野外の劇場に辿り着くことが出来たのかもしれない[*5]。

　その後、維新派は国内でも海外でもますます注目されるようになる。だが舞台が洗練され、完成度の高いものになればなるほど、初期の頃の荒々しい挑発力が失われていくような感じがしたことも事実だ。維新派にとって南港の五年間がもっとも輝いた時代だったのかもしれない。

*5　『維新派・松本雄吉　1946〜1970〜2016』二六頁。

『キートン』（二〇〇四）

『キートン』というタイトルは世界的に有名な喜劇役者バスター・キートンによる。『水街』同様、『キートン』も大阪南港の野外劇場で上演された。舞台美術は黒田武志が担当している。

物語は次のようなものだ。雨が降っている。古い映画館があるが、もうすでに廃墟と化している。孤児であるワタルは映画館に入り込むが、そこには何人かの浮浪児が住み着いていた。突然大きな、錆びついた映写機が回り始め、彼らは映し出された映画を見る。画面では労働者が工場に入っていく。子どもたちは映画の世界に入り込む。すなわち彼らの世界は突然観客席の現実から一九二〇年代の産業都市を示す映画の場面に転換する。それからワタルはキートン「叔父さん」とそこで出会う。比較的独立した場面が緩やかにつなぎ合わされており、ブレヒトの作劇法を思わせる。

❶チャップリンではなくキートン

キートンはチャップリンと並んでサイレント映画時代にもっとも大きな成功を収めた喜劇役者である。キートンは映画で意識的にまじめでストイックな表情を貫いた。そのせいで彼は「偉大なストーンフェイス（無表情）」、「笑ったことのない男」と呼ばれた。子どものころ彼はすでに「（役者の）自分が笑えば、観客は笑わない」[*6]という

*6　トム・ダーディス（飯村孝彦訳）『バスター・キートン』リブロポート、一九八七年、二五頁。

ことを知っていた。喜怒哀楽を表情に出さないというのが映画俳優キートンの哲学だった。笑わないキートンがサーカスまがいのスリリングなアクションと気の利いたギャグで観客を笑わせる。彼の映画はアクションコメディであり、スラップスティックコメディである。一九二〇年代に作られたキートンの代表作『荒武者キートン』(一九二三)、『キートンの大列車追跡』(『キートンの大列車強盗』、一九二七)などはほとんどが野外ロケで作られており、そのテンポの速さには驚かされる。作品の多くに原住民であるアメリカインディアンが登場し、『キートンの酋長』のように民族・文化の問題を考えさせるものもある。野外での上演はサイレント映画に似ていると感じていた松本は、サイレント喜劇映画の王様のうち、チャップリンではなくキートンを上演に選んだ。その理由を松本は次のように述べている。

今回は野外でやるから、喜劇の質としてチャップリンではないと思っていた。ああいうウェットとか芸とかセンスで見せる芝居でなく、その対極にあって宇宙を感じさせるのが俺はキートンやと思う。……生活臭のするのがチャップリンだとするとキートンは鉱物的な感じというか。あのキートンの皮膚感と言うのは刺しても血が出てくる様な感じと違うものな。チャップリンは涙は出るし唾も出るし。だからチャップリンは気持ち悪い。……

キートンの映画には空気というのがない様な気がする。空気が物質化されている感じ[*7]。

ブレヒトはコメディとユーモアという二つのモードを彼の叙事詩的演劇に結び付けようとしてきた。異化効果という難解なタームは、観客を悲劇的な陶酔へと誘う感情同化の演劇に対するアンチテーゼと考えられる。ブレヒトは「偉大なチャーリー」から大きな影響を受けた。彼は特にチャップリンの演技法に注目していた。道化の元祖とも言うべきチャップリンは、「伝統的な演劇とは異なった、新たな人間の振る舞いを作り出すことに取り組んでいた」[*8]。恋敵に媚を売りながら、同時に彼を毛嫌いする男の本心が、チャップリンのしぐさからコミカルに浮かび上がってくるのだ。

だが松本は、チャップリンの演じ方は芸術的すぎる、感情的すぎると感じており、一方キートンの世界は鉱物的で硬いという印象を持っていた。松本はチャップリンの情緒性、センチメンタリズムの中に感情同化的なものを認め、キートンの「硬さ」の中に喜劇的距離化を感じ取っていたのだ。それは感情同化vs異化という明確な対立ではなかったかもしれないが、松本はキートンを好んだ。純粋に俳優術の観点から、松本はブレヒト以上の異化を目指していたのかもしれない。

キートンのトレードマークは彼の丸く平らなフェルト帽だった。維新派の『キート

*7　『維新派大全　世界演劇／世界劇場の地平から』六〇、六一頁。

*8　Brecht: Das deutsche Drama vor Hitler. GBA Bd.22-1, S.166.

ン』に現れた「キートン」（以下、維新派の上演のキートンはかぎカッコで記す）は、帽子をかぶり二つの大きなトランクを抱えた放浪者・漂流民として登場する。キートンの映画に多く現れる原住民（アメリカインディアン）も『キートン』では何度も登場する。暴風が吹き、屋根が飛んで建物の壁が倒れるが、扉の開いた部分がキートンの立っていた場所だったため、キートンは九死に一生を得る。この有名なシーンは『キートン』でそのまま用いられている。急な斜面を転げ落ちるキートンや、列車を追跡し、列車の上を駆け抜けるキートンは多くの人の目に焼きついているが、『キートン』では街の場面が終わると両側から挟みこむようにして急斜面が作られる。大きなフィルムが掛けられた映写機とそれを回す歯車で構成された黒田武志の秀逸な舞台装置だ。舞台奥には高い鉄橋が置かれ、そこを列車が走り、「キートン」が追いかけていく。南港の海の夜景が鉄橋を走る列車と溶け合って美しい。キートンの映画ファンにはたまらない光景だ。松本はキートンの多くを上演に取り入れている。

❷ 廃墟／路地の共同体

廃墟になった映画館で主人公が浮浪児たちと出会うところから『キートン』は始まる。松本が「風のすみか」だと言う「路地」や「廃墟」[*9]。そこを風が渡っていく。主人公の名前はワタル。松本の作品の主人公は少年で、ワタルという名が多い。川や

*9　『維新派大全　世界演劇／世界劇場の地平から』一五頁。

海を渡る姿、一つの世界から別の世界へ移住する姿が思い浮かぶ。松本作品のキーワード「漂流」を表象する名前である。少年はいつも白塗りの顔で、白い帽子をかぶり、白いシャツを着て、短い白の吊りズボンをはいている。その外見が背景と組み合わされ、モノクロの世界を形成していく。

ミヒャエル・エンデの『モモ』も、廃墟となった円形劇場に暮らす浮浪児モモと、彼女を取り巻く子どもたちの物語である。ある日侵入してきた時間泥棒の灰色の男たちによって、街の人たちは時間を奪われるが、モモのおかげで時間を取り戻し、平和で仲の良い生活がまた始まる。『キートン』でも廃墟のワタルと少年たちが、止まった映写機を協力して動かすことによって「キートン」を取り戻す。少年たちにとって廃墟や路地はどのような意味を持つのだろうか。

『ろじ式』(二〇〇九)のように、松本の舞台となっているのは廃墟や路地が多い。吉本隆明の言説を紹介しながら、彼は次のように述べる。

吉本隆明が面白い観察をしてる。自分の家の庭に盆栽を並べる人は縁側から見るためにという自分の視点から、ところが路地に盆栽を並べる場合はまるで夜店みたいにそこを通る人が見えるようになっているやろ。通行人に奪われても仕方のないような置き方をしている。路地というのはそういう道であって庭であるようなところ。自分と他人の境が曖昧な、所有の感覚がええ加減なとこなんよ。どこへいっても私、他人というのをはっきりしとかないと生きていかれないところが人間ってあるやん。そういうのがええかげんに曖昧になる世界というのは、非常に俺らみたいなだらしない人間にはありがたいところがあるし。あいつもやっているというと、ほっとするところがある、そういうのが路地っぽい感覚かな[*10]。

路地だけではなく、廃墟にも同じようなことが言える。そこでは「おまえのものは俺のもの、俺のものはおまえのもの」的な暗黙の了解があって、あいまいな所有感覚が素朴な平等主義、いわば原始共産主義のようなものを生み出している。それは「盗み」を許容することさえある。『呼吸機械』では、難民の少年たちが畑の野菜を盗んで「漂流」し続ける様子が示されている。こうした「平等主義」から一つの共同体、コミュニティー（ドイツ語のゲマインシャフト Gemeinschaft）が形成され、そこでは「人が人を助ける」という原則が貫かれている。

『水街』、『キートン』、『呼吸機械』、三作とも主人公は少年たちである。彼らはみな孤児であり、漂流民である。彼らは廃墟や路地に住みついたり、一緒に漂流の旅を続

*10　『維新派大全　世界演劇／世界劇場の地平から』一五頁。

けたりする。ブレヒトの戯曲には女性の主人公も多いが、彼女たちの多くはシングルマザーだ。『肝っ玉おっ母とその子どもたち』の肝っ玉おっ母、『母』のペラゲーア・ウラーソワ、『セチュアンの善人』のシェン・テなど等。松本における孤児とブレヒトにおけるシングルマザー、こうした人物に共通するのは、彼らが流れに逆らって泳ぐ人間だということだ。違いは少年たちが家庭の一員としてではなく、共同体の一員として生きていることだろう。共同体はブレヒトの教育劇において中心的な役割を果たしているが、そこでの共同体は政治的な意味での共産主義社会を意味する。『キートン』とブレヒトの教育劇を比較・検討しながら個人と共同体の関係、人間と社会の弁証法を探ってみたい。

❸ 人間は人間を助けうるか？——新しい種類の教育劇

『三文オペラ』のベルリンでの初演（一九二八）によってブレヒトは一躍世界的に有名になった。だがどこへ行ってもあの作品（『三文オペラ』）の作者と言われることに、ブレヒトはすぐに嫌気がさしてきた。ブレヒトが『三文オペラ』で表そうとした社会風刺はあっという間に娯楽産業に取って代わられ、作品の挑発力はまったく弱められてしまった。ドイツにおける膨大な失業と世界恐慌が政治的、経済的関係を非常に大きく変えたために、この作品は現実に追いつくことが出来なくなった。

この頃ブレヒトは、一晩の娯楽を売らねばならないという強制のためにあまりにも動かしがたい限界を持つようになった劇場から離れ、参加者の思想に影響を与えうるようなあるタイプの演劇的催しを作り上げようとしていた。ブレヒトは彼の演劇実践を労働者の文化運動の内部や学校においてさらに進めようとした。教育劇という新しいジャンルで。教育劇（ドイツ語ではLehrstück で教える劇、教育する劇の意）は本来なら学習劇（Learning play）と呼ぶべきものだ。そこでは人間の教えることと学ぶことの相互関連が問題とされており、人間（俳優・観客）は自己の体験や世界観に従い、与えられたテクストモデルを解釈し、作品を組み立てていくのだ。

こうして一九二九年に最初の教育劇『リンドバーグの飛行』と『了解についてのバーデン教育劇』（当初は『教育劇』と言うタイトルだった）が生まれた。バーデン・バーデンの音楽祭のために作られたもので、音楽はそれぞれクルト・ヴァイルとパウル・ヒンデミットが担当した。二つの作品はこの音楽祭で一九二九年の七月二十九日と三十日に続けて上演された。なお『リンドバーグの飛行』は、翌年の新しい稿で『リンドバーグたちの飛行』と改題された。

『リンドバーグたちの飛行』は一九二七年五月に飛行機で大西洋横断に成功したリンドバーグの偉業を、科学の勝利、人類の進歩として称えている。「リンドバーグたち」と複数形にしたのは、飛行の成功を飛行機を作った七人の協力者とのチームワークの成果と捉えているからだ。作品中の「われわれ」は「リンドバーグと飛行機」のことを指しており、『キートン』における「キートンと映写機（映画）」の関係に対応する。またリンドバーグたちはナンバリングされた「キートン」たち、ならびにナンバリングされたワタルたち（少年たち）に当たる。科学の発明品とそれを利用する人間の共同体と言ってもいい。機械を助けることが人間を助けることであり、人間を助けることが機械を助けることになるのだから。

二作目の『了解についてのバーデン教育劇』は、リンドバーグの前に横断に失敗した実在の飛行士の物語であり、『リンドバーグたちの飛行』と対をなす作品である。そこでは四人の墜落した人たち（一人の飛行士と三人の整備士）が登場し、「人間は人間を助けるのか」ということが検討される。第三の検討では三人の道化が現れ、劇中劇が演じられる。一人はシュミットさんという巨人であり、『〈彼〉と旅をする20世紀三部作』の〈彼〉と似ている。〈彼〉同様、二十世紀の科学力によって大きくなりすぎた人間をイメージしているのかもしれない。痛みを感じるシュミットの手足や耳、頭を、「人助け」という名目で別の二人の道化が全部切り落としてしまうというグロテスクな笑劇である。

『キートン』に話を進めよう。『キートン』の第8場の終わりで、稲妻が光り、雷鳴がとどろくと白いマグネシウムの粉が辺り一面に飛び散る。突然真っ暗になり、核爆発でも起きたのではないかと思わせる。あるいは第三次世界大戦が勃発したのではないかと。誰にも様子はまったくわからない。その後、第9場が始まる。M9と表示される「トマソン・サーカス」の場面だ。Mはミュージックで、松本の演出作品がオペラやミュージカルとして想定されていることがわかる。ワタルは気を失い、傾斜した舞台に倒れる。そのことは映写機がもはや回らなくなり、「キートン」が姿を消すことにつながる。「キートン」の生命はワタルの生命にかかっている。人間は人間を助けることが出来るか？

ワタルから分裂し、上演台本にのみナンバリングされ、舞台上では順不同の分身1、5、6、7、8、9、12、15そして16（全員がワタル同様浮浪児）が懐中電灯でワタルを探し、叫ぶ。「オホーーーイ、オホーーーイ」。彼らは倒れたワタルを見つけるが、彼を助け起こすかわりにまず大きな歯車を回し始める。「ヘイ、エイ、エイ、エ、ヘイ、エイ、エイ、エ」、「ヘイ、ヤー、ヘイ、ヤー」。彼らは声をそろえて合唱する。ちょうどギリシア悲劇や能、ブレヒトの教育劇のように。ようやく一つの歯車が回り、それから他の歯車も次々に回りだす。「キートン」が立ち上がり、ワタルを助け起こす。ワタルと「キートン」は生命のパートナーとして結ばれている。「キートン」の複製である13、14、17、18、20、21、22、23、そして24が登場し、活発に動く。

もう一度、話の流れを整理し、追ってみる。廃墟となった映画館でワタルら少年たちは共同体を作る。やがて彼らは映し出された映画の世界に入り込み、そこで「キートン」たちと新たな共同体を形成する。雷鳴の後、少年たち（ワタルの分身）は倒れたワタルを助けず、まず止まった映写機を回すことに力を注ぐ。それにより「キートン」たちは生き返る。それから「キートン」がワタルを助け起こす。こうした行程には深い哲学的意味が込められている。

> ブレヒトの教育劇は上演の中でポジティヴな集団を形成していく。こうした集団は登場人物の共同作業によって形成され、そこではすべての登場人物が弁証法的に思索する主体、すなわち人間と社会の関係をともに考える主体として位置づけられる[*11]。

人間と社会の弁証法を思索するという点で、あるいは社会を助ける（変える）ことが人間を助けるという意味において、松本の『キートン』はブレヒトの教育劇につな

*11 Taekwan Kim: *Das Lehrstück Bertolt Brechts.* Frankfurt a. M. 2001, S.56.

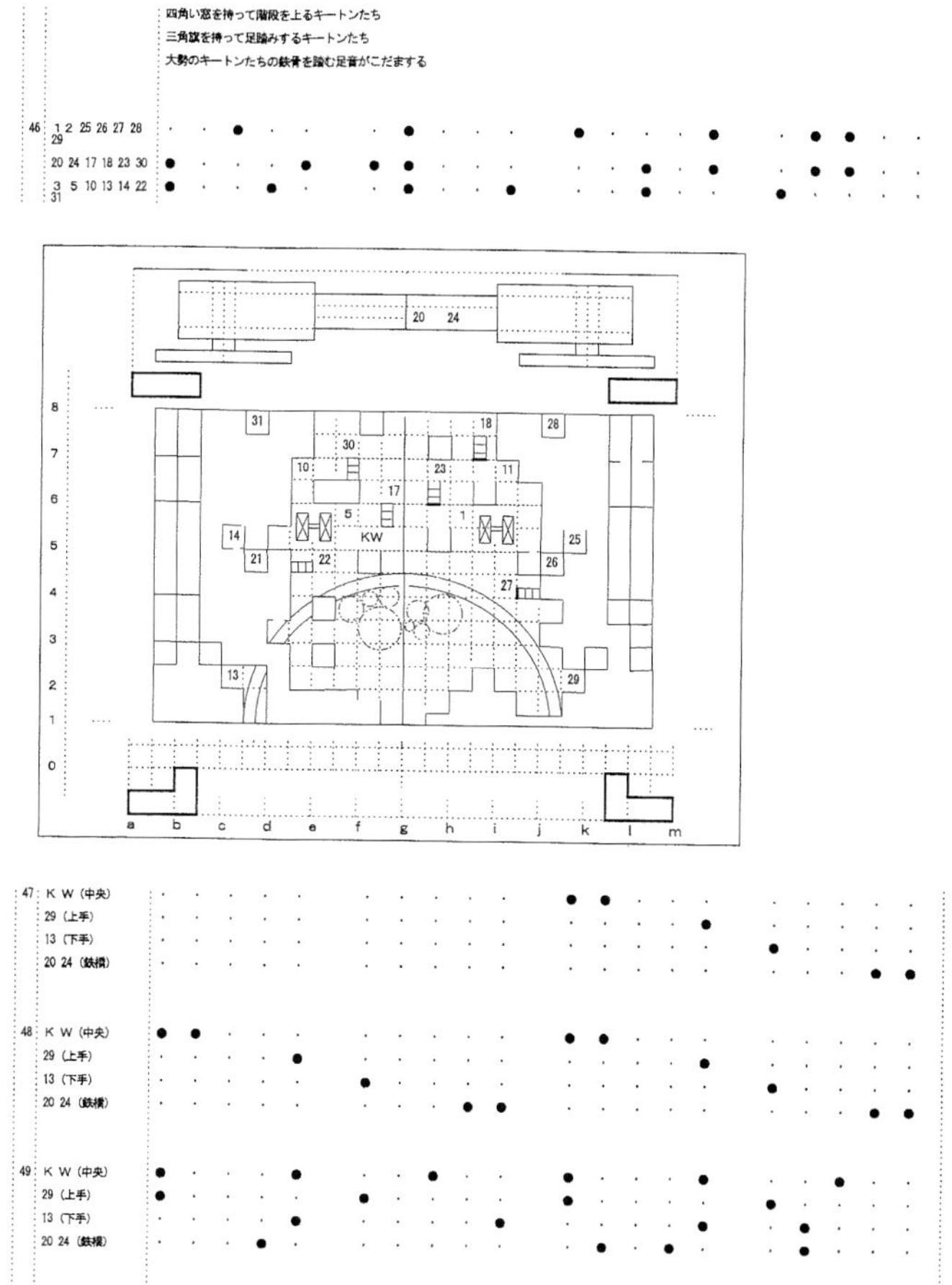
四角い窓を持って階段を上るキートンたち
三角旗を持って足踏みするキートンたち
大勢のキートンたちの鉄骨を踏む足音がこだまする
46
1 2 25 26 27 28 29
20 24 17 18 23 30
3 5 10 13 14 22 31
20 24
KW
47 K W (中央)
29 (上手)
13 (下手)
20 24 (鉄横)
48 K W (中央)
29 (上手)
13 (下手)
20 24 (鉄横)
49 K W (中央)
29 (上手)
13 (下手)
20 24 (鉄横)

図3 『キートン』の台本

がる部分がある。もちろん人間（個人）と社会（共同体）の関係を単純に飛行士と飛行機、あるいは映画の登場人物と映画の関係に置き換えることは出来ないだろう。だが人間の土台となる社会がひどくゆがみ、壊れている場合、「人が人を助けること」は不可能である。ブレヒトの教えは簡単明瞭だ。階級社会（階級が敵対しあう社会）において、戦争と暴力の時代において、人間は人間を助けない。人間はまず社会を変えることから始めなければならない。そしてその作業の中で人間は人間自身を変えていかなければならないのだ、と。「世界を改良しながら、自らを改良せよ！」松本は廃墟の共同体と映画の世界を交差させ、少年たちと異次元の人物（映画の登場人物）とを交流させながら、われわれに教えを与えている。「分身＝〈分裂した人間〉は〈オリジナル〉を助けることが出来る」、「仲間は仲間を助ける」と。

❹ ヂャンヂャン☆オペラ

『少年街』（一九九一）に始まり『虹市』（一九九二）、『ノスタルジア』（一九九三）、『青空』（一九九四）と続く四作と、前章で挙げた『ROMANCE』（一九九六）以降『流星』（二〇〇〇）までの五作、計九作を維新派ではヂャンヂャン☆オペラと呼んでいる。『流星』を最後に公演ではこの名称をはずしているので、『キートン』はヂャンヂャン☆オペラではない。だが南港の野外劇を中心に培われたヂャンヂャン☆オペラの伝統は、維新派のパフォーマンスにずっと受け継がれているように思われる。一方ブレヒトでは、ここで取り上げた二作を含め、教育劇と名づけられた六作はすべて音楽劇であり、オペラである。教育劇の範疇からは外れるが『三文オペラ』は彼の代表作になっている。ブレヒトと松本には音楽劇という共通点があるが、ヂャンヂャン☆オペラを語るにあたって、言葉と音楽の関係を探ることから始めよう。

戦争の世紀である二十世紀には多くの人が故郷を失い、故郷の言葉も失っていった。日本のベケットと呼ばれる別役実は満州からの引揚者で、帰国後も共同体の一員になり得ない異邦人だった。「在日日本人」とでも言うべき彼は、自分の言葉を失ってしまったと言う。「私は日本語を知らない。……私は私自身の言葉を中性的なものにしてしまったらしいのである。言葉が中性的なものになるということは、それが本来持つエネルギーを見失うということである」[*12]と。電信柱とベンチだけの舞台。風が吹いている。「電信柱の宇宙」と呼ばれる別役の劇世界は、彼の満州の原風景なのだ。別役の演劇ではさ迷える旅人である、名前のない男と女が、モノトーンな言葉でかみ合わない対話を続ける。別役は不条理劇しか書けなかったのかもしれない。

故郷喪失や故郷の言葉の喪失は、難民・移民だけではなく現代における一般的な現象であるように思える。松本は「故郷は自分で作るものだ」とずっと言ってきた。イ

*12 別役実『言葉への戦術』烏書房、一九七二年、三二頁。

ンタビューから引用しよう。

今一番問題にしているのは、若い子の故郷喪失やね。俺はうちの劇団の子に、無理矢理でもいいから故郷を作れって言ってる。故郷がなかったら人間やないからね。別に故郷が日本的な木造家屋でなくてもいい、（著者註　維新派が野外劇をやっている）南港が故郷でもいいし、マンションが故郷でもいい。その、自分の故郷にいっぱい伝説を作れ、と。ノスタルジーってどこにでも宿るもんやと思うからさ。マンションのノスタルジー、そんなことを、村上春樹がちょっとやろうとしてるような気がする。それぞれ、自分で自分の故郷を作ったらいいと思うねん。[*13]

松本はまた故郷喪失に付随する故郷の言葉の喪失について、移民としての自らの体験を紹介し、混成言語である維新派弁がヂャンヂャン☆オペラを作り出したことを明らかにしている。

ヂャンヂャン☆オペラで使っている言葉は僕の個人弁、あるいは維新派弁であると考えています。僕自身は九州で生まれて大阪で育ったのですが、母親は満州にいて、東京にも

*13　『維新派大全　世界演劇／世界劇場の地平から』一八頁。

長くいました。そういう風に大阪に集まってくる、一つの流れの、集積の回路の末に、大阪弁というのがたまたまある。だからいわゆる大阪弁にはこだわっていないのです。
　そんな風に考えたら僕たちの使っている大阪弁というのは普通の大阪弁とは随分違うものです。言葉は大阪弁だけどイントネーションは標準語に近いところもある[*14]。

　一九九〇年五月に大阪城公園で上演された『echo スクラップ通りの少年たち』から内橋和久が音楽を、林田裕至が舞台美術を担当するようになった。松本、内橋、林田のトリオがヂャンヂャン☆オペラの流れを決定づけることになる。内橋は言う。「松本も『echo』でリズム中心のせりふを使い始めた。あの作品で今の維新派のスタイルは決まった」[*15]と。松本は台本のために逆引き辞典を使って徹底的な言葉集めを始めた。彼のメモには例えば「かなてこ／ヤットコ／釘箱／ステテコ／ヌカ床／ネンネコ」のような4音節で語尾をそろえた単語が並べられている。それに「トウ、トウ、トウ……」「トウヤ、トウヤ、トウヤ……」のようなリフレインが挟みこまれていく。ブレヒトもメモ魔で、民衆の言葉や語り口を書き留めていた。幼い頃、牛乳売りが売り声を上げると付いて回って一緒に声を出したという。大道芸人のモリタートや口上など、庶民特有のイントネーションで歌われ、語られたものをブレヒトは若く

*14　じゃむち三一号（一九九七年一〇月号）。松本工房、九頁。

*15　内橋和久「観客のイメージの中で完成される音楽」『維新派大全　世界演劇／世界劇場の地平から』一四一頁。

して摂取した。ブレヒトの体内にはメロディのモデルのようなものが染み付いていた。

テンポも拍数も指定してある「言葉の譜面」とも言うべき松本の台本は重要な役割を果たす。内橋は「まず基本となるシンプルなリズムを作ってそれを延々と流し、台本を読んでいって、言葉も音として考え、音楽の一部として曲を作っていきます」[*16]と説明する。幸い内橋も大阪出身であり、大阪弁のイントネーションで語られ・歌われるように作曲することが出来た。こうして独特の大阪弁ラップ＝維新派ケチャが生まれた。音楽だけを聴いていると、ミニマル・ミュージックのようにも思われる。テリー・ライリーの『In C』やスティーヴ・ライヒの『6台のマリンバ』などが私には思い浮かぶ。

松本の作品は一貫してオペラである。現代音楽の作曲家である内橋は松本との共同作業によって彼らの「オペラ」を作曲してきた。俳優たちはラップのようにコーラスでテクストを歌う。テクストは半ば語りの性格を持ち、指定された音程と5拍子、または7拍子のリズムで歌われるシュプレヒゲサング（Sprechgesang）として書かれている。テクストには音楽的な指示がなされており、俳優は歌いながら踊り、踊りながら歌う。彼らは身体を使ったグループ作業で稽古を積み、不自然な動きをするように努

＊16　内橋和久「観客のイメージの中で完成される音楽」『維新派大全　世界演劇／世界劇場の地平から』一四一頁。

力する。例えば脚を7拍子で動かし、腕を3拍子で動かす、など。異化的な身振り、多層的な踊り・歌はレビューへと変身していく。松本は言葉の漂着性を回想しながら、ヂャンヂャン☆オペラに思いを馳せる。

故郷を捨て故郷のコトバを捨て、
この都市に自らの夢を託して生きてきた葛藤の歴史が
今私たちが使っているオオサカコトバにこもっている。
……
維新派のヂャンヂャン☆オペラはそんなオオサカコトバに支えられている[*17]。

*17 『維新派・松本雄吉 1946〜1970〜2016』二二七頁。

呼吸機械（二〇〇八）——結びにかえて

『〈彼〉と旅をする20世紀三部作』は二〇〇七年にスタートした。そこには四メートルはあろうかという巨人の〈彼〉が姿を現す。一緒に旅する難民から考察するに、〈彼〉は「ネイション」という極度に肥大化した怪物のように見える。だが松本の説明は違う。「〈巨人〉というキャラクターは、二十世紀の科学力によって大きくなりすぎた人間のイメージ。一種の奇形児。たくさん人を殺して、たくさん難民も出して、たくさん情報も出して、たくさん科学力も得た……あらゆる二十世紀を引き受けた人類の象徴だ」[*18]と。

『呼吸機械』は二〇〇八年十月、滋賀県長浜市高橋町さいかち浜に作られたびわ湖水上舞台で上演された。大阪南港での『キートン』以来、四年ぶりの野外劇である。第二次世界大戦中のポーランド。戦災孤児のカイン、アベル、イサク、少女オルガの四人は戦火の中をあてどなく迷う。地雷におびえ、野草を食み、時には盗みを働きながらひたすら彼らは歩き続ける。そして彼らの前に黒い衣装の旅芸人の一座が現れ、さらに難民たちが加わる。湖面に向かって、少しずつ下がっていく舞台空間。その向こうに湖が広がり、水平線まで見渡せる。舞台上を流れる水に足を浸しながら、五十人近い集団によるパフォーマンスが行われる。飛び散る水しぶきが照明の光に乱反射して美しい。最初の十数分間はせりふがほとんどなく、パフォーマーの動きだけで構成されている。それは踊り、バレエにつながっていく。

これまで考察してきた三つの作品は、浮浪児・戦災孤児である少年たちを中心に三つの登場人物のグループで構成されている。『水街』では、少年たち／（難民の）労働者／兵士たち、『キートン』では、少年たち／「キートン」（たち）／（「キートン」が訪

*18　松本雄吉 Artist Interview 2008.

れる町の）労働者、『呼吸機械』では、少年たち／旅芸人の一座／難民、である。はっきり衣装分けされた三つのグループが、それぞれのグループで同じせりふをラップし、機械人形のように同じ動きで踊る。この三作品だけからもわかるのだが、維新派のパフォーマンスはせりふ、ラップを基調とするものから、次第に動き・踊りにウエートを置いたものに変わってきている。オスカー・シュレンマーが目指した、三を基調にした『三つ組バレエ』のようなものが、維新派でも展開されていくのだ。

一九二三年から二九年までバウハウスの舞台工房の主任を務めたシュレンマーは、『三つ組バレエ』を一九二二年に作り、シュトゥットガルトで初演した。音楽はパウル・ヒンデミットだった。シュレンマーは作家・俳優が支配する近代劇からの脱皮をはかり、俳優の匿名性と「機械」の前景化を進めようとした。彼が作り出したのはストーリーのないコスチュームバレエだった。衣装の一部を硬直したように見せ、そうすることで衣装がその独自性によって踊りを規定することを目指した。シュレンマーは舞台という立体的な抽象空間を寸法・形からなるものと考えていた。ここに色彩や光、動きが加わると、シュレンマーの言う視覚的劇場が出来上がる。キーワードのように用いられる「機械的身体」はロボットやマリオネットのようなイメージを引き出す。そのメカニックな動きで三人のダンサーが「こっけいな場面」、「荘厳な場面」、

「幻想的な場面」の三場面を、十二通りのダンスで十八種類の衣装をつけて踊った。

視覚的劇場・演劇と言う点ではシュレンマーと松本の創造は一致する。維新派で毎回四十人ほどの俳優が集団で行うパフォーマンスはきわめて幾何学的である。松本は「他の劇団の百倍は練習する」と言う。きっちりした図面が引かれ、俳優はその碁盤の目を意識しながら正確に動かなければならないのだ。似た雰囲気は感じ取るものの、維新派とシュレンマーの厳密な比較・対照は困難である。だがテクスト優先のヒエラルキー（序列）からの脱却や、人物の性格付けやせりふの表現に重きを置く俳優修行からの決別は、シュレンマーの目指すものであり、松本の創造の原点だと言っていい。

『呼吸機械』はテオ・アンゲロプロス監督の『旅芸人の一座』や『ユリシーズの瞳』からの影響を強く受けている。アンゲロプロスも『国境三部作』を完成させ、『二十世紀三部作』を作ろうとしたが、第三部の撮影中に不慮の死を遂げた。『呼吸機械』ではマルクス／エンゲルスの『共産党宣言』が読み上げられ、アウシュヴィッツへのユダヤ人移送列車なども姿を見せる。旧約聖書の「カインとアベルの兄弟の争い」と合わせ鏡のように戦争の時代としての二十世紀が描かれていく。前半部分には二度にわたる地名の群唱がある。最初に「グルジア、チェチェン……コソボ……」など世界各地で起こった紛争地が、次にアウシュヴィッツに代表されるユダヤ人強制収容所の名前が群唱される。第3場（M3）の「宇宙のかたち」では、はっきりとクレーターの見える大きな惑星が湖上に浮かび、半球が舞台上で美しく輝いている。それにしても二十世紀はこの地球上でいったい何人の難民を生み出してきたのだろうか？そしてこの人たちはどれぐらい長く、遠く漂流の旅を続けた（続けている）のだろうか？　松本の作品群から世界の歴史が浮かび上がってくる。

松本は大阪学芸大学（現・大阪教育大学）で絵画を学んだ。彼は上演活動で自ら舞台美術を担当したこともあり、その際、キリコやデュシャン、M・C・フィッシャー等のモチーフを用いている。例えば『キートン』の劇中で「キートン」たちが背中に背負う便器は、デュシャンに由来する。松本は「総合芸術」という概念をワーグナーよりも大きなスケールで実現している。彼のパフォーマンスにはさまざまな芸術、例えば音楽、美術・絵画、ダンス・コレオグラフィー、俳優の語り、ラップのテクストなどが等価値で統合されており、その都度それぞれの境界をクロスオーバーしている。こうした領域横断的な創造は、新劇でもない、アングラ・小劇場でもない維新派独自のパフォーマンスを作り上げてきた。維新派はどこよりも早くポストドラマ的な演劇を目指し、生み出してきたのだ。

方向／演出を模索する

地図化、物質性、演劇生態

アンドリュー・エグリントン
エグリントンみか翻訳

序奏

大阪に拠点を持つ劇団、維新派は、うらびれたビーチ、寺院境内、港湾倉庫、都会の駅構内などを舞台化し、多様な風景や環境を横断しながら、その影響を受けて変容してきた。二〇一五年九月、奈良県にある曽爾村で制作された『トワイライト』は、維新派の創設者であり、芸術監督である松本雄吉が二〇一六年六月に死去し、二〇一七年に劇団が解散する直前に作られ、維新派の最終幕を飾る一作品となった。

松本は、一九七〇年に日本維新派を旗揚げし、その初期作品の多くの劇作と演出を担当し、出演をもしている。一九八七年に維新派と名前を短縮した後、劇団は新しい段階を迎え、ヂャンヂャン☆オペラと呼ばれるリズムを編み出し、野外演劇に乗り出すといった、方法論の変化を経てきた。これらの戦略は、いずれも『トワイライト』を読む際の鍵となっており、後に詳しく述べたい。

『トワイライト』の会場となった中学校の野球場の跡地は、松本が奈良県の地図を調査している中で発見された。「息を呑むほどに美しい夜空と、景観の劇的な変化が、方向感覚を麻痺させる山岳地帯に位置する興味深い場所」と松本が筆者とのインタビュー（Eglinton and Eglinton 2015）で語ったように、『トワイライト』は、地図を作るというマッピングの過程を通して、「方向感覚を麻痺させる」風景に接近することが目指された。振り付け、照明、音響をデザインする際に、地図が空間的な指示記号としてだけでなく、歴史的、神話的、個人的な記憶を紡ぎ出すナラティブとしても機能することになった。たとえば、中学生のグループが登場する場面では、地元の中学校地図を使って「教室、トイレ、体育館、その背後にあるお化けが出そうな不気味な場所の（想像上）の位置」が示された（Eglinton and Eglinton 2015）。

曽爾村の環境に、地図を「スペクトル」として重ねると、「バイオセントリック（自然中心的）」と表現できる、観客と環境との関係が立ち上がってくる。バズ・カーショウは、その著書『演劇生態（*Theatre Ecology*）』において、この「バイオセントリック」という言葉を用いながら、「自然環境へ反応する参加者を生み出すことによって、出演者と観客の境界は消滅することもあり得る」（三一七頁）という、二十一世紀のパフォーマンス実践に顕著に見られる変化を説いている。本章では、維新派の公演の記録、インタビュー資料、シアター・エコロジーに纏わる言説を参照しながら、維新派の『トワイライト』における、演者と観客と環境という三点から見た「内」と「外」の関係性を考察し、自然を中心に据えたパフォーマンスにおけるマッピングの機能を俎上に載せていく。

内側からマッピングする

『トワイライト』のマッピングは、言語と身体という、互いに浸透し合う二つの次元において、機能している。ここでは、先に言語の次元、次に身体の次元について議論していきたい。

曽爾村の舞台は、現場の地質学的輪郭に沿ったものとなった。古代ギリシャの劇場と同様の大きな扇形の円形劇場が建てられ、劇場空間の後部は、険しい山々と深い灌木に覆われていた。遠くに曽爾村の丘陵を望む、広大な敷地に舞台正面が据えられることになった。松本は、維新派の中心メンバーとこの地を訪れた後、この公演のナラティブの一つとして地図を使うことを決断している。

この土地は、私たちが持っていないものにインスピレーションを与え、私たちの内に眠っているものを目覚めさせることを発見しました。たとえば、普段は方向感覚に長けた私でも、この地に入ると方向音痴になってしまい、道に迷ってしまうのです。この感覚の変化に従って、私は地図を使った舞台を作りたくなったのです。(Eglinton and Eglinton 2015)

劇団メンバーは曽爾村の歴史と地形にまつわる地域から世界に至る様々な地図を調査した。並行して、村で見つけたオブジェや、光景や、音で構成された独自の「地図」をも作成していった。その結果、地元の地名、歴史的出来事、地形(山、川、洞窟など)、動植物の地形的特質が演劇テキストに織り込まれていった。

この象徴的な領域の埋め込みは、断片的な物語を紡ぎ出しながら、三人の登場人物の周りを緩やかに回転していった。ワタルとハル、そして三番目にして「不在」の登場人物であるキーヤンである。二人の子どもは連れ立って冒険に乗り出し、時間と場所を超えながら、曽爾村という土地にまつわる物語を語っていく。たとえば、ある場面で、少年たちは村にある洞窟を訪れた思い出を語り出す。洞窟の中に入って行きながら、ハルは四〜五世紀頃の日本の仁徳天皇について、部分的に神話を織り交ぜた次の伝承を伝える。仁徳天皇には弟と妹がいたが、それぞれ異なる母親から生まれた異母兄弟であった。仁徳天皇は、異母妹の雌鳥皇女（オナヒメ）を後宮に入れて妃としようと考え、隼別皇子（ハヤブサ）に恋文を託けた。しかしながら、雌鳥皇女は隼別皇子こそを愛するという返歌で彼に答える。仁徳天皇の怒りを恐れた恋人たちは曽爾村へと逃亡するものの、仁徳天皇によって送られた兵士によって、洞窟内で殺されてしまう。死後、二人は山々を飛び交う鳥のつがいに生まれ変わる。

ワタルとハルに加えて、『トワイライト』には、四十人からなる群像が強烈な印象を残す。いくつかの場面において、群像はグループに分かれ、ワタルとハルの二人組が旅する個々の時代と場所に見合った衣装を身につけ、住人を演じた。別の場面では、全員が揃いの白いシャツ、半ズボン、靴下を身につけ、キャンバスのリュックサックを背負った二人組の分身として機能した。このダイナミックな群像は、ほかの維新派作品と同様、ヂャンヂャン☆オペラという独自のスタイルで台詞を発する大規模な群唱ともなる。

「絶え間ない」、または「執拗」を意味する擬音語「ヂャンヂャン」は、維新派が拠点を置く大阪の中でも天王寺あたりの、大阪の労働者階級の喧騒を参照している。舞台上で言語は、しばし切れの鋭い身振りを伴いながら、複雑な変則的リズムを刻む群唱に解体され、翻訳されていく。ヂャンヂャン☆オペラのスコアの多くは、速いテンポの大阪弁を最も適切に伝える5拍子や7拍子といった変拍子に基づいている。上演台本は、肉声、演者の動き、音楽、照明の切っ掛けといった複雑なディテイルを編み込んだものである。故に、ヂャンヂャン☆オペラとは、維新派という集合体が身を置くその土地固有の言語的、身体的リズムを探りつつ、芸術的アイデンティティーを確立する試みと言える。

スタッカートと反復が多用されるヂャンヂャン☆オペラは、時に互いに関係のない対照的な場面を並置し、時系列的なナラティブに時に沿い、時に抗いながら、時にリズムに乗って、時にリズムを崩しながら、変化させながら、テーマやエピソードで物語を紡いだ舞台公演を音の波へと変容させる。松本が謂うところの方向感覚の麻痺ないし喪失は、ヂャンヂャン☆オペラが生み出す視聴覚的効果によって助長される。

加えて、『トワイライト』におけるヂャンヂャン☆オペラは、方向感覚の麻痺ないし喪失と同時に、曽爾村という環境、地図に新たな属性、つまりは「差異」を付与していた。人類学者グレゴリー・ベイトソン（Gregory Bateson）は、代表作『精神の生態学（*Steps to an Ecology of Mind*）』において、いみじくも地図を具体例に挙げながら、

「差異の美学」について以下のように述べている。

例の「土地と土地」の対比において、問題は「土地にある何が地図に載るのか」ということだ。土地がそのまま地図に載るのではない。……では、土地から出た何が地図に載るのか。土地が完全に均質な場合、土地とその外部の境界線しか地図に現れてこない。この線は、均質なまま続く土地が終わり、外部のより大きなマトリックスとの間に差異を作る。この差異こそが地図に現れる。海抜高度の差異であれ、植生の差異であれ、人口構造の差異であれ、地表の差異であれ、土地から地図に入り込むのは、実際のところ、「差異」のみである。（四五七頁）

曽爾村の歴史を維新派独自の言語、リズム、身体によって記録し直し、読み直すという、アーカイブとマッピングの作業を通じて、その神話的、歴史的、地質学的特性を引き出し、新たなる差異を付与ないし強調しながら、新しい物語を生み出す詩的空間として変容させていたのである。

円形劇場の中で、繰り返される台詞と動作は、円環の中で循環するダイナミズムを表し、史実と虚構が入り乱れる断片化された物語と舞台を取り巻く環境との関連性を観客に喚起させていた。曽爾村の環境の一部を構成している半月型の円形劇場は、公演期間中のみそこに存在し、公演が終わると撤収される。この円形劇場は、自然を借景するだけでなく、環境から相互に引用・刻印した後に、その消滅を示すための時空間であったのだ。

また、『トワイライト』というタイトルが示唆するように、この公演において、目に見えるものと見えないもの、現在と過去、生者と死者は、ヂャンヂャン☆オペラのリズムに合わせて入り乱れていった。地球的な規模で環境汚染が進む昨今において、地球温暖化や放射能汚染などの自然災害から、幾度となく繰り返されながら、人々の生活に浸食してくる企業メッセージといったメディア戦略に至るまで、様々な領域が互いに侵略し合っている。未明を意味するトワイライトは、拡大発展のための新しいフロンティアを求める欲望と挫折、さらにその結果としての環境破壊、人間消滅のメタファーとしても機能していたのである。『トワイライト』は、自然環境に、新たな差異を刻み込み、そして消去することによって、存在と無のあわいを感知させる試みであったとも言えよう。

内側を体現する

ウェールズに拠点に置き、サイト・スペシフィックな活動を展開してきた劇団ブリス・ゴフ（Brith Gof）の芸術監督であったマイケル・ピアソン（Michael Pearson）は、その著書『演劇考古学（Theatre Archeology）』において、ウェールズの風景を「認知地図」と呼び、「その土地固有の地形の凹凸の詳細を記述し、我々をその土地に結び付けるマトリックス」と記している（一三八頁）。維新派の『トワイライト』も、「野外演劇」と呼ばれるアプローチを通して、ピアソンが指摘したような認知地図を描くことを試みてきたと言えよう。

「野外演劇」は、文字通り「アウトサイド・シアター、外部にある劇場」と言い換えられるが、以下に述べる重要な三要素から、「サイト・スペシフィック・シアター」により近い意味合いを持つ。第一に「アウトドア、野外にあること」は、日本の商業演劇という主流から外れた政治的意味を含んでいる。松本は、「エンターテインメント」の創造にも取り組んでいたが、現状とは根本的に異なる姿勢で行うことを目標としていた。「維新派」という名前は、松本の矜持を表明したものであり、次のように説明している。

「維新派」という名前は、「革命」という明らかに政治的な意味も含んでいますが、抜本的な政治変革だけではなく、もっと大まかなものも意図していました。…今日においても、私は演劇というものが、どこか古臭いものだと感じてしまうのですが、私は常に新規なもの、革新性を秘めたものをしたいと思っています。（Eglinton and Eglinton 2015）

第二の要素として、松本が「ワンタイム・シアター」と呼ぶ、一度限りの劇場を作り出していたことが挙げられる。維新派は、公演の度に大規模な仮説舞台を組み、その舞台という窓を通して、詩的な景観を再構築していた。寂れた駅、倉庫、島のビーチ、街の通りなど、様々な非劇場空間を劇場化してきた維新派は、『トワイライト』では奈良県郊外の険しい山並みを、最終公演の『アマハラ』(二〇一六)では古都奈良に残された平城京の茫漠とした空間を変容させていた。

第三の要素は、ディスオリエンテーションという、先に述べた戦略的な方向感覚の喪失である。消費者社会における機械のような反復運動と拮抗する感情的かつ認知的反応を引き出すために、維新派は観客を非日常的な空間に誘致した。言い換えれば、観客が新しい感覚的刺激を求めて彷徨い歩く「巡礼」の場として、各公演が演出されたのである。同時にこうした巡礼地は、維新派の劇団員にとっても、クリエイティブに方向感覚を喪うための場所としても機能していた。さらに、創造的かつ戦略的に方向感覚を喪わせる場で公演を打つという特異な手段は、集団発見の手段としても機能していたのである。松本がこの発見のプロセスに重きを置いていることは、次の発言からも明らかである。

私自身も、旅をしながら新しいものを発見したいのです。私がすでに知っているもの、持っているものと取り組むよりも、知らないこと、分からないことと取り組みたいのです。野外公演を行う理由の一つは、個々の物語が、シェイクスピアのような古典的なテキストからではなく、その場所から生まれてくるからです。（Eglinton and Eglinton 2015）

上記の松本の発言は、維新派が行う公演の物語は、その公演が上演される場所に、常に既に内包されているという事実をも照らし出す。市場マーケット最優先の社会においては、周辺や片隅に捨て置かれたかの自然環境から生まれてくる言語と身振りのみならず、その無秩序をも取り込みながら、ヂャンヂャン☆オペラのスコアが編み出されているのだ。

維新派の野外演劇は、アメリカのパフォーマンス研究者であるウナ・チャウドゥリー（Una Chaudhuri）とショーニ・エネロウ（Shonni Enelow）が理論化した自然環境演劇の一形態として読むことも可能である。二人の共著である『演劇研究、気候変動、生態破壊（*Research Theatre, Climate Change, and the Ecocide Project: A Casebook*）』において、彼女たちは環境演劇に関するアプローチを二種類に大別している。その一種類目として、「すでに伝統として確立された、エコセラピーの実践方法」として、「地方や地域だけでなく、ある特定の、実際に存在する場所の重要性を、超人間的な世界へのポータルと［協調するアプローチ］（2014: 28）を挙げている。

チャウドゥリーとエネロウは、上記のアプローチに懐疑的であり、現在の生態学的危機の一問題である自然と文化の裂け目を助長する要員として批判している。このアプローチに対して二種類目に提示される「エコサイド・プロジェクト」は、二〇一〇年から一一年にかけて二人が企画した一連のワークショップが基となっている。気候変動問題をパフォーマンスとして表現する際の概念や審美性を考察した一連のワークショップは、『カーラとルイス（*Carla and Lewis*）』という芝居に帰結した。その芝居の創造過程において、二人は自然と文化を二項対立ではなく、連続的な事象として扱う環境演劇の方法論を編み出していったのである。

単に内側と外側の差異を否定して［自然と文化という］二つの事象を崩壊させるのではなく、その差異を保存したいと考えました。［…］森林や田畑で生起している現象が、劇場というブラックボックスの中で語られる諸問題と生き生きとダイナミックに浸透し合いながら［…］。（Eglinton and Eglinton 2015）

維新派の野外演劇は、二人が大別する環境演劇に対する両極端のアプローチを併せ持っている。曽爾村という場所は、都市生活者が求めるフェティッシュ的な空間、「エコツーリズム」用の観光地として、批判的に読み解くこともできよう。演劇公演における自然環境の役割について質問された際、松本は以下のように答えている。

自然は、人間が所有することができないものです。私にとって自然に入り込むということは、人間を超えた何かを体験することなのです。時に心地よく、時に心地悪く、自然に比して人間がいかに矮小あるのかを体感することなのです。(Eglinton and Eglinton 2015)

松本の発言は、チャウドゥリーとエネロウが感情主義の一形態として批判する「人間以上の世界」への「ポータル」として自然を位置づけるものであるが、松本は二人が推進するもう一方のアプローチをも兼ね備えているのだ。

松本は場所とパフォーマンスの共生交換を開発することをも目論んでいた。松本はインタビューにおいても「火山と火山によって有無出された奇妙な形の岩岩、小川や河川と、この辺りは時間をかけて探索するに値する豊かな自然に恵まれている」と語っていた通り、散策地図がパフォーマンスの一環としてプログラムに織り込まれ、観客は公演の前後の時間を使って周辺を散策するように推奨されていた。「観光地」を散策することとパフォーマンスを見ることと、自然と芸術文化を行き来させることによって、『トワイライト』は自然と文化の両者を二項対立としてではなく、その対立が融解する関係を創出させていた。

結果として、『トワイライト』は自然環境を表象する新たな手法を、曽爾村という稀有な空間に生み出していた。過去、現在、そして将来の座標を組み合わせた地図が、身体と言語を介してその土地に刻印され、環境と人間身体、環境と人工物が混交するその場所に居合わせた観客とパフォーマー、見る者と見られる者の境界も時に屹立しつつも、時に揺らぎ、時に融解していた。カーショウが定義した「自然環境へ反応する参加者を生み出すことによって、出演者と観客の境界は消滅する」瞬間が、曽根村に出現していたのである。

引用文献

Bateson, Gregory. *Steps to an Ecology of Mind*. Chicago: University of Chicago Press, 2000.

Chaudhuri, Una and Shonni Enelow. *Research Theatre, Climate Change, and the Ecocide Project: A Casebook*. New York: Palgrave Macmillan, 2014.

———. "'There Must Be a Lot of Fish in That Lake': Toward an Ecological Theater." *Theater* 25 (1): 23-31, 1994.

Eglinton, Andrew and Eglinton Mika. Interview with Yukichi Matsumoto. 30 July, 2015.

Kershaw, Baz. *Theatre Ecology*. Cambridge: Cambridge University Press, 2007.

Pearson, Mike and Michael Shanks. *Theatre Archeology*. London: Routledge, 2001.

Sloterdijk, Peter. *Spheres* Vol.1. New York: MIT Press, 2005.

Virilio, Paul. *The Futurism of the Instant: Stop-Eject*. Trans. Julie Rose. Cambridge: Polity Press, 2010.

場所との対話

劇団維新派のサイトスペシフィック・パフォーマンス

須川渡

野外というのは、単に劇場を外に建てるということでなく、「外に立ち続ける」ということやから。体制に取り込まれたくない、辺境や境界にいたい、漂流していたいということやから。

――松本雄吉（『維新派大全　世界演劇／世界劇場の地平から』松本工房）

はじめに

維新派は、野外に自らの手で巨大な劇場を建て、舞台が終われば釘一本残さずその場を後にしたことで知られている。上演中、会場には屋台村が設えられ、観客は維新派の上演のみならず、飲食物やライブなどのパフォーマンスを楽しんだ。屋台村の名物ともいえるモンゴルパンには毎回列ができた。上演後、松本の姿を見かけることも珍しくなく、観客は屋台村で飲食を楽しみながら、その日の上演について語らい合った。それは、作り手と観客の間で形成されるある種のコミューンだった。

会場となる場所も、大阪・南港をはじめ、岡山・犬島、滋賀・さいかち浜、奈良・室生と、屋外の様々な場所が選ばれている。維新派の鑑賞においては、会場に向かうまでの道中も作品の一部となる。フェリーに乗りながら島の稜線を眺めることも、鑑賞体験と切り離せない。観客のみならず、創り手である維新派も自然の営みを周到に計算しながら作品創作を行った（例えば二〇一一年の『風景画』では、潮の満ち引きに合わせて開演時間が設定された）。時に悪天候に見まわれることもあったが、維新派にとって、彼らの作品群と上演の場は切っても切り離せない関係にあった。

このような一つの場所の風景や歴史性と結びついた上演作品のことを、近年はサイトスペシフィック・パフォーマンスという[*1]。既存の劇場でない場所で上演を行う例については枚挙にいとまがなく、二十世紀においては坪内逍遥のページェント劇や寺山修司の市街劇が挙げられるし、最近ではPort-Bのツアー・パフォーマンスなど劇場から逸脱した、場所との対話に重きを置く上演が数多く行われている。

*1 「サイトスペシフィック・パフォーマンス」については、藤原ちから「サイトスペシフィック」（二〇一六）『〈現代演劇〉のレッスン』（フィルムアート社）、岩城京子「サイトスペシフィック・パフォーマンス」（二〇一八）『美術手帖』二〇一八年七月号（美術出版社）などでまとめられている。

松本は演劇評論家の西堂行人との対談の中で「上演場所が決まったら、何度も何度も足を運んでその土地の形状を覚えるほど確かめたり、その土地の歴史的な背景、場所の記憶といったものを探したり勉強したりして、その場所・その土地に対してアプローチを行ないます。そして、その場所に相応しい、その場所でしかできない絶対的な物語を紡いで演劇作品として仕立て上げていくという手法でやってきました」（西堂行人『蜷川幸雄×松本雄吉　二人の演出家の死と現代演劇』作品社）と述べている。維新派はどのように上演の場を成立させたのか。この章では、まず維新派が創設期から特定の場でパフォーマンスを行っていたことを明らかにする。そして、日本維新派から維新派に改称後、上演場所の風景をいわば借景する形で作品に取り組んだ一九九一年のヂャンヂャン☆オペラ以降の作品から、特に維新派の近年の特徴を示した『台湾の、灰色の牛が背のびをしたとき』（二〇一〇）と最終公演となった『アマハラ』（二〇一六）を中心に取り上げ、彼らがどのように作品を創作したのかについて考察したい。

日本維新派の時代

維新派は、サイトスペシフィック・パフォーマンスとして注目される以前から、たびたび劇場ではない戸外で上演を行った。『維新派大全　世界演劇／世界劇場の地平から』によれば一九七〇年の日本維新派結成以後、宝塚・蓬莱峡や大阪梅田陸橋、大阪淀川河原といった場所での野外公演が頻繁に行われている。松本は、関西を中心に活動した「具体美術協会」の影響を受け、また自らもパフォーマンス集団「THE PLAY」の活動に参加し、劇場にとらわれないパフォーマンスを多く行った。

その姿勢は、維新派の前身である「舞台空間創造グループ」の宣言文の中にもすでに表れている。一九六九年七月、維新派の初期メンバーであった藤野勲の起草のもと書かれた《第二宣言》のなかで、この集団は次のように劇の空間を捉えている。

べらべらの幕や、尻を痛ませる固い椅子などが、〈舞台〉を、つまり僕らの存在を保証するものであるはずがない。

一陣の風に幕はふっ飛び、椅子は飛び散るというのが本当のところではないか。しかし、幕をふき飛ばし、椅子を散乱させて、とらえようもなく遠くへ走り去った一陣の風の後に、まだ立ちつくすものがある。

ひきちぎられた衣裳とはげ落とされた化粧、奪い去られた科白を蹴散らしてそこに立ちつくすもの、それが僕らの〈肉体〉なのだとしたら、僕らはまず、そこから出発する。

〈肉体〉からこそ全ては出発するのだという自負と、それにしてはあまりにも貧弱である己が肉体に対する激しい憎悪とがなくしては演劇などは始まらない。（藤野勲「彼方への役目　松本雄吉論のための〈資料〉と覚え書き〈前編〉」『楽に寄す』竹馬の友社）

一九七〇年七月、『少年たちの二五二五年』で天王寺野外音楽堂を初めて使用した松本だったが、公演最終日は「凄まじい雷雨に襲われ、その中でのずぶ濡れの公演だった」（藤野勲「彼方への役目　松本雄吉論のための〈資料〉と覚え書き〈前編〉」）という。上演の場所として選ばれた天王寺野音はもともと扇形の客席を備えていたが、演劇の上演として利用される際、必ずしも一般的な使い方はされなかった。例えば一九七八年十一月に上演された『続・足の裏から冥王まで』は、プロセニアムを備えた舞台スペースではなく扇形客席の中央部分にパフォーマンス・スペースを設え、その周りをベンチに座った観客が囲むような方法をとった[*2]。

これは維新派だけでなく、同時代の劇団も多く試みた方法である。戦後の関西を遡れば、一九五七年に大阪円型劇場研究会・月光会が大阪市西区の靭公園テニスコートで野外演劇『埴輪』を上演しているし、脱劇場という意味では、同時代に流行したアングラ演劇も舞台と客席の境界をなくす様々な試みを行っている。東京では唐十郎が紅テントを設え全国各地を巡演し、一九七〇年代の関西においても未知座小劇場や劇

*2　この上演は、松本雄吉『維新派・松本雄吉　1946～1970～2016』（リトルモア、二〇一八）、川口和之による写真集『気色ばむ風景　劇団日本維新派　一九七八─一九八一』（私家版、二〇一四）、井筒和生（井筒和幸）監督による記録映画『足乃裏から冥王まで』（竹馬企画＝フィルムジャック、一九七九）で確認することができる。

団アルバトロス、劇団犯罪友の会といった劇団が既存の劇場にとらわれない公演を行った。

松本はバックグラウンドこそ前衛美術の影響を受けているが、当時の上演記録を参照すると、関西のアングラ劇団とも積極的に交流をしている。例えば、一九七五年十月に大阪・淀川の河川敷で上演された『足の裏から冥王まで』は、櫓の周りを俳優たちの演技スペースとし、時計のようにまわる彼らの芝居を観客は移動しながら観劇した。関西のアングラ劇団総勢六十名で行われたこの作品は、舞台と観客の分離した劇場での公演とは一線を画した観客参加型の上演でもあった。演劇評論家の中西武夫はこの上演に接し「延々3時間20分、泥土と枯草の上に立ちつくし、動き、このため溝渠された小川に注意足らず「足の裏から」沁みこむ寒気と、寒風におののき、時には三カ所の焚火に集まり暖をとる」と記録している（中西武夫「河原でのイベント」『テアトロ』一九七六年一月号）。このように舞台と客席を隔てた劇空間に対する問い直しは関西でも盛んに行われており、松本もまたその影響を十分に受けていたと考えられる。

日本維新派から維新派へ──『カンカラ』（二〇〇二）と岡山・犬島

前節で示したように、維新派は結成当初から屋外の場所に着目し、舞台と観客を空間に合わせて創造した。しかしながら、日本維新派の頃は、現在のように場所の記憶や歴史と対話することには自覚的でなかったといえる。
松本がはっきりと維新派の作品に風景を取り入れることを意識するのは、一九八七年の『十五少年探偵団　ドガジャガドンドン』からだ。夜の大阪城をバックに少年たちがもう一人の自分を探し求めるこの作品で、維新派は舞台となった特設劇場をジャングルジムシアターと名付ける。作品のために設えられた劇場について、松本は次のように述べている。

ジャングルジムやからフレームがたくさんできるんやけど、フレームに囲まれた風景は全部うちのセットやと。フレームの中の空も維新派のセットやし、大阪城の夜景もセット。そういう風な借景というか、風景を捕獲するということも、この公演から積極的にやりだしたんやね。(『維新派大全　世界演劇／世界劇場の地平から』)

この公演以降、彼らを取り巻く世界は大掛かりな舞台装置とともに巨大化する。『虹市』(一九九二)では、大阪・南港に高さ十五メートルに及ぶ機械都市〈メカノポリス〉を建設した。廃墟の街メカノポリスで描かれる錆びた鉄や割れたガラスといったスクラップの質感は、維新派の作品にたびたびインダストリアルな風景として姿を現した。

一九九一年からその表現形式をヂャンヂャン☆オペラと呼ぶようになった維新派は、上演する場所との結びつきをどのように変化させたのか。ここで注目したいのは、『十五少年探偵団』以降、作品内の登場人物がたびたび自らの記憶を探索しようとしていることだ。『ノスタルジア』（一九九三）では、松本演じるチョウジが多重人格によって実体化した少年とともに、自分の生まれ育った坂の道へと帰ってゆく。「失われた故郷」や「少年時代の記憶」は、頻繁に維新派の作品に登場し、「移民」「漂流」といったモチーフとなって劇団解散まで探求され続けた。

人間のルーツ巡りは、維新派の集団のあり方とも通い合う。松本はインタビューの中で次のように述べている。

> 僕が今一番問題にしてるのは、若い子の故郷喪失やね。俺はうちの劇団の子に、無理矢理でもいいから故郷を作れって言ってる。故郷がなかったら人間やないからね。別に故郷が日本的な木造家屋でなくてもいい、南港が故郷でもいいし、マンションが故郷でもいい。その、自分の故郷にいっぱい伝説作れ、と。ノスタルジーってどこにでも宿るもんやと思

うからさ。マンションのノスタルジー、そんなことを、村上春樹がちょっとやろうとしてるような気がする。それぞれ、自分で自分の故郷を作ったらいいと思うねん。（『維新派大全　世界演劇／世界劇場の地平から』）

維新派は、松本雄吉という演出家のイメージを具現化するだけでなく、時にミーティングを重ねながら集団創作をした。例えば二〇一三年に上演された『MAREBITO』のパンフレットでは、漫画の形式ではあるが松本が劇団員とアイデア出しをする場面が描かれている（図1）。広い砂浜で海を背に演じられたこの上演において、松本は海についてのイメージを彼らにたずね、俳優たちから溺れかけたことや夜の海に入った記憶を引き出している。これは、松本だけでなく、俳優と場所の呼応す

図1　『MAREBITO』パンフレット

る関係もまた、維新派の作品を考えるうえで非常に重要であることを示している。

一つの場所から喚起されるイメージをいかに構成するのか。例えば、維新派と結びつきの強い岡山県犬島との関係性をみてみよう。

維新派は、『カンカラ』（二〇〇二）、『台湾の、灰色の牛が背のびをしたとき』（二〇一〇）、『風景画』（二〇一二）、『MAREBITO』と計四回の公演を岡山・犬島で行っている。犬島は、十九世紀末に石の採掘、二十世紀初頭に銅の精錬で栄えた場所であり、ピーク時は約五千人もの人が住んでいたという。しかし、第一次世界大戦を境に銅の精錬は陰りを迎え、公害問題もあって、徐々に人口は減少していく。『カンカラ』は「犬島アーツフェスティバル」のプログラムの一つとして行われ、約四千人の観客動員を記録した。上演は、犬島の東側に今も残る精錬所跡を背景に行われた。

『カンカラ』は、この犬島で上演されることを想定した作品となっている。大阪に住む少年ワタルは亡くなった兄貴分セントクの遺骨を運河に流す。その後不良グループとの喧嘩で気を失ったワタルは瀬戸内海の島へ向かう小さな船に乗っている。そこがどこかははっきりと指定されないが、犬島を反映していることは明らかだろう。「なみまくら」と題される場面では、「エイサ」「トーヤ」という声とともに、舟に揺られながら瀬戸内海を移動するさまが描かれる。「須磨　岩屋　明石　播磨　丹波

鞍掛　家島」と瀬戸内を旅することで想起される地名を読み上げ、「サブマリン　サンダル　ひょうたん　水筒　人形　哺乳瓶　缶々　お守り」と船に乗る子どもたちが海に浮かぶものを示す。この場面は、維新派と上演の場である犬島の関係を示すうえで特に重要な意味を持っている。犬島の人口ピーク時には、朝鮮半島からも出稼ぎ労働者がやって来ており、『カンカラ』においても、ワタルが明治時代に栄えた銅の精錬所に迷い込み、朝鮮語でやりとりをする登場人物と出会う場面が挿入されている。

ワタルたちはセントクの遺骨が流れていく海に思いを馳せる。「波の音がここまで聞こえてくる」という台詞は、犬島という場所で発せられるからこそ、大きな効果を示す。彼らがコウモリ採りに興じる場面も、それが夜半の戸外で行われるからこそ場の特殊性が強調される。

このように、初めて犬島で上演を行ったときから維新派は上演の場の特殊性を意識していた。それでは、彼らが長年探求し続けた人間のルーツ巡りと場所の固有性はどのように結びつくのか。

ここで、特に維新派の場所に対するアプローチを顕著に示している『台湾の、灰色の牛が背のびをしたとき』（以下『台湾の―』）と、最終公演となった『アマハラ』（二〇一六）を取り上げたい。『アマハラ』は『台湾の―』を再構成した作品であるが、前者は岡山・犬島、後者は奈良・平城宮跡で行われている。両者を比較することで、彼らの上演の場に対するアプローチも明らかになるだろう。

島から島への移動――『台湾の、灰色の牛が背のびをしたとき』(二〇一〇)

『台湾の―』は『カンカラ』以来、維新派が再び銅精錬所を背景に行った作品である。犬島は二〇〇八年には直島福武美術館財団により銅精錬所跡地がミュージアムとして公開されることになり、アートの島として観光客を呼び込んでいる。この作品は「瀬戸内国際芸術祭」のプログラムの一つでもあった。二〇〇七年から上演された「〈彼〉と旅をする20世紀三部作」の完結作であり、『nostalgia』(二〇〇七)は「南米」、『呼吸機械』(二〇〇八)は「東欧」が舞台となったのに対し、本作品は「アジア」が舞台となっている。

『カンカラ』が島の外から誰かがやって来る物語であったとすれば、この作品はこの島から南洋諸島への移動を描いた物語といえる。すでにフィールドワークを重ねた犬島という場所で、維新派は舞台となる南洋の島を巡る様々な仕掛けをこの作品に設えた。例えば、作品の序盤で、船を漕ぐ俳優たちの所作は二十世紀の移民たちの多くが海をわたって別の場へ移動したことを観客たちに想起させる。

犬島という場で、維新派は人間のみならずモノや自然の移動も描く。特にその姿勢が明確に表れるのがＭ２の「ヒトヒロ」というパートだ。タイトルの通り、この場面では少年たちが「ここからそこまで一間二間」と自らの歩幅で様々な場所の距離を確かめる。それと並行して、俳優たちは東南アジアから日本を流れる黒潮の説明を始める。

> 黒潮は熱帯太平洋の北緯一〇度あたりを東から西へ流れる北赤道海流の延長上にある。この北赤道海流がミクロネシアの島々を洗ったのち、フィリピンのルソン島東岸に触れて北転する。
>
> 北転するあたりの強い海流が黒潮の直接の源とみなされている。
>
> フィリピン東方沖で誕生した黒潮は、北進してバシー海峡を通過し、台湾東岸沿いに進み東シナ海に入る。
>
> 黒潮の幅は百数十キロメートル。深さ八〇〇メートル、時速約八キロメートルでその流れは八重山諸島、宮古諸島、沖縄本島、奄美諸島の西岸沿いをさらに北進する。
>
> 奄美大島の北西で日本海に入る対馬海流を分岐したのち、

本流は種子島、屋久島の南、トカラ列島あたりで東に方向を変える。トカラ海峡から太平洋側に出て、九州、四国の東岸を洗い、潮岬の南を通り、伊豆諸島の御蔵島と八丈島の間を抜け、房総半島の犬吠埼沖へと、時には流速4ノットの速さで強く流れる。

犬吠埼沖から日本沿岸を離れて、さらに北東に進み、北太平洋海流に移行し、アメリカ大陸におよんでいく（維新派『台湾の、灰色の牛が背のびをしたとき』）

これらのほとんどは考古学者・青柳洋治による論文「黒潮文化」http://www.tufs.ac.jp/ts/personal/kidlat/Profile/2002KakenHokoku.pdf（二〇一八年七月二十七日）からの引用だが、ここで重要なのは、移動にまつわる様々な記述を借用することで、場所から場所への移動を俯瞰的に捉えていることにある。彼らが言葉として発するモノや年号の羅列は、観客に「いま・ここ」という場所を確認させると同時に「いつか・どこか」へと私たちを移動させる両義性をもつ。

黒潮のみならず、漂着物であるモノもまた、私たちをここではない場所へといざなう手がかりとなる。俳優たちは「ヤシノミ　アカガイ　アマガイ　カンカラ…」と島に流れ着いた漂着物を拾い、それらに書かれた「カタカナ　ヒラガナ　ローマ字　ハングル」の文字を読み上げる。ここではない場所に対するイメージはディアスポラである名もなき人々の紹介へと飛躍し、南洋開拓を夢見た日本人たちの姿へと連なっていく。

しかしながら、この作品で描かれる南洋諸島は必ずしも単一のイメージに回収されない。M７の「電柱」というパートでは、一八九五年から灯台の点灯を開始した瀬戸内の島々に触れ「そこはどこですか」「そこはいつですか」とそれぞれの所在地を確かめ合う。二〇一〇年の長崎県池島に炭鉱の研修でやってきたインドネシア人、真珠の養殖のためジャワ海のカンゲアン諸島にやってきた鹿児島出身の日本人、一九二四年に熊本の天草からフィリピンへ来てマニラ麻の栽培を始めた日本人、一九一五年にモンスーンバードの密猟を企ててサイパン島へやって来た日本人と、時間や場所を超えて、国籍も所在地も違う名もなき人々の報告が行われる。島から島への移動、あるいは島と島との交流そのものを可視化することで、特定の場所に収斂されない、アジアの複数性や多様性を描こうとしたとも考えられる。

これらの試みが、犬島という場所と強く結びつくことは言うまでもない。「島から島へ」というイメージの飛躍は、フェリーに揺られ、波の音を体感できる犬島で行われるからこそ成立し、灯台の点灯による島との交信も西の空に日が沈む時間帯に上演するからこそ意味をもつ。労働移民によるフィリピン・ベンケット道路の建設場面は、銅精錬所跡という借景も相まって、様々な人々が去来する島というイメージを形成する。特定の場所の歴史や風景と結びついたサイトスペシフィック・パフォーマンスの特徴を『台湾の―』も兼ね備えていることが分かる。

しかし、この作品は形を変えて別の場所で二〇一六年に上演される。それが最終公演となった『アマハラ』である。本来サイトスペシフィック・パフォーマンスは上演される立地を離れると成立しないといわれる。しかしながら、維新派は奈良・平城宮跡のもつ場の固有性を考慮しながら、この作品を再解釈している。

海のない場所からの移動――『アマハラ』（二〇一六）

松本雄吉は平城宮跡での上演を長らく望んでいた。冒頭に引用した西堂との対談において、松本はその理由を次のように述べている。

> 自分が少年時代に見ていた見渡す限りの野原である平城京（ママ）跡というのが記憶の中にあったのも一つですが、平城京がその昔、奈良の都の中心地であったというのが理由ですかね。奈良と京都を比較して考えたことがあるんですが、京都はまだ昔の面影を色濃く残してい

る。かつて都として栄えた記憶を持ち続けている。その点、奈良はほとんど何も残っていませんん。焼け野原から雑草だらけの野原になって、記憶すら残っていないような。いろいろな場所で野外劇をやってきましたが、平城京ほど栄えた時と廃れた時の落差の激しい場所は他にない気がします。都だった頃の人々の記憶が、地下深くにならら残っていそうな場所ですね。（西堂行人『蜷川幸雄×松本雄吉　二人の演出家の死と現代演劇』）

『アマハラ』パンフレットによれば、維新派は『呼吸機械』を上演した二〇〇八年、文化庁へ平城宮跡で行う公演使用許可の申請を試みていた。この際は許可が下りなかったが、二〇一五年に日本・中国・韓国の三ヶ国による文化交流プロジェクト「東アジア文化都市二〇一六奈良市古都祝奈良」の公式プログラムの一つとして維新派の野外劇上演が行われることになる。二〇一五年十月、奈良県曽爾村で『トワイライト』公演が終わった後、維新派はすぐに下見へ行き、松本によって整備がまだ手付かずの東区朝堂院エリアへ劇場の設営場所が決まる。「夕陽の沈む生駒山が正面に見える」ことが決め手となった。翌年の二〇一六年六月十八日未明に松本は息を引き取るが、六月二九日に維新派は秋の野外公演を予定通り行うことを発表する。

『台湾の――』が銅精錬所跡を背景にした丸太組みの劇場であったのに対し、『アマハラ』は西へと向けられた巨大な廃船が劇場となった。観客は船の乗組員となりながら彼らとともに旅をする。

この作品においても漂着物を拾う場面がある。沖縄の伊江島や与那国島、フィリピンのルソン島からの瓶詰めの手紙を読み上げる場面は、前回と同じく南洋諸島へのイメージを喚起させる。しかし前回が黒潮を移動の手がかりにしていたのに対し、本作で舞台となる平城宮跡の周りには海がない。この作品において維新派は、平城宮跡という場所を巧みに利用しながら、『台湾の――』とは違った方法で南洋諸島へのアクセスを試みる。主人公のワタルには物語の序盤で次のような台詞がある。

北緯三四度四一分二七秒、東経一三五度四七分五一秒。かつて、ここには都がありました。東西南北まっすぐの道が碁盤の目状に走り、中央を道幅約七五メートルの朱雀大路が南北に貫く。
都市の玄関口である羅城門から大極殿へと至るその大通りを、
シルクロードからやってきた異国の人々、珍しいもの、見たことのない動物が歩きます。
これから海を渡る遣唐使もいます。訪れる人、迎える人、
渡っていく人、帰ってきた人、帰ってこなかった人。

植物が生い茂り、葦原となった今この場所には、渡り鳥が訪れ、旅立っていきます。
春、軒先で巣をつくっていたツバメたちは、
巣立つとここへ集まり、ねぐらにし、長旅に備えます。
そして秋になると大群を作って南へと飛び立ちます。
太陽と星の位置を道しるべに、琉球諸島を経て、台湾、フィリピン、ボルネオ、
そしておよそ四五〇〇キロ離れたインドネシアへと海を渡っていく。
星から星　波から波　島から島　海から海
渡ってきた…渡っていく…（維新派『アマハラ』上演台本）

緯度と経度で自らの立ち位置を示す方法は、『十五少年探偵団』など他の維新派作品でも確認できる。この緯度と経度はもちろん設営場所となった平城宮朝堂院跡だ。「都だった頃の人々の記憶が、地下深くにならば残っていそうな場所」という松本の発言通り、この場ではかつての平城宮跡が描かれ、「黒潮」による移動は「シルクロード」で示されている。移動のモチーフとなるのは「船」であり、舞台美術の巨大な廃船のみならず、主人公ワタルがもつ小さな船の模型や船をかぶった女性たちなど船の様々なイメージが繰り返し登場する。

　また、平城宮跡は夏になると数万羽のツバメが集団ねぐらを作り、渡りに備える場所でもある[*3]。秋に入って気温が下がると東南アジアへと移動するが、維新派はこの渡り鳥の渡りも自分たちの移動と重ね合わせている。「すいへいせん　星がのぼる　すいへいせん　島がのぼる　腕をのばし　片目をつむり　空と海に　身体をかさねる」「ポラリス　シリウス　レグルス　スピカ」と星をたよりに島から島へ移動する人と自然を描き、「缶　流木　船板　朽ち板」「漢字　ローマ字　カタカナ　ひらがな　ハングル」とこれまでも描かれてきたモノの移動が重ねられる。複数のレイヤーが交差することで、『アマハラ』は『台湾の――』とはまた異なる移動の有り様を描くことに成功しているといえる。

　維新派は、彼らが拠点とする大阪のど真ん中から、地球の裏側の南米まで、様々な場所を舞台にして人々に宿る故郷を探し続けた。それは松本の言う「ノスタルジーってどこにでも宿るもん」を体現したアプローチともいえる。たびたび維新派の作品にみられる「おーい」という俳優たちの呼び声は、かつてはあったはずの失われた故郷や少年時代の記憶に対する呼びかけとも捉えられる。

　しかし、『アマハラ』においてはその呼びかけが亡き松本雄吉にも向けられている。本作が『台湾の――』と大きく違うのは、これまでもたびたび使用された「おかえ

*3　『アマハラ』上演前の二〇一六年九月二十五日、鳥類学者の須川恒は平城宮跡を訪れ、この平城宮跡にある池のまわりのヨシ原がツバメの集団ねぐら地であり、ツバメの渡りと維新派の作品に共通点があることを維新派メンバーに伝えている。また資料として、岡口晃子、辻野亮「奈良市平城宮跡におけるツバメの集団ねぐら利用の季節変動」『奈良教育大

り」のパートがラストに挿入されていることである。「星から星 波から波 島から島 海から海」といった前作でも描かれた移動は「はるかなはて はてしのない かなたかなた よせくるなみ さりゆくなみ ゆきてかえり かえりてゆく まえのよから さきのよまで」と続き、この世からあの世へ、そして死後の生まれ変わりを示唆させる。

俳優たちはこれまで松本の言葉を手がかりに「ここから そこまで」「そこから むこうへ」歩き続けてきた。俳優が両踵で力強く地面を踏みしめる姿で終わる『アマハラ』は、維新派が生や死、また人間の枠を超えた「漂流」「移動」を作品の核に据えたことを示している。

おわりに

維新派は結成当初から脱劇場を指向し、既成の劇場観にとらわれないパフォーマンスを行った。それは必ずしも場所の政治性や歴史と結びついたものではなかったが、舞台と観客の境界を曖昧化する試みや野外での上演は、ヂャンヂャン☆オペラ以降の、風景を借景する作品の萌芽とも捉えられる。ヂャンヂャン☆オペラ以降の維新派は、その場の立地と切り離せないパフォーマンスを指向したと同時に「漂流」「移

学自然環境教育センター紀要』十七号（奈良教育大学自然環境教育センター、二〇一六）等を紹介した。筆者はその現場に居合わせただけであるが、今後の維新派を読み解く鍵として記しておきたい。

動」といった上演の場だけにとらわれない要素を取り入れた。

厳密にいえば、『台湾の—』は二〇一〇年に埼玉、二〇一一年にシンガポールで上演され、『アマハラ』は二〇一七年に台湾・高雄で最終公演を迎えているため、それぞれの作品が犬島や平城宮跡といった場と分かち難く結びついたとはいえないかもしれない。しかし、維新派において重要なのは、ある場所から別の場所への越境する行為そのものである。飯場をこしらえ、寝食をともにしながら新たな場所へと移動する維新派の営みは作品世界そのものであり、観客もまた彼らに寄り添うようにともに旅をする。波にゆられ、山に分け入り、日差しに焼かれ、雨に降られ…といった不確定の要素もまた、観客の観劇体験を形づくっている。

維新派はその場所の固有性と彼らの持つ移動性を拮抗させることで、人やモノや自然が等しい価値をもつ独特の世界を創り上げた。それは日本の演劇史においても非常に稀有な営みだったといえる。維新派が試みた場所との対話は、近年広がりをみせるサイトスペシフィック・パフォーマンスを検討する上でも極めて重要な意味をもっている。

参考文献

維新派（二〇〇二）『ヂャンヂャン☆オペラ カンカラ』舞台映像、ビデオメーカー
維新派（二〇一〇）『維新派〈彼〉と旅をする20世紀三部作 #3 台湾の、灰色の牛が背のびをしたとき』舞台映像、トランスフォーマー
維新派（二〇一三）吉永美和子編『MAREBITO』パンフレット
維新派（二〇一七）『アマハラ』上演台本
維新派（二〇一六）吉永美和子編『アマハラ』パンフレット
中西武夫「河原でのイベント」（一九七六）『テアトロ』一九七六年一月号、七八〜八四頁、カモミール社
西堂行人（二〇一七）『蜷川幸雄×松本雄吉 二人の演出家の死と現代演劇』作品社
西尾俊一・衛藤千穂監修（一九九八）『維新派大全 世界演劇／世界劇場の地平から』松本工房
藤野勲「彼方への役目 松本雄吉論のための〈資料〉と覚え書き〈前編〉」（一九八〇）アクションプロジェクト編『楽に寄す』三三六〜三五〇頁、竹馬の友社

Ⅱ 音楽×言語

『呼吸機械』(二〇〇八)

声とスケールの劇

細馬宏通

維新派『呼吸機械』をびわ湖の水上舞台、さいかち浜野外特設劇場で観たのは二〇〇八年十月十日のことだった。

十八時半に会場に着くと、もうあたりは暗がりで、舞台に入ると、水平線の向こうにわずかに船の灯りが見えるのだが、客席が明るく照らされているので、向こうに広がっているのが湖なのか、それとも舞台が果てしなく広がっているのかがわからない。その、水面とも舞台ともつかぬ光景を見て、もうこの場所に来たかいはあったという気がした。

『呼吸機械』の物語の筋立ては、必ずしもわかりやすいものではない。

そこは戦前の東欧の、ある場所らしい。

子どもの中の二人は、カインとアベルと呼び合っている。ということは、これはカインとアベルの兄弟殺しの物語なのだろう。

ポーランドの戦前戦後のイメージを表すべく、見たことのある映画の場面が舞台の上に再現される。ナチ侵攻後のワルシャワの廃墟は『戦場のピアニスト』かもしれないし、目撃者のように唐突に現れる巨大な男は、キェシロフスキの『デカローグ』に毎回登場する男を思い出させる。一人の犯人を集団の輪が追い詰めて、そして輪が解かれると犯人が死んでいるのは、『夜行列車』かもしれない。

終盤近く、暗殺者が相手を抱きかかえるとともに花火があがるのは、明らかに『灰とダイヤモンド』だろう。あの映画のシーンが、現実のスケールになると、こんな風に見えるのかと感じ入った。

これらのイメージに加え、ハーケンクロイツ入りの汽車が闖入し、アウシュヴィッツを思わせる焼却炉を前に、晩餐のカーニバルが執り行われるのだから、これはもう、ポーランドのユダヤ人の話に決まっているのだが、なにしろ台詞らしい台詞はなく、登場人物は子どもとして現れたり大人として現れたりして、名前を呼び合うときにようやく、ああ、この人物がカインなのかと分かるので、はっきり筋の通った物語を見ている感じはせず、むしろ、時代を前後する貼り混ぜ屏風を見るようだった。

つんのめることば

日本維新派が維新派となって以降、彼らの劇の大きな特徴となってきたのが、複数の出演者が呪文のように唱えることばだ。それゆえに、維新派の劇は「ヂャンヂャン☆オペラ」とも呼ばれるのだが、『呼吸機械』でも、こうしたことばは多用されてきた。チャンヂャン☆オペラのことばは、さまざまな点で聞く者に違和感をもたらす。その一つは拍子だ。

日本語は子音と母音がワンセットになった「モーラ」という単位でできている。「これやこの」は5モーラ、「しるもしらぬも」は7モーラという具合だ。日本語には七五調や五七調など、5モーラや7モーラの語句が多い。といっても、通常それは七拍子や五拍子で語られるというわけでなく、

——これ／やこ／の——／——ゆ／くも／かえ／るも——わか／れて／は——／——

と、四拍子系で唱えられることが多い。その結果、あちこちに休符が入り、適度に息を継ぐことができる。

ヂャンヂャン☆オペラでも5モーラや7モーラは多用される。と

ころが通常の和歌や俳句を詠むときのような休符は入らない。たとえば

――ゆ／く／も／か／え／る／も―し／る／も／し／らぬ／も―

と、ことばを切迫させるのである。さらには、ヂャンヂャン☆オペラのことばは、5や7モーラとは限らず、半拍に1モーラが当てられるとともに、あちこちに不規則な休符が混じり、しかもその休符の位置は、一節ごとに繰り返しを避けるように作られている。

その結果、ことばは四拍子ではなく、七拍子や五拍子になり、奇数の拍子になる。役者は拍子に合わせて左右の足を互い違いに踏む。すると、足どりは、どこかつんのめるようになる。たとえば四拍子を左右の足で踏むなら、右が二、左が二で均等に足を運べばよい。しかし七拍子を踏むとすると、右が三なら左は四、右が四なら左は三、どちらかが少なくなりつんのめる。維新派の動きは、どこ

か人形や機械っぽいところがあるが、それは、七拍子の息継ぎのなさや、つんのめる動きに起因しているように思う。

カタカナと群読

ヂャンヂャン☆オペラのことばが違和を感じさせるもう一つの理由は、外来語の扱いにある。

そもそもカタカナは、咀嚼できない異国の概念を、発声することで無理からに呑み込むための音であり、その、喉へのひっかかりこそが、目の前の街や機械の新しさを示している。だから、そのひっかかりを、わたしたちはまるで、ただの水よりも炭酸が口内を刺激することを選ぶように、好んで摂取するようになった。

わたしたちは日常的に、テキストを読み、読まれた音声を介して、新しい概念に触れる。たとえばニュースでアナウンサーが、「trickle-down」を「トリクル・ダウン」と読む。異国のことばは、日本語の発音で読み上げられることで、カタカナとなり、その意味を与えられる。カタカナで呼び習わすことで、わたしたちは新しい考え方、新しい機械、新しい街を受け入れてきた。ものの名前がカタカナ化されたときのひっかかりを咀嚼し、そこに新たな文化を感じ、そのような音の横溢する文化に住み慣れてきた。

しかし、ヂャンヂャン☆オペラのカタカナは、このような正準化された声ですらない。丸窓、アーチ、アーケード。クランク、アーム、のばして。カタカナのことばは和語とともに並べられ、大阪弁のイントネーションをまとう。それらはあくまでも日本語の鈍重な音として発声される。日本語以上、異国語未満。そこが喉の奥でひっかかる。たとえば『呼吸機械』では、東欧の地名が次々と連呼される場面がある。グダニスク、クラクフ、ブダペスト、プラハ、ワルシャワ、ワルシャワ、ワルシャワ！　日本語のモーラにのせた、鈍重なラップで、異国の地名が経のように唱えられる。東欧の土地の名を呼ぶたびに呼び覚まされる異郷へのあこがれは、グダニスクのグダ、クラクフのクフ、ブダペストのブダ、プラハのラハから来る。そこには、現地の発音が日本語に変換されたときに起こる、人のことばにはない不自然なひっかかりが含まれており、そのひっかかりの集積が、まだ見ぬ「東欧」のイメージを膨らませる。じつは、わたしたちのイメージする「東欧」はこうした土地の名前から来るのではないか、とさえ思わせる。

一方、土地の名は固有名詞であり、デスクやマスクのような一般的意味を欠いている。グダニスクはグダニスクと呼ぶしかなく、そこに付け加えられる意味はない。聞く者はグダでニスクな音のひっかかりを、そのまま受け入れるしかない。海の向こうの遠い土地の名前は、翻訳不可能な音だ。それらは、呑み込むしかない。ヂャンヂャン☆オペラの声は、ニュースの声とは全く逆にこのような翻訳不可能性を響かせる。

ヂャンヂャン☆オペラのことばのさらなる違和は、それが全員で声をそろえて発せられる点にある。ヂャンヂャン☆オペラは「ラップ」になぞらえられることもあるが、全員が調子を合わせて声を発するそのやり方は、ラップというよりも、むしろ群読に近い。群読というのは、小学校で「卒業！　卒業！」とやる、あの呼びかけの形式のことである。ラップが、歌から発話へのシフトであるとすれば、維新派の発声は、むしろ発話から読むことへのシフトではないだろうか。そこにはラップとは異なる子ども性や規律性、そしてそれらがもたらす抑圧的な残酷さもまた忍び込んでいる。舞台の上で、少年少女たちは、まるで新しいオモチャを見つけたかのようにカタカナに飛びつき、カタカナを読み上げ、機械のように痙攣し、ますますその読み上げは調子づく。小さな波のように。

人間の小ささ

『呼吸機械』で、特に心動かされたのは、舞台の大きさ、そして舞台の大きさの使い方だ。終盤、暗殺の悲劇の直後、舞台にじわじわと水が染みだしてきて、やがて水浸しになった舞台と湖がつながってしまう。少年少女たちが水浸しの舞台の上にあおむけになり、足をばたつかせて水を蹴立てるその光景を観ていくうちに、波が次第にイキモノめいてくる。沖へと、登場人物が進んでいくと、遠ざかっていく人物の遠近は、そのまま、イキモノ化した波の遠近に重なる。寝そべりながら膝をがくがくばたつかせる役者たちは、動作をする人でありながら、巨大な湖水の波のひとつひとつでもある（わたしはちょうど当時公開されていた「崖の上のポニョ」のことも思い出していた）。波の生成が動作の生成に重なり、ここで生きているのは誰なのかと、めまいがしそうだった。数十人の役者を遠近に配置することで、数十メートルはあるかと思われる舞台の奥行きがいっぱいに使われる。この劇は、最前列から舞台の奥までが、とてつもなく遠い。遠く、浜辺で惨劇が起こり、遁走劇が起こる。人の小ささ、激しい水しぶきが上がる音の遠さが際立つ。最前列の観客にはレインコートが配られ、俳優が近くで踊ると、その水しぶきがかかるほど、一人一人の悪者の激しい呼吸で上がり下がりするその肩の動き、そして濡れ鼠になって踊る役者の体の寒さまで伝わってくるほどだ。なのに、浜に出てしまった人は、もうどうしようもなく遠い。水際から水へと踏み出してしまった人は、この世の人ではない小ささを担っている。その小ささは、先に述べた『デカローグ』風の、トランクを下げた巨大な男の登場によって、いっそう際立つ。人の三倍はありそうなその大男は、軽々と走って、見る者を驚かせる。もしかすると、この大男の大きさこそ、世界の標準の大きさなのではないか。人間は、自分の生活を尊大に誤解しているだけで、本当はとてつもなく小さいのではないか。浜辺に巨大な月が落ちる。汽車が割り込む。窓越しに見る。船が過ぎる。舞台から浜辺へと続く水上に現れるこれらの巨大な美術は、いっそう人の存在を小さく見せる。自分の大きさを把握するための、新しいスケールが、ここにはある。じつは見ながらいちばん感じ入ったのは、この、スケール感だった。人間が遠くで抱きしめあう、人間が遠くで人殺しをする。ぬれねずみになったり手足をばたばた動かしたりする。人間は、どうしようもなく小さい。

『呼吸機械』は、何よりもまず、人間のそういう小ささのことを考えさせたのだった。

マツヨイグサ

松本雄吉さんに、『呼吸機械』のあとにお会いした。さいかち浜は、地ならしされて草刈りした結果、来たときよりもきれいになってしまったのだという。あのあたりはキイロい花がばーっと咲いてて、夜になると光るねん、それを全部刈ってしもたから、キイロい花には悪いことをした、そう雄吉さんは言っていた。キイロい花とは、おそらくマツヨイグサのことだろう。人のように小さな花。花のように人が小さくなる劇。『呼吸機械』はあるいはマツヨイグサの光を集めた舞台だったのかもしれない。

すれちがいの意味論

維新派のことばと相互行為

福島祥行

維新派の言語学

たんに「言語」ではなく「演劇の言語」というとき、そこにはなにがしかの「独自性」のあることが含意されているはずであろう。たとえば、アントナン・アルトーはこう述べる（Artaud 1938/1964 : 55–56、筆者訳）。

対話 dialogue——書かれ、話されるもの——は、舞台に固有のものではない。それは書物のものであり、その証拠に、文学史の教科書では、演劇は、分節されたことば langage articulé の歴史において、ひとつの派生物とみなされている。

わたしがいいたいのは、舞台というものは肉体的で具体的な場 lieu physique et concret であって、そこを満たし、そこの具体的なことばを語らせることが求められるということだ。

わたしがいいたいのは、感覚 sens に訴え、言語 parole からは独立したその具体的なことばは、まずもって感覚を満足させねばならないということだ。ことばにとって詩が存在するように、感覚にとっても詩が存在する。そして、わたしのいうその肉体的で具体的なことばは、それがあらわす思考が分節されたことばから逃れるかぎりにおいて、はじめて、演劇的となるのである。

また、別役実も、「文学」と「演劇」の言語を比較しつつ、つぎのように書いている（別役 一九七〇〜一九七二／二〇一二、三七頁）。

恐らくこうした傾向はベケットや、その演劇的表情は全く別なのであるが、イヨネスコなどによって啓発されたところが大きかったのであろうが、例えばベケットの『ゴドーを待ちながら』における言語機能について云えば、それはウラジミールとエストラゴンの肉

> 体を含めた舞台空間を一つの生活体として把え、それを如何に「息づかせるか」と云う事のために全て配置されている様に思える。

ようするに、「演劇の言語」は、「分節されたことば」――つまり「先験的（ア・プリオリ）に有意味な言語」――ではなく、舞台全体を満たし、舞台そのものが語るような、具体的で「肉体」をそなえた「言語」というわけである。この考え方によるならば、個々の発話（エノンセ）の《意味》に依存せず、舞台でくりひろげられる芝居そのものが、有意味ななにがしかのテクストとなるような前提のもと、全体的に解読されるべき「言語」として、事後的（ア・ポステリオリ）に理解される「演劇の言語」は、「文学／書物の言語」、すなわち、個々の言表（エノンセ）は有意味な言語であるというア・プリオリな認識から出発して、それぞれの言表の解釈をつみかさね、その結果として一定の《意味》がアウトプットされるような「ふつうの言語」と異なる独自性をもつといいうる。そして、「演劇の言語」とは、「非分節的」で「肉体的」で、かつ「舞台を満たし」、「舞台空間を息づかせる」というとき、想起されるのが、維新派の――とりわけヂャンヂャン☆オペラ以降の――「言語」であろう。

ヂャンヂャン☆オペラと自称する、維新派の「言語」は、音楽にのせて「語られる」ことを特徴とする。たとえば、『透視図』（二〇一四）の冒頭はこうである（松本二〇一五、五頁）。

男たち　おおいぬ、おおかみ、オリオン、シリウス
女たち　おひつじ、おおぐま、スバル、ペガサス

リズムにあわせて投げ出されるように語られる名詞は、やがて「GOMI（ジー・オー・エム・アイ）」といったアルファベットに分解され、ついには「タンタン」「トントン」といった「拍子」そのものとなる。維新派公式サイトのタイトルには「喋らない台詞、歌わない音楽、踊らない踊り」というコンセプトがうめこまれているが、維新派の役者たちは、もちろん、「しゃべらない」わけではなく、そのセリフが、語源的にdia（あいだ）でlogos（話されたことば）であるdialogue（対話）ではないということにほかならない。「演劇の言語」が「対話」ではないということは、冒頭の引用にあるごとく、アルトーが指摘したことでもあった。しかしながら、そこで否定されているのは、「観客との対話」であろう。のちに見るように、維新派が否定するのは「役者間の対話」であり、それも「面と向かって話す対話形式」が否定されているだけであって、形式的な「役者間の

対話」は存在している。そこで問題となるのは、この「やりとり」を「言語」としてあつかいうるかということになろう。そのためには、たんなるセリフそのものの分析ではなく、セリフが発せられる環境をもふくめた相互行為 interaction[*1] についての視点が必要となる。かくして、この小論では、「維新派の言語」について、相互行為論の観点から分析をすすめ、その「言語」がいかにして成り立っているのかをしめしつつ、「維新派の言語」の特性をあきらかにする。

しゃべらない会話

「喋らない台詞、歌わない音楽、踊らない踊り」について、維新派をひきいた松本雄吉はつぎのように説明している（松本 二〇〇四、一一九頁）。

> 『流星』はまず、「うたわない音楽」「しゃべらない会話」「おどらない踊り」という三つのテーマから出発した。
>
> 「うたわない音楽」――チャンチャン★（ママ）オペラの様式は音楽劇を志向しているが、俳優たちは決して歌ったりはせず情感を排したリズムに頼る。助詞や形容詞を排して名詞のみを並

*1　interaction と communication の違いについて、ここで詳述する紙幅はないが、かんたんにいってしまえば、「なにかとなにかのやりとり」が interaction であるが、人文科学であつかう interaction は、すくなくともその一方が「人」であり、「人とその人が埋めこまれている環境（他者や事物をふくむ）とのやりとり」のことである。communication は「人と人とのや

べ立てる。言葉と言葉の間に感情を挟まない。言葉と言葉の間に時間を挟まない。言葉と言葉の関係の有機性を排する。言葉が言葉として人の手を離れ舞台に遍在する音楽性。その奏者としての俳優。

「しゃべらない会話」——舞台上で俳優間で語られる日常的会話のかたちを排除。主語の排除。目的語の排除。述語の一人歩き。身振りによる会話、足踏みによる会話。俳優間ではなく舞台と客席が会話するかたち。

「おどらない踊り」——踊りというイメージからかけ離れた、人の原初的な、あるいはごく日常的な動作による振り。脈絡のない断片的動作のリフレイン。ラジオ体操の身振り。機械やロボットの動作。俳優が陶酔しないおどり。

すなわち、このみっつのコンセプトは、維新派にとって一時期ホームグラウンドであった大阪南港での最後の公演となる『流星』(二〇〇〇)の公演に向けて整備されたものと読める。だが、ヂャンヂャン☆オペラという呼称が一九九一年の『少年街』から明示されているように、このコンセプトそのものは、それ以前からの維新派の構え

りとり」であり、したがって、inter-action の下位範疇となる。

をあらためて整理したものであろう。このコンセプトにあきらかなように、維新派において、松本雄吉がめざしたものは、「情感」「感情」「陶酔」「日常的会話のかたち」「言葉と言葉の関係の有機性」の排除であって、「コミュニケーション」の排除ではなかった。むしろ、「身振りによる会話、足踏みによる会話。俳優間ではなく舞台と客席が会話するかたち」として、「コミュニケーション」じたいは、まさに「しゃべらない会話」の形式によってめざされているのである。しかしながら、演劇というものは、そもそも「舞台と客席が会話するかたち」が本態であって、「俳優間」の会話は、そのための土台であり、めざされる目標ではない。その点において、松本のめざしたものは、しごく当然のものといえる。したがって、問題は、その目標ではなく、それがどのように実現されているかというプロセスにある。

松本の演劇的出発点は、彼じしんの証言によれば、サミュエル・ベケットの『ゴドーを待ちながら』である。一九六九年四〜五月、維新派の前身にあたる舞台空間創造グループの旗揚げ公演で、松本はエストラゴンを演ずるが、そもそも戯曲を読んだことのなかった松本がおもしろいと感じ、旗揚げ仲間の藤野勲に「松本やったらコント55号みたいなゴドーができる」といわれ、「大衆演劇的なものを感じて引き寄せられた」（西尾・衛藤 一九九八、一六二頁）松本のエストラゴンは、「相手役のウラジーミルが難しいことを演説したあと「聞いてなかった」って台詞が台本にあるんやけど、僕のやったエストラゴンってほんまに全然聞いてない」（西尾・衛藤 一九九八、一六二頁）ものであったらしい。ようするに松本の嗜好には「コント的おかしさ」があったということであろうが、松本の志向の方は、すでに、役者同士のかみあわないセリフ、謂わば「すれちがう会話」にあったともいえよう。

発話におけるポリフォニー

維新派のせりふのおおくは、複数の発話者たちにより、同時に発せられる。いっけん、たんなるコロスのようにおもえるが、その姿は——役者の体型によってまちまちであるとはいえ——同一の身なりをした「少年たち」「少女たち」「男たち」「女たち」である。たとえば『虹市』（一九九二）では、ひとりの赤い帽子に赤いワンピースの少女が、夕焼けの情景を描写しつつ、やがて「ギンギンギラギラギラ、カンカンカラカラカラ」と発話したとたんに、同じ衣裳をまとった少女たちがあらわれる。総勢九名となった赤い帽子と赤いワンピースの少女たちはユニゾンでの発話をはじめ、同じ振り付けで動きはじめる。つまり、維新派の「彼／彼女たち」は、べつべつの身体的存在ではあるが、「ひとりの人」をあらわしているのだ。

じつは、この構造は、日本維新派時代の一九七七年にすでに意識されていた。松本は、このように語っている（西尾・衛藤 一九九八、一六六頁）。

この頃からなんですよ、一人称を曖昧にしだしたのは。ラップ口調みたいなのもこの頃からやな。『風布団』では一人の人間を一〇人で演じてね。二人で銭湯へ行くというのを二〇人でやって、すごい面白いシーンやってたん。

この「一人称を曖昧にする」という結構が、のちのヂャンヂャン☆オペラで意識的にもちいられているのはあきらかだが、先に見た『虹市』につづく『ノスタルジア』（一九九三）では、松本雄吉じしんが演ずる「多重人格の男」という存在によって、明示的にしめされることとなる。松本は、この存在について、つぎのようにのべる（西尾・衛藤 一九九八、一八九頁）。

僕が演じた多重人格の男が、自分の中のたくさんの少年たちと一緒に故郷の丘の上の家に帰る話で、ユタンポとかワッペンとかゲッセカイとか、名前がある少年が初めて登場した。一人称の存在を多人数で演じることとか、人間っていうのは、何か訳のわからんもの、人

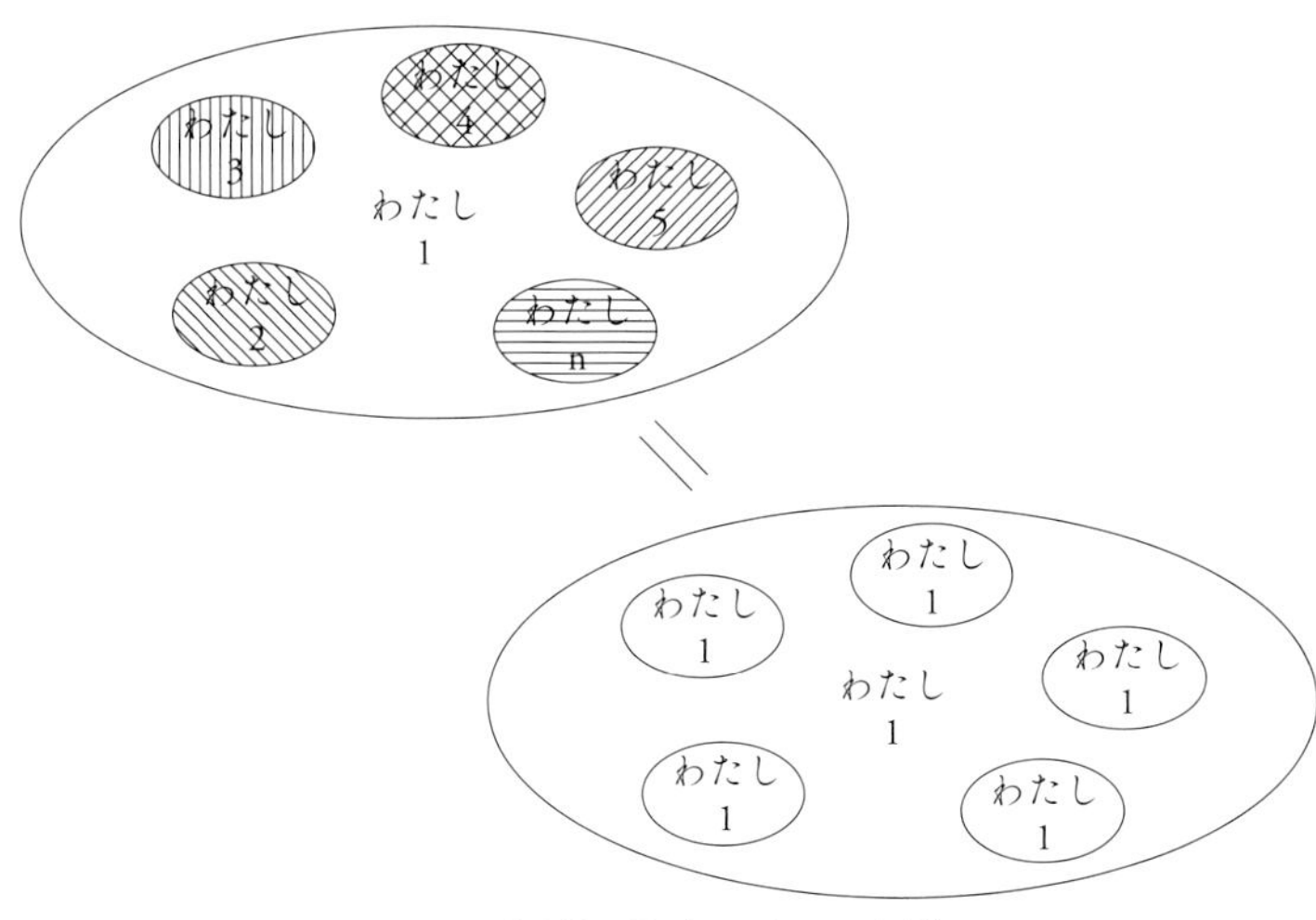

図１　独我論世界（以心伝心の世界）

間以外の物質とかが仮に人間を演じてるんやないかとか、そういうことがそれまでの作品の中では一番わかりやすく見せられたんと違うかな。

舞台上の役者たちが、複数にもかかわらず「ひとり」なのだとすれば、その「役者間」にことばのやりとり、すなわち「コミュニケーション」が生じていなくても当然であろう。この状態は、「他者＝自己」であるために、世界には「自己」すなわち「我」しか存在しない「独我論世界」であり（図1）、相異なる「他者」と「自己」の差異間にこそ生ずるコミュニケーションというものが、独我論世界には存在しえないからである（福島二〇〇六）。

しかしながら、維新派の舞台において、「ひとりの人物」は、つねに同じセリフの発話者というわけではない。たとえば、先にもひいた『透視図』では、十名の役者たちがうしろむきにさがりながらセリフを発するシーンがある（松本二〇一五、二二頁）。

呑んでるかァ・・　なに呑んでる・・　グイグイやる・・　血ィ吐くまで・・
・・いけてるかァ　・・なんでも呑む　・・グイグイやれ　・・そりゃめでたい

この「少年たち」は、二グループにわかれてはいるが、その装いは全員、維新派でおなじみの、白帽子に白シャツ白ズボンの「少年」である。この「少年たち」もまた同一人物とみなすならば、この、オーバーラップしつつのダイアローグとなっている発話――たとえば「なに呑んでる」という質問にたいして「なんでも呑む」という応答――は、ひとつの発話に内在する複数の声をあらわしていることになる。ここで重要なのは、維新派の集団であらわれる彼ら／彼女らは、同一の衣裳を身につけ同一の発話をおこなう同一の人物ではあるが、その物理的に相異なる役者たちによって演じられることにより、まさに「同一人物の異なるあらわれ」、すなわち「他者としての自己」

として在るということである。これは、ミハイル・バフチンの指摘した「多声性(ポリフォニー)」の可視化にほかならないであろう[*2]。バフチン研究者の桑野隆は、バフチンの対話原理について、「ともに声をだすこと＝協働」と「さまざまな声がある＝対立」の両面が必須であったと指摘しているが（桑野 二〇〇八、一七頁）、維新派の役者たちは、まさにこの対話原理を肉体化しているのであり、「維新派の言語」は、一見するところ「他者との会話」を排除した「非コミュニケーションの言語」――バフチンのいう「モノローグ」――とみえて、その実、「コミュニケーションの言語」にほかならないのだ。

*2　バフチンは、演劇については「モノローグ的」であり、「真の多次元性は劇を壊してしまうであろう」（バフチン 一九二九／二〇一三、四〇頁）と論じている。バフチン的には、維新派の演劇は、まさに通常の演劇構造を破壊したところから出発しているといえよう。

《意味》の構築性

維新派の言語が「コミュニケーションの言語」であるとすれば、その維新派の「複数の自己＝他者たち」によるコミュニケーションは、なにをめざしているのであろうか。一般的に「コミュニケーション」は「情報伝達」がメイン機能とおもわれがちだが、社会学の一分野としてはじまったエスノメソドロジーの創始者であるハロルド・ガーフィンケルの実験がしめしたように（Garfinkel 1967 : 42–44）、「もうかりまっか？」「ぼちぼちでんな」のようなやりとりをおこなう人びとのあいだにおいて、その話し手は、「なにがもうかっているのか」などの《意味》を諒解のうえもちいているわけではない。したがって、このばあいにおけるコミュニケーションの機能は、「聞き手に情報を伝達すること」ではなく、話し手と聞き手が「ことばを交わすこと」そのもの、謂わば「ことばによる握手」にほかならない。これは、コミュニケーションの「交話的 phatic」機能と呼ばれるものである*3。もし、維新派の言語が、この交話機能のためにもちいられているとすれば、その言語＝発話の《意味》は、「文字どおり」のものではなく、「なに呑んでる」の《意味》を分析することに意義はない。そもそも、コミュニケーションにおける言語――のみならず「記号」全般についていえることだが――の《意味》は、ヴィトゲンシュタインの「意味の使用説」のように、それがじっさいにもちいられるときに定められる。たとえば、「どこに住んでるの?」「大阪」のようなやりとりにおいて、「大阪」という発話は、住んでいる場所という「情報」を伝達しており、このふたつの発話は、前者は「質問」、後者は「回答」という機能――言語行為論 Speech Acts Theory を提唱したオースティン風にいうならば「行為」を遂行しているとみえる。だが、この発話のなされたシチュエーションが、たとえば「深夜の東京のバー」であり、前者が「チャラい風体のサラリーマン」、後者が「そのサラリーマンにとって魅力的な人物」による発話であれば、「どこに住んでる

*3 われわれの研究の見るところ、コミュニケーションの基本は、この交話的機能にあり、情報伝達機能は、その一部分にすぎない。そして、「コミュニケーション」自体が、われわれの「相互行為」interactionの一部分であるとかんがえられる。

の?」という発話の《意味》は「送っていってあげるから、いっしょにここを出ないか?」という「誘惑」、「大阪」という発話の《意味》は「簡単には送っていけないところに住んでいるからほっといてほしい」という「拒否」と解釈されよう。このとき、「大阪」という発話の「大阪」の《意味》は、現実に存在する固有名詞ではなく、「ここから送っていくには遠すぎるであろう土地」といったものになる。つまるところ、《意味》はシチュエーション=文脈・環境をぬきに決めることはできないわけであるが、はたして、維新派の言語は、いかなる文脈・環境におかれているのであろうか。ここ二十年ほどの維新派の舞台では、先に見たように、松本雄吉じしんによって「しゃべらない会話」、すなわち「俳優間で語られる日常的会話のかたちの排除」がめざされていた。にもかかわらず、この「俳優間で語られる日常的会話のかたち」は、完全に排除されていたわけではない。そこで、われわれにとってなじみのある「俳優間で語られる日常的会話のかたち」を例にとり、「維新派の言語」の《意味》について考えることとする。

維新派のダイアローグ

二〇一四年、中之島GATEサウスピアの野外劇場で上演された『透視図』の登場人物一覧において、トップに書かれるのは「少女ヒツジ」と「少年」——台本上ではさいごまで「少年⑰」であるが、のちに少女から「ガタロ」と呼ばれるようになる——である。このふたりがじっさいにも「主要登場人物」であることは、そのセリフや舞台上でのふるまいや立ち位置からもあきらかであるが、ふたりは、この『透視図』において、ほかの「少女たち」「少年たち」と異なり、対話（ダイアローグ）をおこなう。さいしょのやりとりは、少年が声をかけるところからはじまる。そのシーンは、台本ではつぎのように記されている（松本 二〇一五、二三〜二四頁）。

少年⑰（リュックの少女に）「ヒツジ…」
　　リュックの少女、少年を見る。
リュックの少女「海のにおいがする」
少年⑰「……」
リュックの少女「海のにおい。海がちかいの…？」
少年⑰「近くはないけど、きっと満潮なんだ
　　潮が満ちて、海水が川を遡ってくる。」
リュックの少女「海の水が川を遡る……」

リュックの少女「汽笛……」
リュックの少女「船の汽笛が聞こえた。ほら。」
少年⑰　「……」
リュックの少女「はじめてこの街を見たのは、海の上から。
リュックの少女　この街は、うすっぺらい
リュックの少女　板の上に乗って海に浮かんでいた。レンガの倉庫、工場、
リュックの少女　煙突、煙突、三角屋根、丸いタンク、おおきなビル、
リュックの少女　ちいさいビル、瓦の屋根、ちいさい家…、街が浮かんでいる、街がゆれ
　ている、
リュックの少女　海の上のまぼろし、これが都会……」
少年⑰　「海の上の
少年⑰　まぼろし……」

少年の、少女を見ながらの「ヒツジ……」という「呼びかけ」に、少女は、少年を見ることによって応答する。しかし、その後は、顔を正面向きにもどし、ひとりごとのように「海のにおいがする」と発話する。このシークエンスを、わかりやすくするた

めに、じっさいの上演を収録したDVDをもとに、相互行為分析[*4]の手法によるトランスクリプションのかたちに書きなおしてみよう。すると、つぎのようになる。なお、トランスクリプションは、1行目が発話、2行目が視線（矢印は注視の継続）、3行目が動作（矢印はその行為の継続）を示している。

【シーン1】

01　少年
ヒツジ
少女————————▼
懐中電灯を持った右腕をおろす。

少女
正面▶少年————————▼
少年の方に顔を向ける。

02　少年
少女————————▶正面————▼
正面に向きなおる。

少女
海のにおいがする　海のにおい　海がちかいの？
少年▶正面やや上方————————▼

*4
「相互行為分析 interaction analysis」は、主として音声的発話しか分析対象としない「会話分析」にたいし、動作などの非言語的（ノンバーバル）な要素や、コミュニケーションの参加者たちをとりまく環境とのインタラクションも分析の対象とする。なお、このように、ひとりの発話にたいし、視線と動作をくわえて三段にしたトランスクリプションの記述方法は、従来の相互

行為分析の記述法を参考にしつつ拡張した、筆者のオリジナルである。

少女　のって　海に浮かんでいた　レンガの倉庫　工場　煙突　煙突　三角屋根
　　正面→

07　少年
　　少女　正面→
　　顔を正面に向ける。　体を正面にもどす。→

少女　丸いタンク　おおきなビル　ちいさいビル　瓦の屋根　ちいさい家
　　正面→

08　少年
　　正面→

少女　街が浮かんでいる　街がゆれている　海のうえのまぼろし　これが都会
　　正面→

09　少年　海のうえの　まぼろし
　　正面→

少女
　　正面→

01行目の少年の「ヒツジ……」という呼びかけにたいして、少女は反応したのち、02行目で「海がちかいの?」という「質問」を発する。このセリフは正面向きで語られているが、演劇には「正面芝居」という、舞台外の存在である観客を介した役者同士の対話形式があり、それに該当する。じっさい、03行目では、少年が「ちかくはないけどきっと満潮なんだ」と、その「質問」に対応する「回答」を、これも正面向きで発話している。少年はつづけて「潮が満ちて海水が川をさかのぼってくる」と発話するが、これを受けるように、04行目で、少女は「海の水が川をさかのぼる」と発話したのち、そのことばをイントロとしつつ、あらたな語りを導入するように「汽笛」と発話する。そして、少年はそれがあらたな話題であることをはっきりとしめすように、その語、もしくはその導入を特別なものとしてしるしづけるべく、少女の方を見る。05行目から、少女は、沖縄から大阪にやってきたみずからの祖母となり、祖母がはじめて見た大阪の風景を描写しはじめる。少年は、少女＝少女の祖母の視点を共有するかのように、あたりに視線をさまよわせたのち、09行目で、前行の少女＝少女の祖母のセリフである「海のうえのまぼろし」という語をくりかえして発話する。

この相互行為分析によって確認されるように、少年ガタロと少女ヒツジの出会いのシーンには、一方の発話や身ぶりという行為が他方の発話や身ぶりという行為をひきおこし、双方の行為が連鎖していくという、明確な相互行為が存在し、わかりやすいダイアローグとなっている。この『透視図』という作品では、この後も、このふたりのあいだで、維新派のヂャンヂャン☆オペラでは排除されたはずの「俳優間で語られる日常的会話のかたち」のようなダイアローグがおこなわれる。これはどういうことであろうか。松本雄吉は、二〇〇四年の南港における『キートン』以来、十年ぶりとなる大阪野外公演であることや、「水都大阪」事業と共催であることにかんがみて、「一般にもわかりやすい」構造をとりいれたのであろうか。だが、じつは、この「ダイアローグ」は、「日常的会話のかたち」ではない。その証拠は、「正面芝居」にある。さきほど述べたように、「正面芝居」は、「向かいあっていること」を観客に想像力でおぎなわせつつ、演劇的効果を引きだす結構のひとつである。しかしながら、舞台では、やはり「向かいあって対話する」構図こそが基本形であり、それゆえにこそ、「正面芝居」の効果が浮き彫りになるとかんがえられる。そして、この『透視図』においても「向かいあう対話」は存在するのである。たとえば、先のシーンにつづく、以下のふたつのシーンでは、少年ガタロと少女ヒツジは、たがいに相手の顔を見つつ「日常的会話」をおこなっているように見える。

【シーン2】

01　少女　ワタシには無理だ　ワタシは舟から降りるのが怖かった

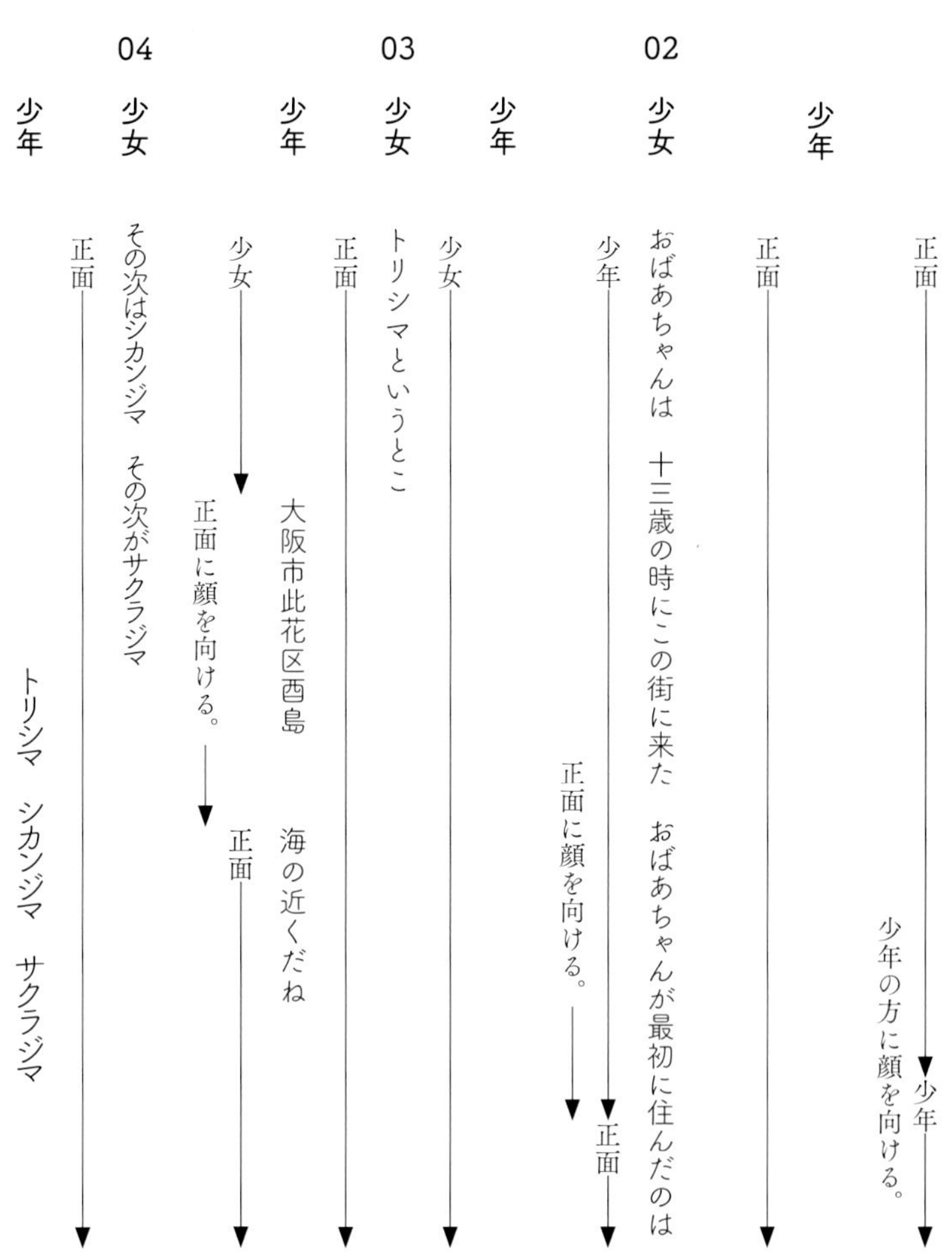
少年
正面
少年の方に顔を向ける。
少年
02
少女
正面
おばあちゃんは　十三歳の時にこの街に来た　おばあちゃんが最初に住んだのは
少年
正面に顔を向ける。
正面
少年
少女
03
少女
トリシマというとこ
正面
大阪市此花区酉島　海の近くだね
少年
少女
正面に顔を向ける。
正面
04
少女
その次はシカンジマ　その次がサクラジマ
正面
少年
トリシマ　シカンジマ　サクラジマ

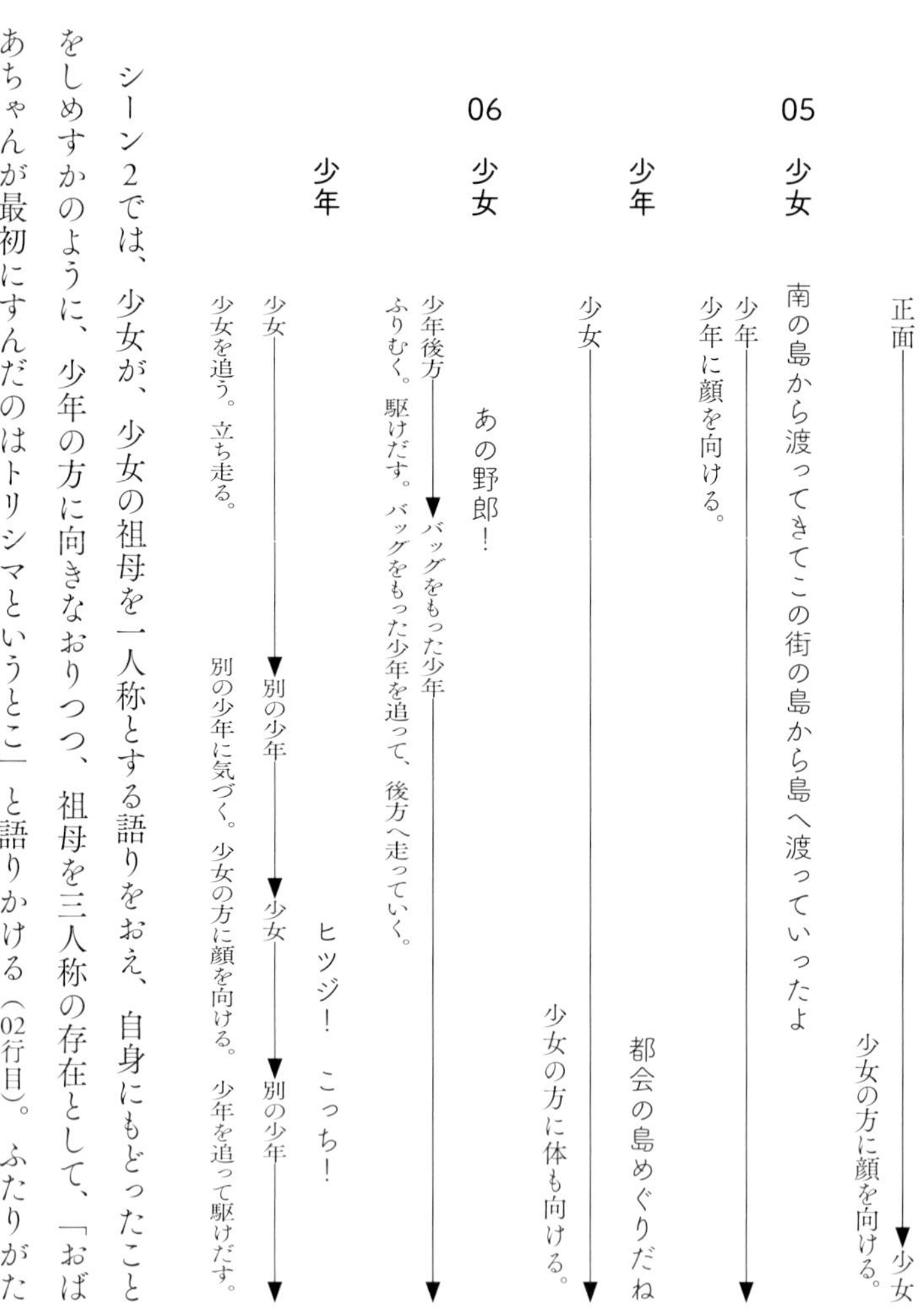

05
少女
正面 → 少女
少女の方に顔を向ける。
南の島から渡ってきてこの街の島から島へ渡っていったよ

少年
少年 →
少年に顔を向ける。

少年
少女 →
少女の方に体も向ける。
都会の島めぐりだね

06
少女
少年後方 → バッグをもった少年 →
ふりむく。駆けだす。バッグをもった少年を追って、後方へ走っていく。
あの野郎！

少年
少女 → 別の少年 → 少女 → 別の少年 →
少女を追う。立ち走る。別の少年に気づく。少女の方に顔を向ける。少年を追って駆けだす。
ヒツジ！　こっち！

シーン2では、少女が、少女の祖母を一人称とする語りをおえ、自身にもどったことをしめすかのように、少年の方に向きなおりつつ、祖母を三人称の存在として、「おばあちゃんが最初にすんだのはトリシマというとこ」と語りかける（02行目）。ふたりがたがいの顔を見あうその形は一瞬で解け（02行目最下部）、ふたたび「正面芝居」にもどっての「対話」となるものの、少年が少女に顔を向けるのに反応するように、少女も少年に顔を向けつつ（05行目）、「南の島から渡ってきてこの街の島から島へ渡っていったよ」と語り、それを受けて少年は「都会の島めぐりだね」と返す。ところが、この対面芝居も、その直後に、舞台後方を、少女のバッグを抱えた人物が下手から上手へと駈けぬけていくことに気づいた少女がそちらをふりむき、ついで「あの野郎！」と叫んで追いかけはじめることによって打ち切られる（06行目）。このバッグを抱えた「泥棒」（台本では「バッグの少年㉘」）は、少女が「この街の島から島へ渡っていったよ」といいおわった時点で下手に姿をあらわしており、少年のセリフおわりから一拍の間をおいたとき、少女の真後ろに到達する。少女は、あたかも気配を感じたかのように、その一瞬前から、すでにふりむきはじめており、泥棒が真後ろに到達したときには、ちょうどそちらを見る恰好になっている。つまり、この「向かいあい」は、少年のセリフを無視して、少女の「ふりむき」という動作のあいだの、偶発的で瞬間的な構造とされている。

【シーン3】

01　少年　ガタロは河童

少女

進行方向
上手から現われる。舞台中央に向かって歩く。

カッパ？＝

少年の背中

02

少年

少年につづいて現われる。舞台中央に向かって歩く。

＝そう　河童のこと　上町台地の坂の上に　ガタロ横丁という路地があって

進行方向

少女

少年の背中

03

少年

そこのガタロは　横堀や道頓堀の浅いところで河のなかの泥を　おおきなザルで

進行方向

少女

少年の背中

04
少年
すくいあげて　泥のなかの宝物を拾っていた
進行方向
少女
少年の背中
タカラモノ
05
少年
屑鉄　商売なんだよ　このへんまで水につかって
進行方向　少女
下前方
立ちどまり、少女の方をふりかえる。
下前方に両掌を向け、両腕を下げながら、体をかがめる。
少女
クズテツ
少年
立ちどまる。
06
少年
こうやって河底の泥をすくう　屑鉄だけでなく　鍋とか釜とか　ときには指輪
下前方
眼前の架空ザル
ザルを両手でもってすくいあげるような動作。そのまま背を伸ばす。
少女
少年
07
少年
なんかも出てきたそうだよ

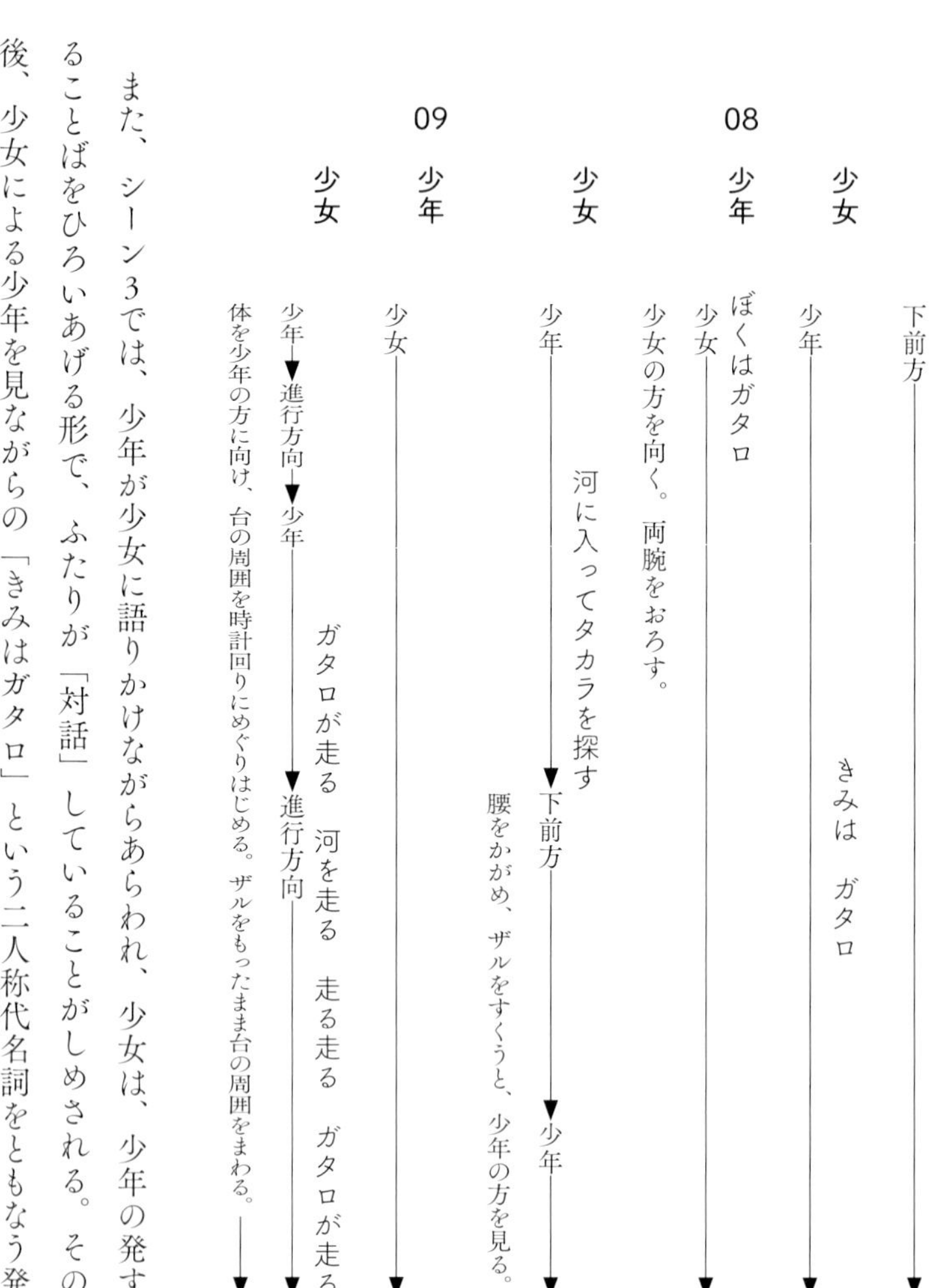

また、シーン3では、少年が少女に語りかけながらあらわれ、少女は、少年の発することばをひろいあげる形で、ふたりが「対話」していることがしめされる。その後、少女による少年を見ながらの「きみはガタロ」という二人称代名詞をともなう発

話に呼応するように、少女に体を向けつつ、少年は「ぼくはガタロ」と発話する。それを受けるかのような「河に入ってタカラを探す」という発話がおこなわれる間のみ、ふたりは向かいあっている（08行目）。厳密には、「探す」の途中から、少女は、ガタロの真似をすべく、視線を下へ向けつつ姿勢を変えはじめており、対面芝居による「対話」はここでも一瞬で解消されてしまうのみならず、少女の「きみはガタロ、河に入ってタカラを探す」、すなわち「きみは、河に入ってタカラを探すところのガタロという存在」もしくは「きみはガタロ、それゆえ河に入ってタカラを探すのである」といった統辞構造（シンタックス）の文（センテンス）が発話されるなかで、少年の「ぼくはガタロ」という発話は、モノローグとして、偶然はさみこまれてしまったものともみなせる結構になっている。つまり、このやりとりは、物理的には対面していても、対面発話ではないといえよう。この後、少女は、ふたたび少年を見やり、つかの間、対面が成立するが、やはり、一瞬ののちには、少女の離脱によって（08行目）、向かいあう図式は解消される。以降も、少年と少女の発話は「かけあい」になっているのだが、そこには、もはや対面構造は生起しない。

【シーン4】

01 **少女**
行水って知ってる？　タライの行水
舞台後方→

少年
行水
舞台後方→

02 **少女**
わたしのおかあさんはちっちゃいときタライのおふろにはいってたんだ
舞台後方→

少年
盥のおふろ
舞台後方→

03 **少女**
ゴーヤ食べる？
少年→
少年の方に顔を向ける。

少年
ニガウリ
舞台後方→少女→
少女の方に顔を向ける。

04 **少女**
おかあさんはゴーヤが大好きだった　石炭山
舞台後方　下手→下手→

少年
下手に体を向ける。
台に体を向ける。
セキタンヤマ？
少女
少女の方に体を向ける。
05
少女
石炭山に登っておかあさんはマックロケになって遊んだ
正面
少年
台にのぼり、台の中央にすすむ。
立ちどまる。
少年に顔を向ける。
少年
石炭の山か！
少女
正面に向き、台に駆けのぼる。
中央にすすむ。立ちどまる。
06
少女
ドザエモン
少年
少年に向き、近よる。
少年と向きあって立つ。
少年
ドザエモン？
少女
少女の方に体を向ける。
07
少女
川を流れてくる死体　台風のあくる日おかあさんが尻無川で見つけたの
少年

また、シーン4でも、正面芝居から対面芝居に移行するが、「ゴーヤ、食べる?」と少女が少年の方を向きながら発話し、それに呼応した少年が「ニガウリ?」と返しつつ少女の方に顔を向けることによって成立する対面は（03行目）、つづく発話をおこなう少女が、顔を正面にもどすことにより一瞬で解消されてしまう（04行目）。その

後、少女の「ドザエモン」という発話でふたたび対面になるものの、それにたいする少年の発話は「ドザエモン？」「ドザエモン」と、少女の発話の語彙をくりかえすにとどまり、少女の「安治川（あじがわ）トンネル」にたいしても、「川の底のトンネル」と、やはり少女の発話語彙の言い換えを発話するにすぎない。もちろん、ここにあらわれる反復（リフレイン）や言い換え（パラフレーズ）は、会話において共感をしめす行為として知られるものであり、少年の発話は、少女の発話への、いわば「寄り添い」を表しているといえるが、それを受ける側の少女は、そのアクションにたいしてなんらのリアクションをしめさず、どちらの対面場面でも、発話しつつ体の向きを変えることにより、対面構造を積極的に崩していく。すなわち、このシーンにおいても、対面構造にもかかわらず、少女の発話はモノローグなのだ。そして、その後の「海は見える？」「見えないよ」のような問いと答え形式のダイアローグは、ずっと正面芝居でおこなわれるのである（08行目）。

ここに、維新派の言語の特徴が存在する。おたがいが視線を向けあっておこなわれる発話は、対話（ダイアローグ）と見えてダイアローグではない。それは、相手の顔を見つつのモノローグであり、維新派の舞台でダイアローグが成立するのは、たがいを見あう対面の状態ではなく、たがいの視線がずらされた構図においてなのだ。

すれちがう身体

この、登場人物どうしのやりとりにおいて、「たがいを見あっているときはモノローグ」、「たがいを見あっていないときはダイアローグ」という図式は、じつは、発話におけるだけではなく、身体においてもあらわれている。たとえば、『透視図』は、五列ずつの通路（台本では「溝」）が直交し、それに囲まれた十六の正方形の台（台本では「島」）が舞台となっていて、登場人物たちは、それらの通路を移動したり、台のうえを移動したりする。おおくの登場人物たちがあらわれる維新派の舞台において、そこに見られる一種のマスゲームは、ヂャンヂャン☆オペラの特徴であるが、この『透視図』において、基本的に、人びとは体を向けあわず、たとえば、各人がひとつの台の周囲を時計回りにめぐるなど、同方向に移動する。先に見たように、維新派の多人数が、じつは同一人物であるとするならば、その人びとが対峙することは不自然といえ、全員が同じ行動をとるこのマスゲームは、当然の帰結といいうる。とはいえ、「向かいあう」ことがないわけではなく、それが典型的にあらわれるのは、人物どうしが「すれちがう」場面である。『透視図』のM４「ワルツ」の冒頭部は「①〈飯盒〉」と名づけられているが（松本 二〇一五、六二頁）、そこでは、男たちが向かいあった相手に向けて走りより、すれちがいざまに、手にしたスコップやツルハシやナべをぶつけあって（台本では「互いのものをハイタッチ」）、音を立てる。このとき、男たちは、通路の左側を通行しあうことで、じぶんたちの右側どうしで物をぶつけあっている。これはむろん、たがいに通路の中央を進行すれば、正面衝突してしまうからであろうが、「すれちがう」瞬間が、ひとつのアクションとリアクションの場、すなわち相互行為（インタラクション）の場となっている。これはつまり、「すれちがい」が、「やりとり」を誘発しているということにほかならない。「やりとり」が生じている以上、そこにはまた、なんらかの《意味》が生じている可能性がある。

この「すれちがい」が《意味》を生みだすパターンは、『透視図』の冒頭部であるM1のSc4.「ヒツジ」においてもあらわれる（松本 二〇一五、一二～一六頁）。両手に荷物をもってとぼとぼとあるく少女ヒツジは、少年たちがマスゲーム式に移動し、去っていくなかを、しだいに舞台中央へと向かってくる。少年ガタロのナレーションによって、少女は病院の駐車場から院内の廊下へとあるいていっていることが語られるが、その間、数名の少年たちとすれちがうものの、通路を右側通行する少女と少年たちはスムーズにすれちがい、両者のあいだにはなにごとも生じない。少女は舞台中央（台本では「3列ⓔ」）でしばし立ち止まっているが、そこに少年⑧がやってきて（少年⑧にとっては左折地点）すれちがうとき、はじめて、少女は、驚いたかのようにその少年⑧

を見やり、ふりかえって見おくるという反応を見せる。このすれちがいの反応ののち、少女はふたたびあるきはじめ、一列ぶん移動したのちに立ち止まる（台本では「2列ⓔ」）。この少年⑧は、マスゲーム式に移動していく少年たちの最後尾であり、彼が去ることとで、舞台上は、つかの間、少女だけになる。つまり、少年⑧とのすれちがいは、シーンが移行するきっかけとなっており、少女が反応することにより、はじめて「すれちがい」としての《意味》をあたえられ、謂わば「すれちがい」として構築されたのだといえよう。

この「すれちがい」ののち、シーンはSc5.「バッグ・ラグビー」に変わるが、ここでは、「すれちがい」は、少女に、物理的にも変化をあたえる。なぜなら、このシーンにおいて、少女は、かたわらを駈けぬける少年たちによって、手にしていた荷物を、すれちがいざま、ひったくられるからである。このときも、少女とひったくりは、正面から向かいあうのではなく、たがいに斜めに関係しあう。少女の両手にさげられた荷物は、彼女の体の左右につきでたかたちでぶらさげられており、さいしょに駈けぬける少年たちが荷物にぶつかることとで、少女の体は90度回転させられ、ついでその両脇を駈けぬける少年たちによって荷物を奪われる。少年たちは、終始、少女に正面から向かってくることはなく、あくまで、その横をすりぬけていく。にもかかわらず、少女にたいして、物理的な影響力を行使しえたのは、まさにその「正面から向かっていかない」ことのためであろう。なぜなら、もし少年たちが、少女に相対するかたちで正面から向かってきていたら、少女は彼らに危機感をおぼえ、彼らの移動を無効化すべく、身をかわし得たからである。

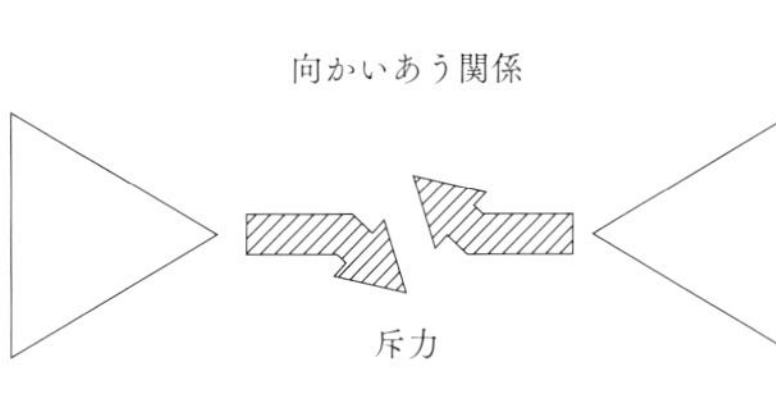

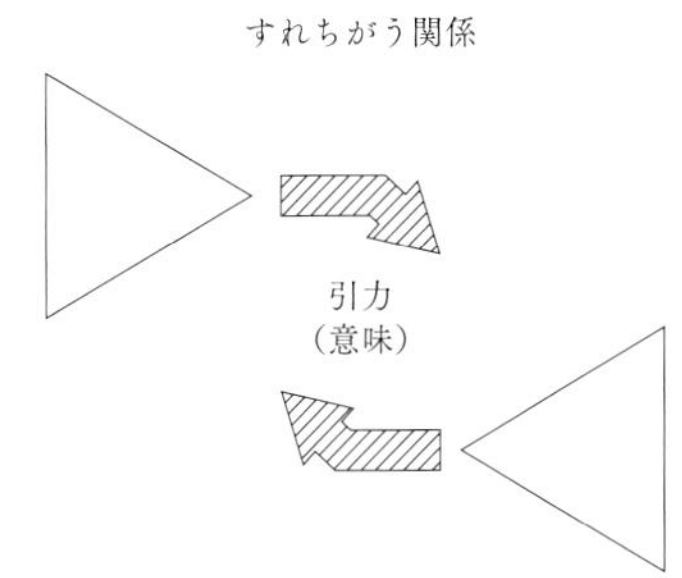

図２　引力斥力

　向かいあっているときには、そこに関係性が生ぜず、正対しないときに関係性が生ずる。これらのことを図式化すると、つぎのようになろう。

　さいしょから正対してしまうと、両者はいちど立ち止まる必要があり、それまでの運動が中断する。さらに、そこには、両者の引力を上まわる斥力が生じ、たがいを引き離してしまう。いっぽう、さいしょから正対せず、かたわらを通りすぎるときには、それまでの運動が継続されつつ、引力によって両者は引きつけられて関係性が生じ、なんらかのやりとり、すなわち相互行為（インタラクション）がスタートするわけである。

このような演出は、むろん、ほかの作品でも確認できる。たとえば、二〇〇六年に梅田芸術劇場で上演された『ナツノトビラ』では、交通事故死した弟ワタルの墓参りにでかけた少女aが、さまざまな人びとと出会い、共にマスゲームに参加したりするものの、そこに関係性は生じない。だが、ラストにおいて、荷物をもった少年に「背中から」ぶつかり、そのせいで少年がおとした荷物を、そのワタルにそっくりな少年に向きあいつつ、渡そうとするところで幕切れとなる。維新派の言語と肉体の分かちがたくむすびついていることが、ここでも確認できるのである。

場とのすれちがい

このように、あえて正対せず、すこしずらして向きあうところに関係性＝意味が生ずるという結構は、さらには「場」とのあいだにも見いだしうる。野外における壮大な装置、もしくは、ふだん演劇とは無縁な空地を舞台となすことは、いうまでもなく、後期の維新派の最大の特徴であった。観客は、その「非日常」に、まずもって魅了されると思われる。たとえば、「犯罪友の会」を率いて、四十年にわたり野外劇をおこなってきた武田一度は、移動を基本とするテント劇と異なり、あらゆる機材と資材を投入し、ひとつの場所に劇場をかまえる野外劇は、村祭りに似ているとする（武田 二〇〇八、二一頁）。しかしながら、そこで芝居をうつ側にとっては、そこに寝泊まりし、そこから出勤するなどの「日常」をも生きざるを得ず、その場は、必然的に「日常と非日常が重なりあう境界」となる（福島 二〇一二）。この野外劇における日常と非日常の二重性について、一九七〇年代の伝説的野外テント劇集団の曲馬館出身で、その後、現在にいたるまで、風の旅団、野戦之月とテント劇団をひきいる桜井大造は、「くり返すが、〈芝居者〉の存在の二重性は日常（ド・リアリズム）からの擬似的解放としての旅生活と、翻ってその快楽のつけを支払う労働の日々という二つの生活性—存在態を指すのではない。イソップの寓話にある「アリとキリギリス」の二元論はあてはまらない。〈芝居者〉の典型的な行動様式である旅日常とその行動を醸成させてゆく日常との亀裂は深く埋め難いのだけれども、その裂けめに稽古場が位置づくのである」（桜井 一九八七、七七頁）と指摘しつつ、「〈芝居〉⟷〈観客〉を賦活する〈場〉を創り出さなければならない。だから、テントの持つ演劇性、劇場性によってではなく、協働する〈場〉として、テントが選び取られたのだ」（桜井 一九八七、二九頁）とする。また、やはり曲馬館出身で、現在にいたるまで水族館劇場をひきいる桃山邑は、「役者全員が野生の芝居を成立させるために必要な、演劇以外の技術を身につける仕事に就きながら。芝居を正業とするには経済的に無理があるから、別の稼ぎで糊口をしのぐのではありません。最初から意思としてこのかたちを撰んだのです。水のなかに沈むこともなければ、浮上することもない、顔だけ半分出して、ただ凝（じ）っと向こう岸をみつめていた気がします」（桃山 二〇一三、一三頁）とのべる。おそらく、維新派も例外ではない。西堂行人は、「どんなにポップになろうとも、維新派の舞台に濃厚に漂っている色調は〈アングラ〉というものではないか。わたしには、その固定観念が抜け切らないのである。これは大阪を中心とする関西エリアの野外劇やテント芝居――例えば「犯罪友の会」や「未知座小劇場」など――にも通じるものであろう」（西堂 二〇〇二、八〇頁）と、維新派にアングラ臭をかぎとっているが、このアングラ臭の正体は、じつは、日常と非日常の重なりあう野外劇のにおいではないかと、これは、やはり大阪で二十五年間、毎年野外テント劇をおこなってきた浪花グランドロマンに所属する筆者の感覚である。

　このように、野外劇は、それがおこなわれる場と、日常的／非日常的に対することとなる。劇場となる場にたいし、正面から対面することが「演劇的＝非日常的」あり方だとすれば、野外劇は、そこにつねに「日常」という正面きってではないやり方でも向かっていかねばならない。そして、その「日常」がもたらすものこそ、野外劇における最大の特徴なのであり、場との相互行為（インタラクション）も、場と正対せず、「すれちがう」ことからスタートするのだ。

かくして、「維新派の言語」の特徴は、それが「向かいあわない」ことにあり、その結構は、言語のみならず、身体、そしてその舞台が建てられる場そのものとのあいだにも見られる基本構造なのだといえよう。

参考文献

Artaud, A. (1938/1964) La Mise en scène et la métaphysique, *Le Théâtre et son double*, Gallimard, Paris

Garfinkel, H. (1967) *Studies in Ethnomethodology*, New Jersey : Prentice-Hall, Inc. Englewood Cliffs

桑野隆（二〇〇八）「「ともに」「さまざまな」声をだす——対話的能動性と距離」『質的心理学研究』第7号、日本質的心理学会、六～二〇頁

桜井大造（一九八七）『風の旅団　転戦するパラム』社会評論社

武田一度（二〇〇八）「野外演劇の熱風を見よ！」『上方芸能』一六九、二〇～二三頁

西尾俊一・衛藤千穂監修（一九九八）『維新派大全　世界演劇／世界劇場の地平から』松本工房

西堂行人（二〇〇二）『ドラマティストの肖像——現代演劇の前衛たち——』れんが書房新社

バフチン、M（桑野隆訳）（一九二九／二〇一三）『ドストエフスキーの創作の問題』平凡社（Бахтин, M. M. (1929) Проблемы творчества Достоевског）

福島祥行（二〇〇六）「独我論と普遍性の構造——構築主義的コミュニケーション研究のこころみ2——」『人文研究』第五七巻、大阪市立大学大学院文学研究科、一六五～一八〇頁
福島祥行（二〇〇九）「意味とシンタックスの協働的構築——構築主義的コミュニケーション研究のこころみ3——」『人文研究』第六〇巻、大阪市立大学大学院文学研究科、一四二～一六三頁
福島祥行（二〇一二）「都市・境界・アート——コミュニケーション空間の相互行為的生成について——」都市研究プラザ編『URP GCOE DOCUMENT』一三、七二～八一頁、水曜社
福島祥行（二〇一七）「相互行為分析からみたグループワークにおける「アクティブ」の発露について」『外国語教育メディア学会（LET）第57回全国研究大会発表予稿集』外国語教育メディア学会、一五四～一五五頁
別役実（一九七〇～一九七二／二〇一二）「安部公房」『ことばの創りかた』論創社、三四～一四一頁
松本雄吉（二〇〇四）「劇場のかたち1」『舞台芸術』〇五、京都造形芸術大学舞台芸術研究センター、一一七～一二四頁
松本雄吉（二〇一五）『透視図台本』DVD『透視図』附録、維新派
桃山邑編（二〇一三）『水族館劇場のほうへ』羽鳥書店

記録メディアとしてのパフォーマンス台本に関する試論

維新派『nostalgia』の上演台本の創造性

古後奈緒子

はじめに

上演芸術の継承に関わる実践に近年めだった動きが見られる。京阪神に限っても、故大竹野正典の戯曲集出版[*1]、ダンスボックスによる「アーカイブ・プロジェクト」[*2]、維新派アーカイブス、山本能楽堂の近代能楽資料アーカイブなど数件の試みが存在し、京都市立芸大芸術資源研究センターのアーカイブ研究には、フルクサスや

*1 『大竹野正典劇集成』（松本工房、二〇一二）。

*2 二〇一六年一〇月に故松本雄吉の遺作となった『nước biển / sea water』の再上映に始まり、二〇一七年にダンスボックス20周年企画として〈dbアーカイブ・プロジェクト〉vol.1「一九九五年のGUYS」、二〇一八年にvol.2「黒沢美香&大阪／神戸ダンサーズ

ダムタイプなどパフォーマンスに関するものが含まれる。これらの例にも見られるように、「作品」という芸術の制度上の要請との齟齬を残し[*3]、かつ独自の創造を重んじるモダニズムの影響がいまだ大きい上演芸術の領域では、偉大な作家の死が、労の多い実践の主要な動機であり続けてきた[*4]。それに加えて二〇一〇年代には、今後の実践に際して考慮に入れねばならない新たな動向が顕在化した。映像のデジタル化・SNS化など、上演記録および上演に関する共同体の記憶を左右する技術の普及[*5]と、国際的な創作市場における過去作品との取り組みの成功など[*6]である。それにより、たとえば若い世代や一般客など、これまで作品の死後の生に関心を持たなかった層からも、過去作品の記録の利用や制作に関心が寄せられるようになった。だが共通の関心事である技術方法論を求めるにも、対象の特性にとどまらぬ社会制度的な側面への目配りが必要となってくる。これまで対象に即して関係者が個別に努力を重ねてきた実践を、文化遺産の保全活用をめぐる議論へと開いてゆくことが求められている。

以上の流れを踏まえ、この小論では、記録をめぐるあまたあるトピックの中から、パフォーマンスの台本の記録メディアとしての可能性について考えてみたい。演劇は戯曲、音楽は楽譜という創造と継承に組み込まれたテクストが存在し、そのことによ

『ジャズズ・ダンス』がある。

*3 Pouillaude, Frédéric (2017). *Unworking Choreography, The Notion of the Work in Dance*. Oxford University Press. 1995. を参照。ダンスのデジタル・アーカイブの範例的な実践において、分類カテゴリーの設定に際して「作品」と「上演」の区分が議論の争点とされた。慶應義塾大学アート・センター／

り映像とは役割が明確に区別されている。翻って、パフォーマンスやダンスにおいて、映像が一公演記録を超えて作品をもしのぐ存在感を高めているのは、記譜の文化が発達しなかった[7]ことにも一因があると考えるからだ。

考察の手がかりは、大阪大学総合学術博物館主催「記憶の劇場II」で、二〇一七年度に7つある活動のうちの一つ「ドキュメンテーション／アーカイヴ」で取り組んだ維新派の『nostalgia』の台本である[8]。試みに、制作に参加して考えたことにテクストの分析を加え、上演台本を読むという行為について考察の手がかりを得たい。分析にあたってはDVDの映像記録[9]を参照したが、これは映像とのメディア特性の違いを意識化することを目的とする。上演の版は台本と映像で一致せず、もとより比較の焦点ではない。

活動の経緯と議論

はじめに簡単に活動の概要をふりかえっておきたい。本プロジェクトは、（維新派と松本雄吉の著作を管理する）株式会社カンカラ社が中心となり行ってきた、故松本雄吉が執筆した上演用台本のデジタル化のプロジェクトに基づいている。導入講義における説明によれば、それは古いワープロで書かれ感熱紙に打ち出されたオリジナル

ブックレット06（二〇〇〇）『ジェネティック・アーカイヴ・エンジン――デジタルの森で踊る土方巽』。

*4 Matzke, Annemarie (2012) Bilder in Bewegung bringen. In: Jens Roselt u. Ulf Otto (Hg.): *Theater als Zeitmaschine*. transcript Verlag.

*5 Kraut は、インターネットを介して振付が循環する功罪を、舞踊の著

の台本のデータ化を主な目的としており、参加の募集時点で「デジタルアーカイブシリーズ」と称されていた。

カンカラ社清水翼に、元・維新派の役者室谷智子、デザイナー山口良太（slowcamp）を講師に迎えて出版を最終目標とし、受講生として八名の応募者のうち全日程に参加できる五名、加えて筆者が、データおこしの分担と編集に携わった*10。受講には、導入講義の聴講、DVDで『nostalgia』を視聴しておくこと、そして後に分析対象とする一場面を稽古するワークショップへの参加が義務づけられた。導入講義においては、維新派の活動、『nostalgia』に前後する時期の創作傾向、プロジェクトの概要について講義が行われた。WSは、身体に働きかける機会が欲しいとカンカラ社に依頼し、元・維新派の役者、平野舞を中心に、石原菜々子、坂井遥香、奈良郁、室谷智子の指導で、後に詳しく見る『nostalgia』シーンM9の全38連中24連までを体験した。

実作指導においては、改めて台本の読み方の説明がなされ、その場で指導を受けながらデータ打ち込み作業を各自分担分について行った。同時に編集方針についても話し合いがひらかれ、デザイナーより判型、表紙デザイン、綴じ方が受講生の課題として提示された。本活動においては、具体的な記録の制作体験と並行して、対象に即した記録メディアのあり方を一度は個別に考えてもらうものにした。講師陣も、専門的

作権成立と文化の盗用の歴史的関係の延長に論じている。Kraut, Anthea (2016). *Choreographing Copyright: Race, Gender, and Intellectual Property Rights in American Dance*. Oxford University Press. 議論の対象となった『Re:Rosas!』プロジェクトは、越智雄磨編著『Who Dance? 振付のアクチュアリティ』(早稲田大学坪内博士記念演劇博物館、二〇一五)で日本にも紹介された。

な知見に囚われない受講生の自由な発想を活かすことに、むしろ積極的な意義を見いだしてくれ、議論をサポートしてくれた。話し合いの争点は、すでに役割を終えた上演台本に、いかなる未来の用途や利用可能性を開きうるかに置かれた。その過程で作者や役者の台本との関わりになどを考慮し、最終的にはWS体験が決め手となって、スコア（楽譜や記譜）として声に出され体を動かす、はたらきかけを孕む台本という方針が決められた。判型は『透視図』『トワイライト』のDVDに付された限定台本と比較検討した上で、稽古場で用いられていたB4判とし、空間のスケールを立体的に表現するため、裏表紙を舞台に見立て実寸の縮尺に近い紙の人形も付録としてつけることにした。

図1　付録を用いた展覧会ディスプレイ

維新派の台本を読むために

維新派の台本を読むとはどのような体験なのか。この問いは、台本でどのような行為、体験を受け継いでゆきたいかに関わってく

*6 ヨーロッパを中心とする過去作品の記録保存と創造の連動については以下を参照。Tanzplan Deutschland e.V.(Hg.): *Tanzplan Deutschland Jahresheft 2009. Tanz und Archive: Perspektiven für ein kulturelles Erbe.*, Christina Thurner u. Julia Wehren (Hg.)(2010) *Original und Revival. Geschichts-Schreibung im Tanz.* Zürich: Chronos Verlag. そのおおまかな動向

る。以下に試みとして、読み書きのしくみすなわちリテラシーの学習、書かれたテクストに基づく作品解釈、そして台詞を声に出して読むことの三つの段階を『nostalgia』に即して考える。

テクストの解釈も、音読あるいはリーディングも、まずは解読レベルの「読む」という行為に基づいている。スペクタクルにおいて映像と台本の違いが出るのはここで、読むことは一般に見ることより能動的な行為とみなされる。黙読ではなく身体化するという意味においてだけではない。見る行為にも含まれる意味連関を見つけるという、まずは主体的に現れる作業を、頁をめくり、書き込んだり、外部テクストを参照したりといった手間を加えながら、時間をかけて行うからだ。維新派の作品、特に『nostalgia』は、こうした解釈を要求する相当量の謎を含んでいる。さらに身体化のため解釈のため台本を確認しようとしたら、それに先立ち読み方を学ばねばならない。そこでまずは維新派の台本の記述システムについて素描し、独自の読みを要請する台本が読み手にどうはたらきかけるのか考えてみたい。

維新派の台本の読み方は、過去に出版されてきた台本においても冒頭で個別の例に即して説明される。「ほかの劇団では見ることのない」*11固有の形式を備えているからだ。その形式は大摑みに、楽譜を容れ物にして音符の代わりに戯曲の言葉を入れた

については、京都造形芸術大学 舞台芸術研究センター編（二〇一八）『舞台芸術21号―特集 アーカイヴを「批評」する―』所収の拙稿「批判的反復による失われた舞踊遺産のアーカイヴ」九七～一〇三頁にまとめた。

*7 Jeschke, Claudia (1983) *Tanzschriften. Ihre Geschichte und Methode. Die illustrierte Darstellung*

ようなもの、と説明したらわかりやすいだろうか。書き留められる対象は登場人物の台詞と行為で、その記述は戯曲のように言葉で読めるが、配置は楽曲の時間分割に沿い左から右へ、四小節ごとに改行（行ではなく「連」と呼ばれる）、下へ展開してゆく。これに加えて空間における人物配置を示す舞台の俯瞰図が、要所ごとに挿入される。近代の戯曲が言葉のみ、それも一種類の言語で記述され、単線的と想定され得る時間軸上に並べられるのに対し、維新派の記述方式は一見して混淆的で、言語も複数採用する。諸技芸の拮抗は様々な部分に見て取れるが、例えば幕にあたる作品の構成単位は筋の展開される場所を表す「シーン」で、これは維新派の作品が「音楽劇なのでMusic の頭文字〝M〟」で呼ばれている。このように既存の書式の組み合わせも独自な表現に対応する工夫として注目される。

戯曲と楽譜の折衷のような記述方式は、ヂャンヂャン☆オペラの様式において、発話と演技が二種のかたちをとることに対応している。少なくとも九〇年代以降の維新派作品において、人物は名を持つ個人と、属性でまとめられた集団に分けられ、ドラマで言えばプロタゴニストとコロス、楽劇であればソリストとコーラスのような表現の棲み分けがなされている。本作では、大まかに、筋の展開を担うのは名を持つ主人公たちで、シュプレヒコールと体操のような振付を行うのは「役者番号」のアルファ

eines Phänomens von den Anfängen bis zur Gegenwart. Bad Reichenhall: Comes Verlag.

*8　維新派「nostalgia」台本（発行 二〇一八年二月一〇日、企画 維新派アーカイブシリーズ、著者 松本雄吉、監修 清水翼、室谷智子、編集〈記憶の劇場II〉活動⑦「ドキュメンテーション／アーカイヴ」F・アツミ、亀田恵子、北田昌子、

ベットで表記される集団である。前者の演技は一部拍子つきの掛け合いがあるものの、ト書きとカギ括弧でくくられた台詞で指定され、連以下に拘束されることはない。それに対し、ト書きの中では「〜たち」と呼ばれる後者の台詞と振付は、主として連の小節、拍に細かく割り付けられる。この対比が示す演技の負荷の度合いに、個人と群衆の存在の様態や、物語における役割、宿命を読み取ることは、『nostalgia』に関しては的外れでないように思われる。

こうした集団の演技の多くを記述するために、時間軸は「・」で表記される「拍」と、空間図は縦一間横半間の「グリッド」という最小単位に分解される。音楽が何拍子かは、場面の意味と不可分で、テンポとともに一小節何拍と厳密に定められている。一方舞台空間は、縦9間、横10間の基準となる方形が、縦は一間ごと横は半間ごとに分割され、それぞれの分割線にアルファベットと番号がふられている。この時空間のモジュールと番号や記号の組み合わせにより、作品という容れ物における集団の演技の所在が細かく特定されるのだ。ここに、拍やグリッド上に分解、再配置された「セリフ」と「動き」を身体化する際の難しさ、そして稽古の必要が生じる。実際、この枠に分割して入れ込まれた群衆の発話と動作には、内面の動機づけを排して有機的つながりを解体し、機械的分析的な論理に従う傾向を読むことができる。そうした

菱川裕子、福谷咲奈、古後奈緒子、発行：大阪大学総合学術博物館、カンカラ社）。

*9 維新派DVD—BOX「〈彼〉と旅をする20世紀三部作」（維新派、二〇一二年）。

*10 全日程を以下に記す。（尚、活動⑦「ドキュメンテーション／アーカイヴ」全体は記録の作成と活用の二段構えをとってお

台本に含まれた異質性には、作中でどのような意味づけ、作用があるのか。『nostalgia』に即して見てゆきたい。

『nostalgia』に垣間見る移民の記憶

『nostalgia』は二〇〇七年に大阪・ウルトラマーケットで初演され、二〇〇九年までに埼玉、京都、オーストラリア、ニュージーランドで公演された劇場作品である[*12]。続く二〇〇八年の『呼吸機械』、二〇一〇年の『台湾の、灰色の牛が背のびをしたとき』とあわせて「〈彼〉と旅をする20世紀」三部作をなす。「トリロジー」という制作形式は、テオ・アンゲロプロス他、戦後ヨーロッパの映画界の巨匠らが、両大戦を通過する近現代史に文脈をとり、各々の帰属文化の検証を試みてきた系譜がある。本作はそうした映画に敬意を表し、同じ時代の移動する人々を、近代アジアを起点に壮大なスケールで描き出す試みとも受けとめられよう。だが松本雄吉の三部作がこの系譜に名を連ねるのだとしたら、それは同様の歴史物語を自分の領域に移し換えた異本を生んだからではない。一般に言われるように、そもそも存在する記録の背後には残されなかった膨大なモノやコトが存在している。歴史／物語として語られてきたものはさらに僅かにすぎず、まさにそのことにより忘れ去られてしまうもの、記憶の奥底に

り、二〇一七年度はvol.1でNPO法人ダンスボックスの協力を得て「下町芸術祭」参加作品の記録を行い、vol.2で維新派『nostalgia』台本出版を行った。）

導入講義　二〇一七年七月二十九日（土）大阪大学中之島センター405室於、講師　清水翼、山﨑佳奈子、室谷智子

身体化WS　二〇一七年十一月十八日（土）江之子島地下スタジオ於、講師　平野舞、奈

固着してしまったものを生みだしもする[13]。映画における三部作同様、芸術諸ジャンルで実験的な語りが繰り返し試みられてきたのは、そうした定着した語りの臨界を揺さぶり、語られぬ記憶の存在を証すためでもあった。『nostalgia』もそうした試みとしての、歴史／物語、ジャンルの技法、言語、身体に備わる型や秩序に対する挑戦のように読める。ここで本作の資料に挟まれていた『エリス島物語』の作者ジョルジュ・ペレックを参照するなら[14]、作中に仕込まれた連続性よりその裂け目に、意味を見い出す手がかりが求められよう。それをいかに知覚し、読み解いてゆけるのか。筋における分断と歴史からの逸脱、台詞と振付の詩的な構造を解釈してゆきたい。

❶構成における中断、シフト

はじめに全体の構成を見ておきたい。本作は13の場面で、神戸から移民船に乗った人物を主人公とする物語を描き出すものである。各場面には、他の維新派作品と同様、それぞれのシーンにタイトル、テンポ、拍子の決まったテーマ曲がある。ここで先取りすれば、ドラマトゥルギーの焦点は筋／行為の展開から、各場面を遍歴の停留所（ステーション）とする人物の変容に移ってゆくが、この流れとの関係で注目されるのが、テーマ曲の反復である。具体的には、7拍子の「海の近くの運動場」（M1、M

良郁、石原菜々子、坂井遥香（「記憶の劇場」の活動⑦以外の受講生も含め三十名が参加）

データ化のための指導と出版のための編集会議　二〇一七年十一月二十六日（日）中之島センター405室、十二月九日（土）中之島センター607室、十二月二十四日（日）中之島センター405室、二〇一八年一月十四日（日）中之島センター405室、二月十日（土）中之島セ

『nostalgia』楽曲情報の表

シーンタイトル	拍子	tempo
M1　海の近くの運動場	7	200
M2△移民たちの肖像　—旅のテーマ	4	112
M3▲身体検査　—移民収容所の記憶	5	208
M4　〈彼〉　—海の近くの運動場	7	200
M5▲７拍子のサンバ	7	208
M6△渡河　—旅のテーマ２—	4	112
M7△難民　—旅のテーマ３—	4	112
M8▲風の旗	5	192
M9　ジャングルジム　—海の近くの運動場	7	200
M10▲赤と白のタンゴ　—ペルーの病院	7	208
M11△護送列車　—旅のテーマ４	4	112
M12▲ El dorado	5	208
M13　山高帽　—海の近くの運動場	7	200

4、M9、M13）と、4拍子の「旅のテーマ」（M2、M6、M7、M11）が、4場面ずつある。

まず物語の流れを担う9つの場面（M2、M3、M5、M6、M7、M8、M10、M11、M12）は、主人公ノイチの移動（表の△印）と滞留（同▲印）をあざなうように展開している。「旅のテーマ」はその移動の場面すべてを伴うものだ。5拍子、7拍子

ンター405室。

＊11　『nostalgia』台本「台本を読む前に」より。この章の引用はすべて同頁による。

＊12　同じ発音のタイトルを持つ作品が一九九三年に制作されており、これは区別のため『ノスタルジア』とカタカナ表記されるが、初演時のタイトルは発音表記である。

といった奇数拍子が支配的な中、この4拍子は両足間の重心移動を交互に促すが[*15]、歩行や乗り物の揺れを表し、越境の不安定な状態をも暗示する。正面向きの役者の左右、舞台を横切る役者の前後に揺れる体軸は、運動場と定住の場面に頻出する垂直の線やグリッドと対照をなし、舞台に正対する客席の脊髄にもはたらきかけるだろう。加えてこの楽曲は、遅くとも一九九〇年代初頭に見られる特徴的な身体操作の歩行と結びついており、過去の作品を知る観客にとっては、松本作品の時空の広がりに思いを馳せる符丁となってもいる。

このように「旅のテーマ」が留まることと拮抗して物語内部に組み込まれているのに対し、「海の近くの運動場」と物語の関係は、少し謎めいている。そもそもこの場面は「現代の日本」（M1-01[*16]）と設定され、「20世紀」の物語とは異なる時空にある。登場人物は匿名的で、「少年たち」はひたすらスポーツの訓練を行っているが、そこに身の丈「4メートル」の〈彼〉が登場し、その存在を知覚できるごく僅かの少年たちと交信する。三度目の繰り返しM9では、後に見るように主人公が通過する異界の一つと重なり合うかのようだが、いずれも物語にとって夢のような次元である。このように人間のスケールを超える〈彼〉は、等身大の主人公が牽引する物語の外から、現実を超えた眺めを提供する[*17]。

*13 想起や記念と忘却といった記憶をめぐる事象と記録のエコノミーについては以下を参照。アライダ・アスマン『想起の空間 文化的記憶の形態と変遷』（水声社、二〇〇七）、アライダ・アスマン『記憶のなかの歴史 個人的経験から公的演出へ』（松籟社、二〇一一）、谷島寛太・松本謙太郎編『記録と記憶のメディア論』（ナカニシヤ出版、二〇一七）。

以上のように本作には、移動と定住という二つの力の対照に加え、物語の流れを枠づけつつ中断する時空が関係づけられている。繰り返し現れる二つのテーマ曲は、物語の時間に対位法的に干渉し、維新派の初期作品との連続性を作品の古層として仕込み、物語内外の異次元への回路を開く手立てとなっているのだ。この構成によって私たちは、移民の記憶にいかに触れ得るのか。

❷「海の近くの運動場」

物語に入る前に、観客を舞台上の人物と鮮やかに関係づける冒頭箇所を見ておきたい。冒頭（M1）では、最初に登場した少年が、客席、両袖、奥のスクリーンの背後を順に振り返る。この身振りは、フレーム外、すなわちアクティングエリアの外部の次元の広がりと、少年に呼びかける者の存在を示している。そのうち一者について、台本には「少年は〈彼〉の視線を感じ客席を見上げる」と明かされており、舞台両袖からの目に見えぬ少年の声の呼びかけを経て、やがてスクリーン上の背景の空に、大きな船体「（第一回ブラジル移民船笠戸丸）」が浮かび上がる（M1-01）。この時点で、客席上方にいた〈彼〉は、やがて船が消えたスクリーン上に巨体をはみ出させ、この少年と観客の目に見える存在となる。

映画の切り返しショットほど明瞭ではないが、このスクリーンを利用した鏡あわせ

*14 編集過程で講師より閲覧に供された出典不明のコピーに基づく。移民関連の書物をあたったところ、ジョルジュ・ペレック『エリス島物語』（青土社、二〇〇〇）であった。単語の系列を用いる実験の手法は、ペレックが参照したミシェル・フーコー『言葉と物』をはじめとする同時代の思想の潮流に源泉を求めるべきかも知れないが、『考える／分

と、少年を一端におく呼応の関係により、〈彼〉は視線の客体であると同時に主体でもあると示唆される。彼の視線を受けとめるこの少年は、主人公の少年期と同じ役者が演じている。「印象的な山高帽」（M1-03-17）をしるしとする〈彼〉は、この後、二様に舞台に姿を現し、過去と現代、生者と死者の時空を結びつける。展開する筋においては等身大の移民ノイチとして、少年のまなざしの中では客体化し得ないほどの巨人として。

❸越境し変容する視点

M2に始まる物語は、神戸を発ちサンパウロに降り立った少年ノイチの南米大陸の移動に沿って展開する。その道行きはブラジル（M5）にとどまらず、アルゼンチン、パラグアイ、ボリビア、ペルー（M10）を経て、エル・ドラド（M12）にいたる。その間少年は、親友と恋人と出会い、大人になり家族と子をなすが、安住はつかの間、離散と集合を経て、再び妻子と離れ、最後は異郷に倒れる。度重なる移動は、群衆のシュプレヒコールに押し寄せる植民地の独立、民主化デモ、国境を巡る紛争、大戦の勃発、移民排斥といった歴史の変動によるものである。このように、個人の物語は移民史、南米史、世界史を背景としている。ここから読み取られる、大きな力に流され地上を移動する視点と、それを歴史的に俯瞰する視点、この二つの視座は舞台上の人

類する』（りぶらりあ選書、二〇〇〇）前書きで指摘された作家の姿勢は共通するように思われる。「彼は自分流に世界を理解するために分類し、感じ方の習慣として出来てしまった序列をつねにくつがえし続けた。彼の視線は、我々を混乱させ驚嘆させる予期しない密度で、ありふれたものや日常的な存在や諸物にそそがれる。」また、失われた記憶を辿ろうとする自

物に具現化されてもいる。この視点の運動により、史実を起点とするフィクションは、未開の地への入植、蓄財、繁栄に帰する植民地主義的な移民の物語航路を早々に逸脱し、繰り返される移動に重点を移してゆく。そのことは良質のロードムービーのように、対象とそれをまなざす者双方の変容をもたらすだろう。

実際、この物語における旅は、単なる場所の移動ではなく、人物の変容を伴う「越境」である。変容の様態はいくつかあり、わかりやすくはノイチの呼称の変化で表わされている。少年が最初に自分の名を口にするのは移民収容所で、同一性の証明を求められた際である。一人だけどもり気味に名乗った彼は、すぐに機械的に登録番号「スィンコ、セイス、スィンコ（565）」（M3-02）で呼ばれる。こうした管理の対象としての脱人間化の後、親しい人からの呼びかけに応じて（アン「ノイチ！」、チキノ「アミーゴ（友）」、リオ「お父さん」）、関係豊かに人格を展開する。

❹個と類の間のゆらぎ

以上のような主人公の変容は、語りの視点の変化でもある。このように考える時、彼は何者なのか、誰を代表するのかが問われることになる。「移民たちの肖像」（M2）のト書きを参照すると、筋の起点となる笠戸丸の船上で、ノイチは日本人というアイデンティティを早くも変化させている。そこではユダヤ人の移動が旧約聖書に紐

伝的語りと、子供の頃書いた物語を対置した『Wあるいは子供の頃の思い出』（人文書院、一九九五）は、『nostalgia』の構成と内容に共通点が認められる。

*15 「移民たち、ある者は左足を一歩前へ、ある者は右足を一歩後ろへ引き、片足に重心をかける。」（M2-01-0）「左右の脚に交互に重心を移し揺れている」（M2-01-4）

解かれ、「アイルランド人、ノルウェー人、ギリシャ人、トルコ人、オランダ人、フランス人、イタリア人、ルーマニア人、アルメニア人、中国人、朝鮮人、日本人…」（M2-01）の写真がスクリーン上に畳みかけるように浮かびあがる。このような起源の参照とカテゴリーの列挙により、出身地や民族の区分を超える一つの種族が浮かび上がる。ノイチおよび、その記憶を携える〈彼〉が代表する「移民」は、船の揺れとともに国への帰属意識を溶解させ、かわりに移動という行為に定義づけられ、絶えず変化するアイデンティティを手にした存在ではなかろうか。

さらに場面を下ると、語り手の個と類の間の揺らぎとともに、帰属カテゴリーそのものも変化してゆく。名を呼び交わす者との関わりの中で前景化する揺らぎに目をこらしてみよう。M5「7拍子のサンバ」はM10「赤と白のタンゴ」と並ぶ停留所で、ノイチをめぐる人間関係が大きく変わる場面である。ここでポルトガル移民のアンと先住民チキノとの関係を深める中、それぞれが背負う歴史的背景が複雑に交錯する。まずこの場面に先立ち「移民収容所」で、日本から来たノイチはポルトガルから来たアンと、移民どうしで出会っている。白人の大土地所有者の元、ノイチは先住民チキノと被差別者どうしで友情を結ぶ。だがチキノのほうは、おそらく差別の度合いに絡む、ノイチとの格差を自覚している[*18]。そのことに無自覚なノイチがポルトガル出

*16　この章の引用は台本『nostalgia』（二〇一八）に基づく。該当箇所は（場面―頁数―連番号）で記す。連（音楽）の始まる以前の箇所は連番号なしのままとする。

*17　〈彼〉に流れ込む源泉や読解可能性については、前出の「〈彼〉と旅をする20世紀三部作」DVD―BOX付録の「解説書」（編集・企画

身のアンとチキノに画材用のポーズをとらせると、植民地下の力関係をあからさまになぞった絵ができあがる。曰く、「白人に銃を向けられる先住民」「精霊に祈りを捧げる先住民」「土地を奪われた先住民」「煤煙に悩む工場労働者」「重税に押しつぶされる庶民」「盗賊の王・ラビアンの肖像」「旗と拳」（M5-10-64、65）。ただ、ここで二者の関係を切り取るキャプションの言葉は、新たな秩序を求めて変動する時代の変化を兆している。この後チキノとノイチは、アンを乱暴した農場主を協力して殺し、「アミーゴ」として旅をともにする。その後景では先住民の少年たちによる農園の放火、自由と平等を求めるデモ行進が起こり、社会の革命と個人の宿命への叛乱が並行する。

❺言語と地図による身体の分節

アイデンティティの揺れを含む人格の変容には、歴史的に見ても、言語と地図の果たす役割が大きい。本作でも、ノイチにとって固有の名を持って現れるアン、チキノ、リオいずれもが、異質な言葉を話す他者であった。ポルトガル移民のアンは、ノイチに移住先で必要な外国語を母語とし、これを手引きする。チキノは先住民の言葉を話し、また寝言酔言の中で気になることを言う。そして、産まれた子供は耳が聞こえないのか声が出ないのか、手話で親と会話する。つまり、彼らはそれぞれ別の言葉で世界を切り取り、そのことによって、ノイチと彼と同じ光景を目にし、同じ音を耳

=富島美奈、編集・文=西尾俊一、梶浦秀麿）に詳しい。

*18 「Nao, nao sou japones. Sou Indio.」〈僕は日本人じゃない、インディオだ〉（M5-08-51）

にする観客に、日常言語では触れ得なかった世界の存在を知らしめる。このような「他者」としてまず現れた彼らは、後にともに地図の古層を発見し、地球儀でともにした航路を確認し、新たな地図を身体化してゆく新しい家族となる。

こうした言語と越境の連関は、最初の定住地を捨てる遠因となる場面で象徴的に示される。カーニバルの夜、ノイチとアンは深い仲になる際、お互いの母語を交換する。ここで二人は、M3の「教える／学ぶ」関係を反転させ、「真似合う／翻訳し合う」対称な関係を結ぶ。

アン「Kawa」ノイチ「川」アン「Kawa wo mitukete」ノイチ「川を渡る」アン「Kawa wo wataru」ノイチ「Atravessar a rio」〈川を渡る〉（M5―08―54）
アン「Do ourtro lado do rio」〈川の向こうへ〉ノイチ「Do ourtro lado do rio」アン「Kawa wo mitukete」ノイチ「川を渡る」（M5―08―55）

このやりとりが、場面の最後に渡河とさらなる旅へと足を踏み出す約束となっている。話題とされている「川（河）」は、国境の未確定なこの時代の自然の境界であるが、次のシーンM6で、「渡る」ため、「上る」ために「見つける」ものとされている[*19]。それは危険が迫る土地を逃れようとする二人にとって、別天地への入り口であろうし、現在の状況を招いた歴史の源流かも知れない。

❻ 歴史の主体と客体

この川を渡った後、主人公はさらに「難民」(M7)へと変容する。ここで彼は、経済移民としての主体性を奪われ、歴史の大きな力に動かされ苦難を耐える存在となる。興味深いことに、こうした受身で寄る辺ない状態で川を渡る中、大地の古層に失われた地域や先住民族や死者たちが、彼の目の前に次々と姿を現すようになる。続くM8「風の旗」でも、国の没落を象徴するような男たち、M9「ジャングルジム」では、物語外部にあるはずの海辺の少年たちと、つかの間存在の次元が交差する。以上の流れから、受苦的な体験を経て、歴史に翻弄される客体へと変容して初めて、ノイチは移民史に登場しない声なき者たち——入植により土地を追われ滅びた帝国の住人、共同体、つまり死者たち——の記憶の受容体になり得たとは考えられないだろうか。

以上のように『nostalgia』は、ブラジル移民の歴史/物語を起点に参照しつつ、移住の成功を終点とする艱難辛苦の思い出語りを拒んでいる。定住から絶えざる移動へ。移動から変容をもたらす越境へ。その途上で主人公は個と集団の帰属、移民(定住民)と難民、歴史の主体と客体の間と、絶えず存在の様態を変えていった。その過

*19 ノイチ「河を見つけて 河を渡る」アン「河を見つけて 河を上る」(M6「渡河」M6-01-9)

程で受動的に被った変容が、歴史／物語の主体的な語り手を、語り得ぬ記憶の受容体へと涵養する。このことは、テクストの解釈に際して能動的な主体として振る舞おうとする、読み手の経験とメディア性の相関を考える上で示唆的である。読むという行為は、意味を生じる既得の筋道――歴史における弁証法や古典的作劇法など――に合わせて事物を拾い関連づけるが、その際上述のように、本来的には諸関係に揺らぐ複合的で多面的な人間を、同一性のカテゴリーに還元する[*20]。それに対して、歴史／物語といったよく知る筋道の分断や脱臼は、読み手にとって主体性を奪われる契機となると考えられる。以下に、そうした時間構造の中断を、台詞の配置に確認しておきたい。

台詞の詩学と呼応の現象

維新派の台詞は、同種の単語の列挙やカテゴリー違いの組み合わせに特徴づけられる。扇田昭彦が初見で「(台詞が)モノの名前、名詞で構成されていた」と認めたように、言葉の羅列は維新派の特徴として広く認識されている[*21]。例えば頭韻や脚韻を踏んだ名詞の系列、同じ意味のカテゴリーに属する語句の系列、数詞やアルファベットといった組み合わせの基本となる文字単語、日本語の間に差し挟まれる外国語など

*20 概念カテゴリーの機能に関する言語研究はあまたあるが、身体との関係における行為と相応する層を析出した以下を主に参照。「人間は自然を分類するときでさえ、自分の生活にとって意味があるように環境を概念化しているのであり、単に物の側の特徴のみでカテゴリーを決定しているわけではない」尼ヶ崎彬『ことばと身体』(勁草書房、一九九九

など。しばしば「モノづくし」とされる言葉の羅列に例を見るように、単語の集合、羅列は、統語法でまとめられた文章の棄却と表裏一体をなし、多種のレトリックを生みだしている。台本は、松本雄吉の台詞の詩学を、様々な言語テクストのネットワークの中で分析解釈することを促す。以下に、『nostalgia』の主題との結びつきのある範例を見てゆこう。

❶ 統語法の回避と系列による新しい秩序の試行

まずは物語を枠づけ中断している「海の近くの運動場」の場面に注目する。冒頭には、全体に敷衍される言葉の配列の範例を見ることができる。ここでは数詞やアルファベットといった、単語や文章の基本的な構成要素が提示されている。そのうち数詞による系列の提示や中断、逸脱といった基本的な展開例も見られる。翻って、いわゆる文章は見当たらない。主語述語といった品詞の配置順を決める統語法の回避は、「ヒコウキオチタ」（M1-11-39）から、品詞を関係づける格助詞が抜かれている点にも表れている。これに対し、移民の歴史像を喚起する（M2）では、旧約聖書と入植者心得のような記録文書の文がそのまま、つまり助詞を抜かず採用されている[22]。また「移民収容所」（M3）では、移民達が口にする同種の名詞群が、身分証明の根拠をなすカテゴリーとして「名前、出身国名、生年月日」を浮かび上がらせる。ではこの

〇）一四八頁。

*21 一九九二年『虹市』チラシに寄せた言葉より。

*22 例えば「箱船の長さは三〇〇キュピト。（略）箱船に天窓を作り、上部から一キュピト以内にそれを仕上げなさい。」（M2-01）「ノアはセム、ハム、ヤペテの三人の子を産み／セムは大洪水の二年後にアルバクシャテを産んだ」

ような文法および同一性証明に従う台詞と対照される台詞は、どのように意味を生み出してゆくのか。

この場面では、白いシャツに帽子を被った少年たちが舞台を横断して走り回り、大小の集団をつくってスポーツの動作を行ってゆく。彼らの台詞は、種目に固有のかけ声と数詞*23を基調とし、スポーツ少年の訓練の光景になじんで、一見、違和感がない。このときかけ声のほうは「運動場」の場面四つに一貫して、スポーツの種目を増やしてゆくが、他の列挙の例と異なり、意味のズレやカテゴリーの無化は引き起こさない。反復されるほどに、「スポーツの訓練」という上位カテゴリーはそのままで、むしろ動機目的が示されないだけに、この「運動場」で演者が従事すべき法としての、振付の拘束力を強めるように思われる。それに対し数詞には、序数としての連続を中断、変形する箇所がある。まずは冒頭から「1908」と二十世紀の年が突如紛れ込み、また運動のカウントは「12345678」から大きく五〇〇番台に飛ぶ。「1908428」を笠戸丸出発の年月日とその場で認識できる観客は多くはないだろうが、数列の中に埋め込まれた番号飛びによって、意味ある年号を確実に記憶に刻むのである。それは、同じ系列の語群の中から異物を発見させるからで、統一的な文章の中で明示されるのと違った気づき方、受け止め方を喚起するからであろう。五〇〇番台の数列も同じだ

（M2−01−1）「南米伯剌西爾国ニ位置スル一州ニシテ南緯十九度五十四分ニ始マリ…／黄人モ白人モ将タ黒奴ノ子孫モ絶対平等ノ権利を有スルノミナラズ／土人ト称スル一種未開ノ種属スラ北米ノ土人ニ比ベレバ柔和ニシテ白人及雑血種の命令ノ下ニ／勤勉ナル伊太利人当州五十万人以上移住シテ常ニ労働ニ従事セリ」（M2−02−7、8、9）

が、こちらは収容所の場面で移民たちの同定番号とわかる伏線となる。同様に、次の場面で主人公が学ぶことになるポルトガル語のアルファベットも、この場面で先取りして提示されている。

以上は僅かな例にすぎないが、作品全体にわたり、統語法から解放された集団の台詞は、単語の組み合わせで新しい秩序の知覚を生みだしている。そのうち数詞やアルファベットといった順序込みの単語による系列の提示は、連続性の分断がわかりやすく、内部で意味をずらせたり、外部を指し示したりと多用される。また、同種の単語や句や品詞を連ねる手法では、それにより生成するカテゴリーを強化したり、逆に無化したりすることができる。したがって素朴に、散文では写し取れないやり方で世界を新しく浮かび上がらせると言うことができるが、一方でそれは、慣習的な言語表現の異化や、詩的テクストの創造を超えて、読み手に変容を求め、現実の創造に関わるものではないか。次には、この手法の応用可能性を念頭に置きつつ、動作、振付について見てゆきたい。

❷ 拍、グリッドと戯れる身体

身体運動は、維新派の集団が担う上演の重要な構成要素である。その多くが体の部位の名前と動詞で表され、台本の時間軸と空間図、両方に書き留められている。記述

*23　M1では「行ケ行ケ押セ押セ」（バスケット）「アタック」（バレーボール）「エイヤッ」（槍投げ）「ト〜〜〜〜〜〜〜サイケ」（バスケット）と、カウントは年数が「1908428」と数詞であるのに対して、ランニングのカウントとおぼしき台詞は「イーニーサンシー／ゴーローヒーハー」と表記も読みの音も異なる。

の労を考えれば、それは記憶の便宜である前に創作の流儀と捉えられ、言葉との結びつきをとどめた動作を選ぶ意味に目が向けられる。もちろん、言葉の、それも記号的な意味は問題ではなく、意味は演者に具現化されて初めて生まれる。それは集団で増幅され、どのようなしくみでいかに表れてくるのか。二つ例を見てみよう。

まずは一つのモチーフが数連の間、反復、展開される例が、M3「移民収容所」に見られる。ここでは①から⑲の見出しのとおり、「口を開ける・首を折る」「舌を出す・腰を折る」（M3–05–1～18）といった身体部位と他動詞による操作の中に、「背のびをする」「深呼吸」（同34–54）といった自動詞の運動が入り込んでいる。これらは上陸した移民の「身体検査」といった、物語と場面に応じた意味を結ぶと同時に、ユニゾンで反復されパートで展開されるうち、塊としてある種の表情を帯びてくる。それは言葉が指示する行為の操作性と自発性にある程度対応し、無機的で機械的あるいは有機的で人間的といった一般的な極性の間に捉えられる。さらにこの場面では、一人ずつがグリッドを立体化したような「白いフレームの籠」を携えており、そのことが中で行われる動作を、象徴的な枠に対する格闘あるいは順応のようにも見せるだろう。

次に、作中で最も記述の細かい「海の近くの運動場」を見てみよう。映像で見ると、この場面で少年たちは様々なスポーツを行ってゆくが、その様子は訓練と遊びの間を揺らぎ、またどこか不自然でもある。台本では、それらはポピュラーな種目の動作から抽出したモチーフの組み合わせである。記述は「上体」と「脚」それぞれ15から20もの動作が、上体だけでも「①ボールを頭上でキャッチ」「②ボールを顔の前へ」「③ボールを腹に抱える／クビを左へ」「④左へパス」（M1-03-20以下）などに分節され、一拍に一モチーフの割合で、番号で7拍子に割り付けられている。この例には「ボールを受けて左にパス」という流れが容易に思い浮かぶ行為を、わざわざ分解していることが確認される。見え方を左右する一因は、指示の行為に対する分解と統合の度合いであろう。その際喚起されるのは、バスケットボールの記号的な意味、あるいは暴力の代替行為や代理戦争といった近代社会におけるスポーツの含意[*24]だけではない。高度に統合されてしかるべきアスリートの動作、それにより映画の歴史にも記録されたスポーツする身体のスペクタクル性が、喚起され同時に解体、異化されているのだ。つまり膨大な手間をかけて書き留められているのは、現代にいたる少年たちが行う活動に、アンビバレントな構えをかき立てる手続きだということになる。

以上のように、記述された動作を遂行することで、集団の身体はある種の表情を帯びる。それは、言葉による対象の分節や空間との関係をある程度反映した、身体の事物に対する姿勢に関わるものである。身体運動に浮かび上がる言葉の表層下の意味と

*24　ノルベルト・エリアス『スポーツと文明化』（法政大学出版局、一九九五）、三浦雅士『身体の零度』（筑摩書房、一九九〇）。

は、こうした存在の様態や世界への構えとして喚起される原初的な意味、いわゆる相貌である。筋行為の展開を担わない集団は相対的に、またユニゾンや反復により量を伴うマッスとして、こうした相貌の知覚を前景化させることになる。またそれは、拍とグリッドにより精度の高い再現を求め、読む行為の延長に稽古や上演という段階を準備する。その時選び抜かれた動作は、基本的で単純で、遊戯への誘いと創造の契機を孕んでいるが、一方で拍という数理で有機的な動作の流れを分断する規則性、違和感を含み、読み手の身体に負荷をかけるタスクとなる。それは稽古および上演の反復のうちに、個々の演者の日常の身体秩序を更新する契機を孕んでいるのである。それが集団の中で達成されるなら、読み手に何が起こり得るだろう。

❸ M9「ジャングルジム ——海の近くの運動場」

最後に二〇一七年と二〇一八年のWSに用いられたM9から、対象の同一性を問う疑問文を、単語の入れ替えで解体した箇所を見てゆこう。この場面はト書きに「再び夕暮れの空に雲が流れる〈海の近くの運動場〉」(M9-01)とあるとおり、M1、M4、M13と同じ背景と音楽を用い、バレーボール、槍投げの少年たちが小編成で舞台を横切る。メインとなるのは二手に分かれてジャングルジムの格子に収まった少年たちだ。他の場面との違いは、全38連のうち最後の10連にノイチの台詞が入るため、彼らの逃避行と現代のスポーツ少年たちの時空が僅かに交差する。彼らはノイチたちがさしかかった、ジャングルの木に留まった鳥かも知れない。あるいは前の場面の最後にチキノが発した「アミーゴ」に呼応して出てきた、先住民の少年たちかも知れない。「ジャングルジムの少年たち」が発するのは、カウントでもかけ声でもなく「キキィ〈虹〉」と「コカ〈コカの実〉」、「チュキ〈槍〉」と「チャカ〈橋〉」といった、連呼すると動物の擬音にも聞こえるケチュア語である。ここの単語は、意味内容でなく音で選択されている点、そして二重に外国語である点、そして場面の設定においても異質である。すでに見たようにこの場面は、音楽は「海の近くの運動場」であることを示している。だが少年たちは中盤に少ししか登場しない。音楽に合わせたシュプレヒコールを担うのは少年たちには違いないが、黒っぽい簑のような衣裳で、ジャングルジムに捕まって振付をせず正面から客席を見据えている。

続く「ソソソソ」で始まる台詞（M9-01-9）は、まさに彼ら自身にさし向けたいような「ソレ」は何かという、問いの畳みかけだ。「鉱物デスカ／植物デスカ」、「現象デスカ／本質デスカ」と種目や様態の問いかけに始まり、その多くは「運動デスカ／静止デスカ」、「液体デスカ／気体デスカ」のように二択で「ソレ」を同定・分類しようとするかに見える。だが「見エマスカ／見エナイモノデスカ？」を機に問いのセットは「カタチガアリマスカ／持テマスカ」「燃えますか／発光デスカ」と角度をずらしてゆき、「望遠鏡デミエマスカ」「屋根ノ上カラ見エマスカ」「北半球カラ見エマスカ」と目をこらす視線の先を一気に天空へと駆け上らせる。そして二連の休止の後「動物デスカ／鳥類デスカ」と地上に戻るが、続くあれかこれかの対概念は解を得ないままうやむやにうち捨てられてゆく。果たして、問いの一つ一つが相対化され効力を失い、同定から遠ざかると見えた瞬間、急展開して問いに対する答えが与えられ、目をこらしして見て来た眼前の対象は、「少年」「インディオ」「僕の…親友です」（M9-02-24）と呼ばれる。

この未知の生物を同定しようとする認識の劇的な旅は、最後の11連で悲劇に終わる。ノイチはチキノと自分がチャコ戦争のパラグアイに雇われた「傭兵」となった旨を報告する[*25]。チャコ戦争とは、ボリビアとパラグアイの間で地下資源をめぐって行われた戦争で、これとともにそれまで未確定だった国境を定める結果に終わっている。不本意にもそれに加担することになったこの二人は、この新たな職務のため、視界に入る者に銃を向ける。28連から乾いた銃声のコーラスを背景に、先ほど親友とされた「先住民」「少年兵」を「撃チマシタ」という告白がなされる。二人が「脱走兵」となり、赤くなった川を再び渡って逃げるところでこの場面は終わる。

*25 「チキノと僕は銃を取りました」「僕らはパラグアイに雇われました」（M9-03-27）

さて、ここで交差し重なり合った時空は、物語の流れにおいては決定的な越境のその先にあり、四度の反復場面に起承転結を読み取れば「転」にあたる。複数の論理が干渉しあう異空間が出現していると考えられる。そのせいか、人物の行動原理も双方で歪み、演者にだって何が起こるか分からない。この場面を実際の声に出して行うWSで起こったことを、振り返っておこう。

二〇一七年のWSにおいては、途上の39連目までが二時間の到達点とされたが、通しが終わった時、参加者は高揚感に包まれた。まずは単純に、ちょうどよい難易度のタスクを、集団でやり遂げた達成感がある。段階的な導入から、違和感のある7拍子のリズムを体に入れてゆき、何回言ったかわからない「キ」の音に下顎と頭をやられ、大勢で息を合わせて通しきったのだ。あわせてこの場面では、言葉が喚起するイメージも遠くまで旅をする。「ソレ」も問いかけている自分も何者か分からない。そうした状態で55もの問いを重ねた後、ほんの2小節で「ソレ」が「親友」になるには魔術的な瞬間が必要だ。参加者のフィードバックでは、自分の声があちこちから聞こえたり、自分と自分以外の人の問いかけが次々と応じ合うように感じたり、その中で問いかけが誰のものなのかわからなくなってくるといった感想が聞かれた*26。呼応の関係は維新派作品を通して様々な台詞と関係で繰り返されるが、すでに見たように

*26　WSフィードバック時の参加者の感想より。

名を持った、つまり対話を担う人物どうしでは、個としての人格の回復につながっていた。一方、名を持たない者たちのシュプレヒコールにおいては、現実に子どもが名指す対象と結ぶとされるような、自他の境界の消滅、主客未分の境地が生じ得たのかも知れない[*27]。

この後の連には、対象の同一性を求めて言語を駆使する主体が、他者の存在に撃ち抜かれる思いを体験する契機があった。言葉の意味に思いを巡らせ、形容詞、名詞さまざまな概念をあてはめてはうち捨て、いずれにもあてはまらない異質な存在に目をこらし続けるとき、自らの言語体系と身体の秩序を根本的に更新するという、作品に通じる他者体験が、ここに含まれている。

おわりに

維新派の台本は、読み手に多くをもたらすが、また読み手に多くを求める。それは一般的な解釈に先立ちリテラシーの学習を、そしてパフォーマンスに向けては相当量の稽古を要請し、身体化へと誘っている。この身体化に際して、読み手は作中に含まれている異質な要素を見つけ、規範性と遊戯性の間の揺れに分節される。例えば5拍子、7拍子の多い楽曲、加えて「間」を尺度とするモジュールには、しばしば日本の

*27　尼ヶ崎彬『ことばと身体』（勁草書房、一九九〇）。

伝統との親近性が指摘されるが、むしろ4拍子に慣れ親しんだ現代人にとっては異質なリズムであると言ってよいだろう。この台詞と動作の配置が生み出す異質性に、日常の身体秩序との葛藤を生じ、個人の主体的表現を超えるタスクとして作用する可能性がある。

その中でも『nostalgia』の場面、台詞、振付の構成には、慣習的な語りを回避する戦略が認められた。それは、統一体としての音楽や戯曲や振付その他テクストを読解や創造の構成要素に分解し、場面や行為や言葉や動作で新しい秩序を生み出すことと認められる。それによって、移民の物語における人間の普遍的な営みを呼び起こしつつも、その過程における越境と変容の契機をとどめている。一連の求めの中には、読み手が世界と新しく出会うための、創造的な契機が孕まれている。と同時に、世界と出会う基盤である身体に備わる秩序にも同様に作用し、語られなかったり思い出せなくなってしまった記憶に触れる手段でもあるかも知れない。以上の意味で本作は、世界との関係を取り戻し、世界に働きかける思想と具体的なタスクを詰め込んだ一個の知の体系として読まれることが可能である。また、死者の記憶や失われた文化の存在を認識する可能性をひらく契機ともなり得るのではないか。

III 時代×都市

瞳は精神よりも欺かれることが少ない

大阪と美術家／松本雄吉の周辺をめぐって

橋爪節也

『ノスタルジア』からはじまる

枯れみだれた葦の中で／はるかに重工業原をわたる風をきく／おそらく何かがまちがっているのだろう。／すでにそれは想像を絶する。／

眼に映るはいたるところ風景のものすごく荒廃したさまだ。／光なく音響なく／地平をかぎる／強烈な陰影。／鉄やニッケル。／ゴム。硫酸。窒素。マグネシュウム。／それらだ。

小野十三郎「明日」より部分、／は改行箇所

硬質な言葉が凄惨な工業地帯の荒廃したイマジネーションに結晶する。アナーキズム詩から出発し、戦後は短歌的抒情を否定した小野十三郎（一九〇三〜一九九六）が、詩集『大阪』（赤塚書房、一九三九）や『風景詩抄』（湯川弘文社、一九四三）に定着させた「葦の地方」の連作の部分である。

松本雄吉（一九四六〜二〇一六）も、小野の「葦の地方」に近い此花区四貫島で少年期を過ごしている。八歳で天草から大阪に移ったのが、『大阪』発行から四半世紀を経た昭和二十九年（一九五四）である。古代より大阪は、河川の錯綜で生まれる砂州や小島が蝟集して「八十島（やそしま）」と呼ばれ、近世には海辺の村々で新田開発が進む。近代

になると、工業化によって工場や港湾労働者が外部から移り住む街に変貌し、四貫島もそうした地域であった。この此花の下町が松本の原風景として作品に反映されていることは知られている。現在はテーマパークも出来て賑わっているが、四貫島の数キロ西には、小野の詩「北港海岸」の舞台となった此花区北港や、市内最果ての新淀川の河口があった。

図1　戦後の四貫島元宮商店街　昭和23年

　個人的な思い出で恐縮だが、一九七〇年代、四貫島の隣町の春日出に父の営む塗装店があった。住まいはミナミの繁華街近くながらも私は、ペンキやシンナーを置いた店の上で、深夜早朝、無数に車両を連結した貨物列車が桜島線を通る轟音と振動のなかで一人寝泊まりしていた。そして、高校をさぼっては「葦の地

図2　北港の情景　昭和53年頃
筆者撮影

方」を求め、北港の廃船処理場や、製鉄所の煙突が焔を吐く大正区船町付近を彷徨った。

平成になって美術館に就職して「社会人」を演じ出した私は、屋外で前衛劇団の公演が開かれる情報を深夜のテレビで得て、ぜひ見たいと思った。南港に足場を組んだ特設ステージが出現するという。高校時代からギリシア悲劇の来日公演や安乗の文楽に接して野外劇に関心があったこともあるが、私を突き動かしたのが、荒廃した埋め立て地を漂流した日々への郷愁だった。

「ヂャンヂャン☆オペラ」とよばれるその公演『ノスタルジア』は、平成五年（一九九三）に大阪市住之江区南港のフェリーターミナル前に建てられた野外特設劇場〈臨海シアターDOCK〉で開かれた。

小野にとって「葦の地方」が一九六〇年代に終わっていたことは後で知ったが[*1]、七〇年代、一時間に一本もない市バスに乗って着いた貯木場の先のフェリーターミナルは、見渡すかぎり荒涼たる埋め立て地のなかに、黒いガラス張りの南港センタービルだけがそびえ、その光景に不思議な爽快感を感じた記憶がある。いまでは南港は、巨大橋梁や軌道によって都心と結ばれた物流拠点とベッドタウンに変貌しているが、平成五年の時分〈臨海シアターDOCK〉へは、ニュートラムを使っても地の果てのように遠かった。

開演までの劇場付設の売店の賑わいと潮の匂いのなか、黄昏の微妙な光につつまれた仮設空間に酔い、舞台では、言葉が溢れて海のように広がっていく。リズムが夕闇に溶け、高まる動悸に、学生時代、桜橋の毎日ホールで聴いたミニマリズムの作曲家スティーヴ・ライヒと「ネクサス」の演奏会を思い出した。いまなら、バリ島のケチャや、フィリップ・グラスのオペラ『浜辺のアインシュタイ

*1 小野十三郎「「葦の地方」よ、さらば」一九六五年、『小野十三郎雑話集 千客万来』秋津書店、一九七二年に収録。

ン』（一九七六）と結びつけるかも知れない。

十八年間、美術館で暮らした後、大学勤めになり、平成二十一年秋、豊中キャンパスにある大阪大学総合学術博物館で第九回企画展「維新派という現象「ろじ式」」を開催することになったのが、維新派との再会である。

図3　総合学術博物館での企画展「維新派という現象「ろじ式」」

展示室を中心に作品や資料を配置して構築される「展覧会」について私は、台本をもとに芝居を演じたり、楽譜をもとに音楽芸術を演奏するのと同様の、ある種の再現芸術と考えている。そして「展覧会」には、舞台上演される「演劇」とは異なる再現芸術としての「文法」があり、演劇で座席が固定されるとすれば、展覧会の観客は展示室内を自由に移動し、視線をとばし、気ままな時間配分で全体の把握をめざす。

企画展の展示は、維新派の美術担当者を中心に進められたが、博物館側も助言し、領域が異なることによる見せ方・展示の「文法」の相違が、共同作業として面白かった。公演チラシやポスターを貼り付けて演出された路地が出現し、ヂャンヂャン☆オペラの映像が壁に直接投影される。劇的な照明の下、舞台衣裳や舞台模型、設計図が次々、舞台に登場する役者のように隊列をなして並べられた。

パフォーマンスの打合せを博物館カフェーのテラスでしたことも思い出深い。マグリットのだまし絵のように立木と重なり合って、

図4　パフォーマンスの打合せで修学館の前でイチョウの葉を試しに落とす松本さん

伊丹空港を離陸した旅客機が斜めに飛行するのを、松本さんは煙草をくゆらせ眺めていた。機首をあげて上昇していく旅する鉄の鳥にパフォーマンスのインスピレーションが湧いたようだった。季節も秋であり、博物館周辺の清掃で拾い集めたイチョウの葉を敷き詰め、当日は一面に黄色い自然のステージが出現する。自然から機械文明までが凝縮されたカラフルな舞台空間の出現だった。

松本さん（以下敬称略）は、学生時代、美術を志していた。『維新派・松本雄吉　1946〜1970〜2016』所収の「松本雄吉略年譜」[*2]によると、昭和三十七年（一九六二）大阪府立布施高校に

*2　『維新派・松本雄吉　1946〜1970〜2016』（リトルモア、二〇一八）所収の「松本雄吉略年譜」（取材・構成、安藤善隆＋石原基久＋吉永美和子）。

入学して美術部に在籍し、顧問の影響で「具体美術協会」に興味をもったという。昭和四十年（一九六五）、大阪学芸大学学芸学部に入学し、絵画を専攻した。大阪学芸大学は昭和四十二年（一九六七）に校名を大阪教育大学に変えるが、同略年譜には、この時期に松本が、「具体美術協会」の村上三郎（一九二五〜一九九六）の有名な紙やぶりのパフォーマンスに衝撃をうけたことを記し、加藤瑞穂氏も本書でインタビュー[*3]を踏まえて詳細に触れている。

　昭和四十三年（一九六八）には、演劇や美術などの多ジャンルの表現者による「舞台空間創造グループ」を藤野勲と結成し、翌年に旗揚げ公演

図5　「維新派という現象「ろじ式」」でのパフォーマンス。大阪大学総合学術博物館の前で

*3　「松本雄吉ロングインタビュー1　芸術論を語る」西尾俊一・衛藤千穂監修『維新派大全　世界演劇／世界劇場の地平から』松本工房、一九九八年。

「ゴドーを待ちながら」を大阪市北区の毎日文化ホールで行った。同年八月、大阪城公園での「反戦のための万国博覧会」（ハンパク）にも出演し、万博開催の昭和四十五年（一九七〇）十一月に「劇団日本維新派」が結成される。

ここからが本題である。美術史専攻の私に託されたのは、大阪の美術家と舞台との関係である[*4]。小野十三郎は、「葦の地方」の連作が展開する『風景詩抄』の巻頭にレオナルド・ダ・ヴィンチの言葉「瞳は精神よりも欺かれることが少ない」をあげ、脆弱な精神に比して視覚の強さをあげている。美術からスタートした松本にも、身体性や台詞回しの音楽的要素と同時に、演出での視覚への絶大の信頼があったように思われる。

もうひとつの課題は、大阪の美術家を通して浮き上がる大阪的なるものについてである。ここで釘を刺しておくべきはリテラシーの問題だろう。これも小野が述べているが、釜ヶ崎を舞台とした菊田一夫の戯曲「がめつい奴」（初演一九五九）が大ヒットし、高度成長

*4　異母兄・小野藤一郎は志賀直哉とも親しい洋画家であった。

期のテレビドラマでも、商人の立身出世物語が「大阪らしさ」として流行した。しかしそもそも大阪の言葉ではない「がめつい」が「大阪らしさ」として語られることに小野は強い抵抗感を表明する。「土性骨」「ど根性」も大阪人らしさとは異なる「大阪を見る地方人の感傷」であり、「わが大阪庶民にも、風俗、風習、趣味、その他万端にわたって、だれかの口車にのっているとは気がつかず、大阪ふうや大阪的であることを、みずからの必要以上に自慢したがる傾向がある」として、大阪人のサービス精神に警鐘を鳴らす[*5]。

安易なステロタイプの大阪論への疑念は、現代でも森村泰昌が常に問題として語り、井上章一もそれをテーマとした新書を刊行している[*6]。私個人は、ジャンルを問わず大阪のアーチストは、表現では超現実主義や抽象、夢幻のような虚構世界を探究していても、人生ではたくましいリアリストであったと考えている。松本にもそうしたにおいを強く感じる。この街で育って培われた内面の大阪的な部分と、劇団運営上、戦略的に強調された大阪的な部分を混同す

*5　小野十三郎『大阪―昨日・今日・明日―』角川新書、一九六七年。

*6　井上章一『大阪的―「おもろいおばはん」は、こうしてつくられた』幻冬舎新書、二〇一八年。

*7　役者の似顔では、流光斎如圭（生年不明〜一八一〇）、松好斎半兵衛（生没年不明）をはじめ、江戸とは異なる上方絵のスタイルが確立された。岸本水府が「大阪に住むうれしさの絵看板」と詠んだ道頓堀の看板絵では、歴代の長谷川

ることには慎重でありたい。

ともあれ維新派研究の周辺として、大阪という都市の歴史と文化的背景を踏まえつつ、松本に至る道筋として大阪の美術家と舞台とのユニークな事例をいくつか紹介することにする。

芝居と見世物　小出楢重と鍋井克之

美術は芝居や演劇と関係が深い。役者絵、絵番付、看板絵を描く絵師[*7]や舞台美術家[*8]の存在があげられる。しかし、ここで紹介したいのは舞台興行に従事した美術家[*9]ではなく、大阪人らしい教養や趣味として芝居や演劇に深く親しんでいた画家たちである。

本来二次元の平面上に描かれたものでありながらも、壁や天井、カンヴァス、絵絹、画仙紙などを支持体として、絵画というものは、視覚の中でリアルな三次元の立体に見えるイリュージョンとして再現される。絵画の歴史とは、このイリュージョンの立ち現れ方の歴史でもある。一方、演劇も、舞台上で自分とは異なる他人の人

貞信などが活躍した。

*8　舞台美術では、中座前の芝居茶屋「三亀」の次男、大塚克三（一八九六〜一九七七）が有名で『大塚克三舞台美術大道具帳』（浪速社、一九七六）を刊行し、平成元年度に大阪市の「上方芸能顕彰」に選ばれた。「三亀」の主人で、実父の大塚春嶺は歴史風俗画を得意とした日本画家であり、兄は第十一回文展に《雨の日の道頓堀》で入選した洋画家大塚正男である。大正期に「三亀」西側で営業した「キャバレー・ヅ・パノン」には、画家や作家、俳優、音楽家などが集まり、パ

生やドラマを生々しく再現する点においては、イリュージョンの一つだろう。

ただし同じイリュージョンであっても絵画は徹底して「視覚」に依拠し、演劇は声や身振りなど「身体性」に深くかかわる。画家たちにとって演劇とは、絵筆をとっての本業とは異なって、身体そのものをさらけ出すという別方法でイリュージョンを生み出す点が新鮮であり、そこに興味があったように思われる。

図6　小出楢重「観劇漫談」挿絵

チャップリンに扮した動画[*10]を自撮りした小出楢重（一八八七～一九三一）は、道頓堀や千日前に近い大阪市南区長堀橋筋一丁目（現・中央区島之内一丁目）に生まれ育ち、幼少時から浄瑠璃や芝居に

リで客死した住田良三は、役者としても見出された洋画家である。諸説あるが、住田が最初に舞台で演じた役を宇野浩二は大正三年の「復活」のネフリュードフ、鍋井克之は松井須磨子を相手に「デオゲネスの誘惑」の主役であったとする。

*9　大阪四花街の新町、南地、堀江、北新地など廓の総踊りや、大阪松竹少女歌劇団の「春のおどり」にも画家が関係し、松竹歌劇団美術宣伝部長の山田伸吉（一九〇三～一九八一）も、「松竹座ニュース」のデザインや舞台美術で活躍した。

通じた。西洋の芸術である油彩画を日本人として描くことに苦闘し、《Nの家族》(大原美術館蔵、重要文化財)のような大阪らしい独特の粘りと、モダンで洗練された画風に到達する。

小出は名随筆家でもあり、随筆「舞台の顔見物」では映画俳優のバンクロフト、上山草人をあげたり、七代目松本幸四郎や中村福助を批評し、「観劇漫談」(『めでたき風景』)では、判官切腹の段で「背広服の男が花道を悠々と歩いて、忠臣蔵四段目をプロレタリア劇の一幕と変化させた事だった」などと大阪人の観劇態度をカリカチュア化する。こうした観劇体験が、大阪の風土で育まれた自然な教養として幼少時から蓄えられていることは、松本が座談会で[*11]、中上健次の作品を「基本的には大阪の下世話。それもすごく古典芸能につながるような土壌に育てられているから、もう少し意識してやっていこうかなって」と話した感覚と一脈通じているように考えられる。

ヂャンヂャン☆オペラに漲(みなぎ)る大阪的雰囲気も、小出の随筆「下手

*10 橋爪節也「大大阪と画家たち 第三回 小出楢重と「下手もの漫談」―大阪を代表する洋画家の深層」『やそしま』第十二号、(公財)関西・大阪21世紀協会 上方文化芸能運営協会、二〇一八年。

*11 松本雄吉×金満里「はみだしているからこそ」『維新派・松本雄吉 1946~1970~2016』株式会社リトルモア、二〇一八年所収。

もの漫談」（『大切な雰囲気』）の世界に近いかも知れない。小出は幼少期に千日前で見た生人形、江州音頭、曲馬団、くだんの見世物、猿芝居に二輪加、娘浄瑠璃、女相撲、手品師ろくろ首など見世物への愛着を語る。「日本語のラップ」ともよばれる江州音頭が維新派の台詞の扱い方に影響したことは、同じ座談会で松本が述べている。

どう思うか松本に尋ねてみたかったのが、四天王寺のお彼岸の縁日にでた「たこたこ眼鏡」（「たこたこ踊り」）である。この大道芸は、大阪人が愛して近代の郷土研究誌などに何度も登場し、小出も「春の彼岸とたこめがね」（随筆集『めでたき風景』、一九三〇）で強い思いを語っている。

その多くの見世物の中で、特に私の興味を捉えたものは蛸めがねという馬鹿気た奴だった。これは私が勝手に呼んだ名であって、原名を何んというのか知らないが、とにかく一人の男が泥絵具と金紙で作った張ぼての蛸を頭から被るのだ、その相棒の男は、大刀をふりかざ振鬚しつつ、これも張ぼての金紙づくりの鎧を着用に及んで張ぼての馬を腰へぶら下げてヤアヤアといいながら蛸を追い廻すのである。蛸はブリキのかんを敲きながら走る。今一人の男はきりこのレンズの眼鏡を見物人へ貸付けてあるくのである。

この眼鏡を借りて、蛸退治を覗く時は即ち光は分解して虹となり、無数の蛸は無数の大将に追廻されるのである。蛸と大将と色彩の大洪水である。未来派と活動写真が合同した訳だから面白くて堪まらないのだ。私はこの近代的な興行に共鳴してなかなか動かず父を手古摺らせたものである。

大阪的な古きよき時代のアホらしさが漂うこの見世物は、小出のイラストに実演の様子が分かる。「きりこのレンズの眼鏡」を借りて見ると、トンボの複眼のように無数に増幅して「蛸と大将と色彩の大洪水」となり、「未来派と活動写真が合同」するおもしろさは、たくさんの役者が舞台で同じ動きをするヂャンヂャン☆オペラ

図７　小出楢重「春の彼岸とたこめがね」挿絵

を思わせる。

小出とともに大正十三年（一九二四）に信濃橋洋画研究所を設立した親友の鍋井克之（一八八八～一九六九）も芝居の愛好者であった。著作も多く、随筆集でも芝居や役者に触れ[*12]その芝居好きが最も現れるのが、東京の文士劇「鎌倉座」に呼応し、鍋井を中心に結成された「風流

*12 『和服の人』（書物展望社、一九三四）、『閑中忙人』（朝日新聞社、一九五三）、『大阪繁盛記』（布井書房、一九六〇）など。『大阪ぎらい物語』（布井書房、一九六二）のエピソードは、館直志（二代目渋谷天外）が劇化して藤山寛美主演の松竹新喜劇で上演されている。

*13 昭和二十六年五月「関西在住画家・文人による風流座」第一回公演は新大阪新聞社主催、協賛・松竹株式会社、後援・三越百貨店で、高麗橋・三越八階ホールで開催される。鍋井のほかに画家では上

座」である*13。

鍋井は歌舞伎を「人間で現す浮世絵」に譬え、「風流座」第三回公演*14では、「源氏店」の芝居を知らない竹中郁が切られ与三郎を無難に演じたことに、日本人には伝統芸術への無意識のうちに身についた理解と愛着があるとする*15。鍋井の作品も芝居がかって人を食ったところがあり、第二十三回二科展の《行水》（昭和十一年（一九三六）、大阪市立美術館蔵）は、夏目漱石の『吾輩は猫である』で寒月が提案した、美人が行水する「徘劇」の見立てに思われる。回り灯籠の下、日本髪の裸婦が行水する画面のまったりした感じに、西洋とは異なる土着の油彩画、それも東京にはないユーモアが色濃い。

先立って昭和二十三年には、角座で「新大阪」主催の「道頓堀祭・芸術家カーニバル」が開かれ、藤澤桓夫ら文士の「音楽バク笑劇・恋愛ホテル」と汎美術家協会の「新訳カルメン」四幕五場が上演された。焼け野原からの戦災復興を文化面で後押しするイベントである。

村松篁、小磯良平、中村貞以、古屋新、山本直治、野尻弘、船越かつ美らが出演し、作家や詩人では宇井無愁、竹中郁、長沖一、長谷川幸延ら。市川壽海が指導し、他に元宝塚の初音麗子（後に礼子）が出演した。演目は「お目見得だんまり」「与話情浮名横櫛」「恋愛病患者（菊池寛原作）」「幡随院長兵衛白井権八鈴ヶ森」。

第一回に出演していない風流座同人に画家で生田花朝、伊藤継郎、黒田重太郎、小出三郎、菅楯彦、須田剋太、融紅鸞、中畑艸人、藤井二郎、前田藤四郎、三谷十糸子、米良道博、矢野橋村、吉原治良ら、文学者で小野十三郎、岸汎美術家協会は、戦後の文化復興を志して大阪の美術家が結成した団体で、「新訳カルメン」は脚色演出を吉原治良、背景は川西英（一八九四～一九六五）が担当する。川西は、昭和八年（一九三三）の第八回国画会展に《カルメン（第一幕）》、翌九年に版画荘より版画集「カルメン」を刊行しており、舞台は川西の木版画を拡大したカラフルなものであった。

幕が開くとカルメン、ホセ、ミカエラ、牛が大きな額縁に活人画よろしく並び、前田藤四郎ほか汎美術家協会員が絵を講評する。活人画は西欧では古くからあるが、前年の昭和二十二年に新宿帝都座での日本最初のストリップショーが額縁式の舞台を用いた「額縁ショー」として話題になり、それも意識した台本なのだろう。会員たちが舞台から立ち去るとカルメンたちは動き出し、ホセは大阪弁で喋りだす。

平面を三次元的に見せる絵画を制作する画家たちにとって、「身体性」にかかわって別のイリュージョンを生む演劇は、もともと芝

本水府、杉山平一、藤澤桓夫、山口広一、吉井勇らがいる。

*14 第三回は、主催を西日本ヘレンケラー財団と大阪三越劇場、後援に毎日新聞社が付き、「夜討曽我狩場曙」「恋飛脚大和往来」「不如帰」「伊勢音頭恋寝刃」が上演されている。

*15 鍋井克之『閑中忙人』朝日新聞社、一九五三年。

*16 前田藤四郎の最新の展覧会図録には『前田藤四郎と川上澄

居の見巧者であった彼らの古典的な教養や趣味に加えて、本業とは別のイリュージョンを試みる表現世界として新鮮な歓びに満ちていたのである。

純粋広告演劇第一回試演「覗く」と前田藤四郎

職業意識も含めて特殊な切り口から演劇にかかわった画家が、「新訳カルメン」や風流座にも参加した前田藤四郎（一九〇四〜一九九〇）である[*16]。昭和七年（一九三二）、朝日会館で第一線広告演劇聯盟・第一線廣告映画聯盟[*17]による「純粋広告演劇第一回試演・覗く」が上演された。

後述するが、戦後の「具体美術協会」のリーダー、吉原治良が会員たちにモットーとして「人のやらないことをやれ」と語っていたことは有名で、その精神は、松本にも強い影響を与えた。加藤瑞穂氏が本書で紹介されるインタビュー[*18]の他にも、「P.A.N. 通信」Vol. 51のアーティストインタビューにおいて[*19]「創作において松本

生―モダニズム版画の実験室―』（鹿沼市立川上澄生美術館、二〇一六）がある。

*17 プログラムに載る第一線広告演劇聯盟・第一線廣告映画聯盟のメンバーは顧問が松井静雄、同人に藤原せいけん、河田榮、岡益三、宮本鑛一郎、森脇直治、前田藤四郎、佐々木實、森崎善一がいる。

*18 「松本雄吉ロングインタビュー1 芸術論を語る」西尾俊一・衛藤千穂監修『維新派大全 世界演劇／世界劇場の地平から』松本工房、一九九八年。

さんが大切にされてる事は何でしょう？」の問いに、「そうですね。元々人の真似はしたくないというか、人がやってないことをするっていうのがありますね」と答えている。表現の場で「人のやらないこと」を開拓しようとする精神は、自由で個性を尊重する大阪らしい気分であり、前田もこうした風土で「人のやらないこと」を目指した美術家である。

前田は、神戸高等商業学校（現・神戸大学）を卒業し、ダダやシュルリアリズム、構成主義など前衛絵画を志向するとともに、新しく登場した「商業美術」にかかわりつつ、リノリウムを版木に用いるリノカット技法と印刷技術を駆使し、大衆に訴えかける版表現を目指した[20]。

図8　「新訳カルメン」の舞台、昭和23年（1948）角座

*19
http://www.artcomplex.net/text_archives/i/51.html

*20
前田は松坂屋宣伝部を経て、昭和四年（一九二九）、雑誌広告からポスター、ショーウインドー・ディスプレイなどをこなすデザイン・スタジオの青雲社に入社する。青雲社は大阪市東区淡路町（現中央区）の船場ビルにあった。前田は「シオノギ商店の図案、デザインをする一方で、もっぱら前衛絵画の方へ飛び込もうと、自分自身考え、ひねくり、超現実的なものをかなりかきました」と回想する。

「商業美術」という用語は、大正十五年（一九二六）の商業美術家協会設立において、英語の commercial art とも異なる日本独自の用語として示された[21]。大阪では、江戸時代から明治大正にも引き札や広告図案など宣伝の美術が盛んだが、そうした伝統的なものとは異なり、鑑賞絵画とは異なる実用美術、応用美術として近代的な造型理論や世界最新の美術動向をとりいれた新しいモダニズム美術の概念であった[22]。

松本が維新派の舞台でイメージさせる大阪は、くだけて庶民的で、民族や国家、歴史など過去にからみついた都市の姿で立ち現れるが、前田の場合、若き日に出くわしたのが、大正十四年（一九二五）に第二次市域拡張で東京市を抜き、世界第六位の都市となって発展していく大商工業都市「大大阪」であり、都市のモダニズムであった。このマンモス都市での「商業美術」のジャンルと舞台との結びつき自体が先鋭的であり、誰もやっていないユニークな美術の可能性があったのである[23]。

*21　濱田増治「商業美術総論」『商業美術全集・二四、商業美術総論』アルス、一九三〇年。

*22　協会設立趣意は「商業美術」の自立を謳い、少数のブルジョアが享受する「純正美術及び工芸美術」に対し、芸術、現代大衆の友として「商業美術」をアピールする。「空中に閃光するイルミネーションの美観、眩惑のショウヰンドー、大衆の騒音の上に五彩を降らす百貨店内の装飾、カフエーの壁間に若人と語るポスター、大ビルデング

「純粋広告演劇第一回試演・覗く」については、拙稿「大大阪の画家たち　第四回　前田藤四郎と「三文版画」「昭和エピナール」（『やそしま』第十三号、関西・大阪21世紀協会　上方文化芸能運営委員会、二〇一九年）にも詳しく触れたが、会場となった朝日会館は、大正十五年（一九二六）に中之島に竣工し、エジプト風の建築意匠で外観や内部が装飾され、演劇やコンサートにも用いられる舞台と美術展に使用可能な展覧会室を備えた総合文化施設である。「純粋広告演劇」の実態は前田旧蔵のプログラム（大阪中之島美術館所蔵）で推測するしかないが、演劇のなかに特定の商品の宣伝をとりこんだ、現在の映画館やテレビの長編コマーシャルのようなものに思える。

　装釘やレイアウトに凝ったプログラムによると「覗く」は、道修町創業の伊藤千太郎商会「眼鏡肝油」（現「メガネ肝油」）を主題に全十一景からなる*24。朝日会館の機関誌『会館藝術』には、裏表紙一面の「眼鏡肝油」広告が掲載されており、朝日会館を介して聯盟と眼鏡肝油との関係も結ばれたのだろう。

の側壁にほゝゑむ大看板、毎朝の目ざめに鮮やかな新聞広告、ショーケースの中につつましやかな各種容器の艶姿等、々、々、此等は悉く今日大衆と共に存在して、其美的嗜好を慰めつゝあるものである」とする設立趣意は、「大大阪時代」の生活を、そのままスケッチした印象である。

*23 学生時代から前田は築地小劇場や前衛映画に関心があり《パリゼット花組実演 宝塚少女歌劇版画絵葉書》（一九三〇）や、大正十五年（一九二六）に築地小劇場で上演されたウイットフォーゲルの風刺劇「誰が一番馬鹿だ？」によ

図9　『第一回試演・覗く』プログラムより

幕が開くと、舞台には二つのビルが向き合い、第一景では展望台からモボ、モガ（配役・千原紅児、島民江）が望遠鏡で街を覗いている。各景ごとに左右のビル壁面に前田による十一枚のポスターが架け替えられ、配役では労働者、女事務員、タイピストなども登場する。第五、第八景では映画も上映され、実演と映画が交差する連鎖劇のような性格もあったのだろう。第十景「小学校の保健室」には、大阪児童愛の家学園の子供たちが出演した。「眼鏡肝油」の滋養効果をアピールする演出と思われる。

る《人形芝居》（一九三一）などの作品がある。

*24　第一景「プロローグ」展望台のある風景／第二景「労働者須山の家」／第三景「ある会社の重役室」／第四景「会社の地下室」（社員室）／第五景「ある街角」（映画・朗らかに生よ・映写）／第六景「映画館前の街路」／第七景「街の薬店」／第八景「上海の戦線」（戦争映画・映写）／第九景「工場」／第十景「小学校の保健室」／第十一景「エピローグ」展望台のある風景

原作脚色を担当した聯盟の中心メンバー河田榮は、カワタ・レイアウト工房を主宰し、プログラムに「新しい広告演劇の価値(覗く・十一景)—演出事務的な報告—」を寄せて、「純粋広告演劇」の舞台装置や美術は「商業美術家」が行うべきと主張する[*25]。演出担当の岡益三はプログラムに「演出者のことば」、舞台監督の宮本鑛一郎は「広告と演劇」を寄せる。「広告劇『覗く』の効果について」を寄稿する森崎善一は広告研究者で[*26]、装置担当の森脇直治は「大阪の三越」などのデザインで知られ、「『覗く』に置ける商業美術家の役割」を寄せた。巻末には、森崎善一原作「近代広告学」(河田榮編輯)と、「純粋

図10 『覗く』第九景「工場」。舞台左側のセットに前田のポスターが架け替えられる

*25 河田の作品では、岩本信一郎『北亜米利加周遊記102階』(一九三七年刊)を装釘、発行した。

*26 森崎の著作に『近代広告学』(大阪出版社、一九二三)、『宣伝広告の計画論』(丸善株式会社大阪支店、一九三二)がある。

*27 松井は、昭和十八年(一九四三)、朝日新聞の関係で京町堀に設立された大和広告社の代表取締役になった。

広告映画」を謳う「六人目のお客様」「微笑むロボット」（河田榮原作、宮本鑛一郎監督）など三本の第一線広告映画聯盟による十六ミリ映画の広告も載る。顧問の松井は、根っからの広告マンであったらしい[*27]。前田が担当したのが舞台構成で、「十一枚のポスター広告画」と題する一文をプログラムに掲載した[*28]。

この時期の前田は、創作活動の指針に「三文版画」「昭和エピナール」をあげる。前者は安もの版画の意味だが、昭和七年（一九三二）、大阪出身の武田麟太郎が「中央公論」に発表した「日本三文オペラ」と、翌昭和八年に千田是也翻訳により「乞食舞台」のタイトルで上演されたブレヒト作・ワイル音楽の「三文オペラ」（原作は一九二八年初演）に触発された命名だろう。「昭和エピナール」はフランスの大衆版画であるエピナール版画にちなみ、前田は「意味は何等ムツカシイ芸術の法則に煩はされることなく大衆の生活の種々相」を「簡単に複雑に、表現する最も大衆的な版画」と説明する。大阪の画家らしい大衆を意識した発言である。

*28　「新しい広告劇「覗く」の美術効果が、商業美術家ばかりの手でなされたことは、広告劇としての一層意義のあることであると思ふ。／この芝居の作者、河田榮氏から舞台構成に就いて相談をうけた私は、その舞台構成に於ても、広告劇であるが故に、そこに特別な使命を意識したのである。即ち「商業美術的な効果による構成」である。／作者の意見では、この公演は、各場面一場宛が広告演劇の手法展示であり、更に一貫した芝居の聯鎖的な効果を挙げ、十一景と云ふ多い場面転換の円滑な進展と云ふ頗る慾の深い註文である。／朝日会館の舞

「純粋広告演劇」の実態はプログラムから分かる範囲を出るものではないが、舞台美術を担当した前田の先鋭的な前衛美術への関心と、商都の画家らしい大衆を目指した商業美術家としての抱負が交錯するユニークな演劇であり、若き日の松本のアヴァンギャルドな雰囲気や、維新派で体現した土着的な大阪らしさとは異質にしても、前田の前衛性と大衆性には、松本にも通じる大阪という都市の多様性と濃厚な体臭が溢れている。

戦後も前田は反権力的で庶民的なものを愛し、ジャンジャン横丁や飛田界隈をイメージした《カストリ横丁》(大阪中之島美術館所蔵)や、ロッキード事件を皮肉った《ピーナッツ》などを描き、法善寺横丁の織田作之助の文学碑の発起人にもなっている。

円型劇場月光会と制作者集団「極」

戦後、大阪でも新しい美術団体が結成される。著名な「デモクラート美術家協会」や「具体美術協会」以外にも、日本画、洋画、

台は、想像以上にせまいものであり、僕達の仕事を一層困難ならしめたことも特筆したい。さて出来上つたものは、御覧の通りの丸太式組立の構成舞台である。／この舞台構成で僕は「覗く」の広告目的を忠実に効果づけ、各々の目的をもつ十一枚のポスターが出来上つた訳である。／良き演出者、岡氏の周到な人物の配置によつて、この人物のゐない十一枚のポスターに洗練された動きの生じたことを、私かに舞台裏で歓ぶものである。」(前田藤四郎「十一枚の広告画」)

*29　橋爪節也・加藤瑞穂編著『戦

彫刻、商業美術、写真、建築、生花、工芸、服飾はじめ、舞台美術で大森正男が参加した「生活美術聯盟」などがあった[*29]。

そうした団体の一つ「制作者集団「極」」が劇団の月光会と提携して、昭和三十二年（一九五七）五月十五日から十七日に開催したのが「円型劇場による絵と詩と音楽とそして演劇の集い」[*30]である。まだ十一歳の松本が、これを見たとは思えないが、演劇、美術、詩、音楽を統合した新しい表現を目指し、全方向から観劇できるように客席を配した舞台構造など、ジャンルを超えて芸術の可能性を探った大阪発の総合イベントとして再評価されるべきである。

「制作者集団「極」」は、昭和三十一年（一九五六）、片山昭弘（一九二七〜二〇一三）、河野芳夫（一九二一〜一九九九）、小林二郎（一九二六〜二〇一〇）、久保晃（一九二六〜二〇一〇）によって大阪で結成された。大阪大学総合学術博物館に寄贈された片山昭弘の作品・資料を整理した鈴木寛和氏によると[*31]、浜田知章、長谷川龍生、港野喜代子、井上俊夫らの詩誌『山河』の同人を通じて劇団の月光会との関係が

後大阪のアヴァンギャルド芸術―焼け跡から万博前夜まで』大阪大学総合学術博物館叢書9、大阪大学出版会、二〇一三年。

*30 会場の大阪市中央公会堂は、北浜の相場師岩本栄之助の寄付によって建設され、設計競技で選ばれた岡田信一郎の原案に、辰野金吾・片岡安の実施設計で大正七年（一九一八）に竣工した。赤煉瓦の優美なネオ・ルネッサンス様式を誇り、国重要文化財である。

*31 鈴木寛和「制作者集団「極」再考」『フィロカリア』三五

生まれ、月光会主催の「円型劇場による絵と詩と音楽とそして演劇の集い」に加わったという。小野十三郎が実質的な『山河』の同人兼相談役であったとされ、片山も、小野の詩による油彩画《重油富士》（一九五六）を描いている[32]。

月光会は、関西演劇映画アカデミーの卒業生らが母体となった劇団で、昭和二十六年（一九五一）に読書会のグループとして発足し、当時は会社員であった内田朝雄（一九二〇～一九九六）が主宰した。会名はベートーベンの「月光ソナタ」に由来し、機関誌『月光』（後に『月光通信』）を刊行する。昭和二十七年の第一回研究発表以来、昭和三十七年の解散まで、本公演十七回と記念講演などを開催した。欧米の円形劇場の概念をうけて、客席からみて舞台を額縁のように区切る額縁舞台―プロセニアム・アーチを否定し、四方を観客が囲んだ実験的な舞台公演をおこなった。

「円型劇場・研究ノート」第八号（昭和三十二年五月）は、「研究テーマ」として二点をあげている。「円型劇場を通じて民衆と現代美術

号、二〇一八年、大阪大学大学院文学研究科芸術学・芸術史講座。本章の「円型劇場による絵と詩と音楽とそして演劇の集い」に関する記述は、鈴木氏の論攷に負う。

*32 鈴木寛和「片山昭弘《重油富士（日本列島シリーズ）》について」『畫下遊楽 二 奥平俊六先生退職記念論文集』奥平俊六・奥平俊六先生退職記念論文集 編集委員会 編著、藝華書院、二〇一八年。

を結ぶというかねがねの念願から、舞台美術をこえる「劇場装置」を先ずもくろみ、その発展した形態として、現代文化の根拠地としての「劇場」のもつ意義を考える」ことと、「この「綜合劇場」のヒナ型としてのサロンと劇場を併設し、この二つのものをどういうふうに結びつけるか、劇場全体を見直す立場からいろいろの実験を行う」ことであった。

この考えに基づいて舞台は中集会室に設けられ、観客は「研究ノート」で言う「サロン」に位置づけられた隣の小集会室で公演開始までを過ごす[*33]。室内には、「制作者集団「極」」メンバーの絵画・彫刻と、詩誌『山河』の同人の詩が展示され、楽団ユンゲ・ブリューメが音楽を奏でた。展示作品は、リアリズムに基づくとともに社会批判も意識し、観客は「廃墟」上演前の導入としての機能を果たした。

上演されたのは三好十郎作、内田朝雄演出の「廃墟」（一九四六年作）である。焼け残った東京の洋館に住む愛国者の教授は敗戦で自

*33　中集会室は、南北二六・七、東西三四・六メートル、天井高九メートルで九二六・五平方メートルある。現在の定員は五〇〇名。創建時は食堂として用いられた。床は平坦で、今も社交ダンスのクラブなどが用いている。小集会室は、南北一五・七、東西一〇・三メートル、高さ六メートルあり、祝賀会など小規模なパーティに活用された。

信喪失し、労働運動に打ち込む長男と、特攻帰りの次男との間で、戦争責任など激論を交わす。中集会室では、舞台を取り囲んだ観客席の背後にも廃墟を象徴する絵を巡らせて、観客席全体を舞台にとりこんだ形を取る。煙突のような「数十本の鉄管」のオブジェが舞台に林立して、焼け跡や焼け残った建物の柱を表現し、椅子や机、ヤカンも灰色に塗られて敗戦直後の暗さを表現した。ネオ・ルネッサンス様式の梁や柱、ステンドグラスで装飾された優美な中集会室に、重厚で陰鬱な空間を嵌め込んだのである。

図11　『廃墟』構想スケッチ

　舞台の構想は片山が描き、鉄管のオブジェは、昭和三十二年に「制作者集団「極」」に参加し、金属による彫刻を制作していた村岡三郎が制作したという[34]。新大阪新聞は舞台装置の印象を、「四方を観客席で取巻いた正方形の舞台の頭上にゴジラの背びれのような鉄片を擬した巨大なオブジェ。舞台の腰にも数十本の鉄管をぶちこんで、いずれも戯曲のもつ不安と緊張感を盛り上げようとした」[35]と伝えている。

片山は舞台装置に携わることへの思いを「奥行きがあり、音があり、しかも動きをもつ世界というやつに、どうも抑えがたい魅力を覚えていたのだ」と語り、池田龍夫の言葉を引いて、舞台美術の専門家ではない素人こそが「くろうとのもっているマンネリズムや職人臭さを平然とぶち破つて斬新なものを創り出す可能性もあろう」と自負する。公演後の月光会による合評会にも参加し、「制作者集団「極」」メンバーのアイディアをまとめたディレクター的な役割を担った[36]。

しかし、演劇を核に美術、詩、音楽を結集させた「綜合劇場」の試みは、戦争の記憶が生々しい時代にもかかわらず観客には馴染み

*34　坂上しのぶ氏のホームページにある久保晃へのインタビュー参照。http://shinobusakagami.com/common/img/header/logo.gif

*35　「懸命な演技者—装置は企画倒れ」新大阪新聞・一九五七年五月二十四日。

*36　鈴木寛和「制作者集団『極』再考」『フィロカリア』第35号。

にくく、難解な企画として公演後のアンケートでは消極的に評価されるなど、「制作者集団「極」」が目指した「観客との新しい結びつき」は必ずしも実現できなかった。

平成にも大阪市中央公会堂では「綜合劇場」的で実験的なイベントが開催されている。公会堂が修復と免震構造への改修に入る前の平成十年十月三十日から十一月八日にかけて、森村泰昌プロデュースで開かれた「テクノテラピー〜こころとからだの美術浴〜」である。森村のほか、赤崎みま、池上恵一、遠藤裕美子、多田正美、中瀬由央、中塚裕子、中ハシ克シゲ、濱地靖彦、BuBu、松井智恵、やなぎみわ、ヤノベケンジらも参加して全館を環境ごと現代美術の作品に変貌させた。月光会が円型劇場を公演した中集会室では、森村による歌唱も含めたパフォーマンスが行われ、Ufer! Art Documentaryのアート・ドキュメンテーションに記録されている。

昨年平成三十年十二月、クリエイティブ・アイランド・ラボ 中之島　サイトツアー／トーク05「森村泰昌の『映像—都市』論—上映とトークによって、大阪を読み解く──」[*37]が開かれ、森村は「テクノテラピー」を回顧するが、「テクノテラピー」の成功と比べて「円型劇場」の当時の評価の低さには、作家のカリスマ性とともに、表現者側が掲げる理念への観客側の理解とモチベーションの問題があるように感じられる。

「舞台を使用する具体美術」　具体美術協会

「円型劇場による絵と詩と音楽とそして演劇の集い」が、演劇を中心に美術、詩、音楽を配して一つの芸術的空間を出現させたのに対し、同じ昭和三十二年に開催された「具体美術協会」による「舞台を使用する具体美術」は、美術の立場から舞台で開催されたユニークな展覧会であった。

「具体美術協会」は、昭和二十九年（一九五四）、吉原治良（一九〇五～一九七二）をリーダーに結成された。初期のメンバーに嶋本昭三、山崎つる子、正延正俊、吉原通雄、上前智祐、吉田稔郎、白髪

*37　平成三十年度文化庁戦略的芸術文化創造推進事業都市の地質調査・再耕事業「クリエイティブ・アイランド ラボ 中之島」主催　文化庁、アートエリアB1運営委員会（大阪大学＋NPO法人ダンスボックス＋京阪ホールディングス（株））。

一雄、村上三郎、金山明、田中敦子、元永定正や、松本がパフォーマンスに強い衝撃を受けた村上三郎がいる。昭和四十七年（一九七二）に解散したが、フランスの批評家ミシェル・タピエによって海外に紹介され、近年も世界的に再評価されて、二〇一三年にニューヨークのグッゲンハイム美術館で大規模な回顧展「具体：素晴らしい遊び場 Gutai: Splendid Playground」が開催されている。

「具体美術協会」による舞台での活動は三回開催され、機関誌『具体』七号（一九五七年七月刊）において「舞台を使用する具体美術」が特集されるほか、三回すべての「台本」が残されている。内容を紹介すると、第一回目は、「舞台を使用する具体美術」のタイトルで昭和三十二年七月十七日に大阪市北区桜橋の大阪・産経ホール[*38]で開かれた。吉原は、『具体』七号巻頭の「舞台を使用する具体美術展について」で次のように語る。

従来、舞台を使用した作品が美術と考えられたことは且てなかったの

*38　産経ホールは、現在のサンケイホールブリーゼの前身で、昭和二十七年（一九五二）に本格的なコンサートホールを目指して開場され、一五〇〇人を収容した。朝比奈隆が指揮する関西交響楽団の演奏会がこけら落としである。平成十七年（二〇〇五）に閉館したが、舞台に向かって客席の奥行きが深い縦長のホールと記憶する。

> ではないか。
>
> 勿論、美術は舞台の上で重要な役割を果たしてきたにはちがいないが、いつも従属的にとりあつかわれることが宿命のように考えられてきた。それを、今度の企てでは、具体美術協会の美術家たちが、それぞれ自分の作品としてとりあつかった。従来の美術の概念から一歩抜け出して舞台という特殊な空間と、その機能と、従って、音響、照明、時間性等の問題と自主的に正面からぶっつかってみようとしたものだ。
>
> 具体美術協会は果敢に前衛美術運動を展開し、たえず新しい問題を提起してきたが、今度の企てもまた美術と舞台のいづれの側にも新しい一つの問題を投ずるものではないかと思う*39。

前衛美術運動の主張がなされ、「美術」を前面に押し出した表現の独立性が主張される。また、吉原は「最初私に、この構想が生れたのは一昨年の夏の野外展の会場であった」として、昭和三十年（一

*39 吉原治良「舞台を使用する具体美術展について」。

九五五）七月に芦屋川河畔で開かれた野外展「真夏の太陽に挑むモダンアート野外実験展」が原点にあったことも述べる。

従来の室内展を唯一の発表の場とする考え方から一躍青空の彪大な地域に進出することは一つの冒険でもあつたが、この激しい条件に対する貴重な経験はいちぢるしく美術家たちの開拓精神を昂揚せしめたようである。そしてそのとき以来舞台への構想が次の課題として考えられはじめた」（同前）

として、室内から野外に進出し、昂揚した開拓精神はさらに発表の場に舞台を考えたと記す。産経ホールで行われたのは美術家たち

図12　白髪一雄「超現代三番叟」のパフォーマンス
写真所蔵：大阪中之島美術館

*40 「これは具体的には非常に難しい問題であり実現には相当な決断を要した。以来2ヶ月余を経たことになるがその間何度も案は練られながら、全体がなかなかまとまらないまゝに時を経た」（吉原治良「舞台を使用する具体美術展について」）。

*41 『具体』七号並びに「台本」によると、企画・構成・演出を吉原治良、演出助手を吉田稔郎、音楽・効果を吉原通雄、元永定正、嶋本昭三、鷲見康夫、照明や大道具は産経ホールの放送部・照明部・大道具部が担当した。

のパフォーマンスであったが、演技ではなく「美術」の「作品」として認識されていた。ただし野外展からホールでの発表までには準備時間がかかっている[*40]。

全体は二部に分かれ、十二のパフォーマンスが「作品」の名称でナンバリングされて公開された[*41]。第一部は十二の「作品」で構成されている[*42]。『具体』第七号から代表的な作品の説明を抜粋すると、白髪一雄（一九二四〜二〇〇八）の「超現代三番叟」は、

> 正面に白い壁面がある。一面に赤く塗った棒が規則正しく並んでいるが端の方から順々に倒れてしまう。壁面の中央が割れて異様な赤い面と衣裳の人間が出現する。これは作者自身が出演する長い手が美しい弧をつくる。衣裳を脱ぎ捨てゝ壁面に矢を射る。同じような形の助演者が現れて共に矢を射る。終って又作者自身が赤い棒をところどころに突き刺す。一面に矢と棒のつきささった壁面に照明がしばらく当っている。音楽は太鼓（『具体』第七号）

会場で流された音楽について『具体』七号には、嶋本昭三が「はじめもおわりもない音楽」、吉原通雄が「枠のない音楽」の一文を寄せ、嶋本は、極度に拡大と収縮並びに強弱のある電気音、吉原は、束縛されないことを根本的な出発点に「枠の排斥」を主張して「音響」とよぶのがふさわしい自由奔放な音楽を用いたと記す。

*42　作品1／白髪一雄「超現代三番叟」、作品2／山崎つる子「光のフィルム」、作品3／嶋本昭三「物体の打壊」、作品4／中橋孝一「オートマチズムによる描画」、作品5／鷲

と紹介される。金山明（一九二四〜二〇〇六）の「巨大なバルーン」は

> 舞台に白いビニールのバルーンがしぼんだまゝ長々とおいてある。助演者と作者送風機を持って登場、一斉に空気を入れる。音楽はじまる。嶋本昭三の音楽は呼吸のように単調である。／バルーンがふくれると舞台一面になる。色々の照明と共に廻転、裏側は作者が走る玩具を使用してかいた線の面、再び廻転して急にしぼみ出す。音楽、高い連続音と変る。バルーンの全面は内部より真赤に照明。だんだん縮少する（同前）

解説にある「走る玩具」とは、金山の通常の制作における、絵具がしたたり落ちる罐やフェルトペンを付けたリモコンの自動車などのことだろう。

田中敦子（一九三二〜二〇〇五）の「舞台服」では、前年に制作された有名な「電気服」を田中自身が着て登場する。田中のステージも

見康夫「オートマチズムによる描画」、作品6／金山明「巨大なバルーン」、休憩を挟んで第二部は、作品7／吉原治良「二つの空間」、作品8／吉原通雄「手描きのスライド」、作品9／吉田稔郎「影」、作品10／村上三郎「屏風と取組む」、作品11／田中敦子「舞台服」／作品12　元永定正「煙」

二部で構成され、前半は舞台中央に両手先が舞台の両端に届く巨大な赤い服が下がり、緑色の服で登場した作者が服をあちこちむしりとって服のかたちと色がかわる。桃色のワンピースから手袋のタイツとなりその手袋の中からもう一着が出て、タイツに豆電球がつく。後半は「電気服」の登場で、

暗黒の舞台上手から色電球を一面に点滅させた人間登場、バックのカーテン開いて正面に大きな十字架、両端に色電球の点滅する服をつけた人間、その中を作者も豆球を点滅させて現れる（同前）

同じ『具体』第七号の写真ページで田中は《電気服》について「乾電池の小さな無数の豆球より始まり100ボルトの色球、色管球、電球を硬質ビニールで覆ったもの等、種々の形と色の服が出てきて点滅し、次第にテンポが早くなって最後に目まぐるしく無茶苦茶に点滅する」と説明し、モーターで点滅器を回転させると「人間の手

で造られない様な異常な美しさ」を見せるとする。「電気服」に関しては、すでに昭和三十一年七月の芦屋川での「野外具体美術展」に電球などをとりつけた「舞台服」が出品され、同年十月の第二回具体展（小原会館）、昭和三十二年四月の第三回具体展（京都市美術館）展への出品を経て、五月の産経ホールでの公開となる。前出の吉原治良「舞台を使用する具体美術展について」で、

その頃既に嶋本昭三の具体音楽なるものは完成していたし田中敦子は翌年の野外展以来の展覧会に今回の舞台をめざしていわゆる「舞台服」を何体かづゝ出品してきた。やはりその頃つくられた元永定正の煙の作品も舞台に於ての発表がより適切と考えられて今日まで温存されたものである

とするのは、こうした発表の経緯を指したものである。加えて吉原

は「今回の催しは単なる思いつきがばたばたと実現されたものでは決してない」と述べている。
最後の元永定正（一九二二～二〇一一）の「煙」は、タバコを吸うことから生まれたとされ、箱の中に溜めた煙を、箱を叩いて大きな輪として観客席へと打ち出す。

幕が上れば煙がただよっている。鮮かな色の照明、やがて一発二発煙の輪が打ち上げられる。そのたびに轟音。輪は次々発射され多くの色の輪が客席の上をゆっくり流れる

『具体』第七号の写真の解説で元永は「私はのんびりしたもの、間のぬけたものに多く興感を覚える。それが幻想的なものであったらなおさらうれしい」と述べる。さらに吉原は「吉原通雄の手かぎのスライドや、山崎つる子の今回試みたカラーフィルム等が展覧会場よりも舞台のスクリーンがより適切と考えられることはきわめて当

然」とするとともに、同前の吉原の「舞台を使用する具体美術展について」では、

そのようなものばかりでなく、舞台と正面から自由にとり組む主旨は白髪一雄の仮面をつけた作者自身の登場と一連の人間の動作を主としたものから、金山明の舞台全面に拡大するバルーンのとてつもない造型ににいたる非常に巾の広いものとなって出現した。嶋本昭三はその独創的な音楽以外に、最も単純な舞台構成と単純な動作と物体の破壊という激しい感情との結合を示し、吉田稔郎は照明と舞台機構によってホリゾントに描く影の偶発的な効果を狙った

とする。「村上三郎、鷲見康夫、中橋孝一のように平素のオートマチックな自己の制作過程を示すかの如き作品」も「決して制作過程を衆目に曝す意味ではなくて、舞台の上で見られるべきかたちにつくりあげられたもの」と評して、

これ等のものは従来の舞台芸術のあらゆる枠にあてはまらない。近年舞台芸術はその内部より急激に近代の問題が押し進められつゝあるが、具体美術協会の今回の企てが、舞台の上に積み重ねられた。約束と技術と虚構と浪漫の重圧から、清新な人間精神の脱還に役に立つことが出来れば幸と思っている（同前）

と述べ、舞台芸術とは一線を画した美術独自の表現と可能性を、舞台に追求したことを強調する。

「舞台を使用する具体美術　第二回発表会」「だいじょうぶ月は落ちない」

「舞台を使用する具体美術　第二回発表会」は昭和三十三年（一九五八）四月四日、吉原邸にも近い中之島の朝日会館で開催された[*43]。

最初に、アメリカの抽象表現主義に対抗する欧州のアンフォルメ

＊43　「覗く」と同じ公演会場で、前田藤四郎が、想像以上に狭く僕達の仕事を一層困難としたとするホールである。「台本」によると、企画・構成・演出を吉原治良、出演は具体美術協会会員、演出助手を吉田稔郎、照明は山城利夫、音響を吉原通雄、元永定正、嶋本照三、鷲見康夫が担当した。

ルの立場から具体美術協会を評価したタピエの講演「新しい美術とは」が開かれ、通訳は芳賀徹であった。つづく第一部は十一の「作品」で構成された[*44]。白髪の「二つの扇」は巨大な扇を広げ、元永の「のびる」は舞台正面の白いパネルから赤い風船が膨らんで割れ、つづけて細長い風船がテープの音と煙とともに膨らんでいく。金山の「生物学的バルーン」は、足の生えたバルーンが登場し、吉原治良の「異様なもの」は、「いもむし」が梯子を昇り、パネルに絵具をこすりつけ描くものであった。

つづいて昭和三十五年（一九六〇）、なんば髙島屋での第九回具体美術展開催と同時に、屋上で作品を拡大してアドバルーンで吊り下げた「国際スカイフェスティバル」が開かれる。芦屋での野外展にも通じる屋外展であろう。

第三回目の舞台での作品展は、「だいじょうぶ月は落ちない」のタイトルで昭和三十七年（一九六二）十一月六日、再びサンケイホールで開催された。この年は、本拠地となるグタイピナコテカが大阪

*44　作品1／村上三郎「箱」、作品2／白髪一雄「二つの扇」、作品3／嶋本昭三「具体映画」、作品4／鷲見康夫「宙に浮く」、作品5／田中敦子「光る円盤と服」、作品6／白髪富士子「壁」、作品7／元永定正「のびる」である。休憩を挟んだ第二部は、作品8／金山明「生物学的バルーン」、作品9／吉原通雄「音響演奏」、作品10／吉田稔郎「布による儀式」、作品11／吉原治良「異様なもの」

*45　ジャスパー・ジョーンズ、サム・フランシス、ジョルジュ・マチウ、ロバート・ラ

市北区中之島三丁目（旧・宗是町三三）に開設されるなど、協会の活動もより安定したものになり、国際的に著名な現代アーチストの来日時には必ずピナコテカを訪れた[*45]。

「だいじょうぶ月は落ちない」は全三部で構成される。全体の構成・演出を吉原治良と森田真弘が行い、照明は熊沢章、音楽は第一部・第三部が吉原通雄、第二部を一柳慧が担当した。森田の現代舞踏団が一方の核として参加し、舞台監督を吉田稔郎がつとめる。第一部は、具体美術協会の会員による七つの「作品」が公開され[*46]、休憩を挟んで第二部は、森田現代舞踏団が出演した作品8「分裂記号B」、第三部は、森田、鷲見康夫、大原紀美子、前川強の共同作品である作品9「ものと人間」で、具体美術協会と森田真弘・益代、現代舞踏団が出演し、二十二分間のパフォーマンスを演じた。

第一部で行われたのが、枠に張られた紙を何枚も体当りで破く村上三郎の有名なパフォーマンス、作品2「通過」である。前出『維

ウシェンバーグ、イサム・ノグチなど美術家や、作曲家のジョン・ケージ、デビット。チュードア、コレクターのペギー・グッゲンハイムやヨーコ・オノなどが訪問した。

*46 作品1／白髪一雄「赤い三番叟」（出演は森田真弘）、作品2／村上三郎「通過」、作品3／田中敦子「ピンクの幕の前で」（田中と森田現代舞踏団が出演）、作品4／向井修二「顔と記号」、作品5／山崎つる子「まわる銀の壁」、作品6／吉原通雄「ロック アラウンド ザ ロック」、作品7は嶋本昭三、金山明、吉田稔郎、元永定正の合作に

新派・松本雄吉　1946〜1970〜2016』の「松本雄吉略年譜」によると、「だいじょうぶ月は落ちない」の昭和三十七年に松本は高校に入学し、美術部顧問の影響で具体美術協会に興味をもって、特に村上の有名な紙やぶりのパフォーマンスに衝撃をうけたと記される。本書で加藤氏も指摘するように、年代的に松本が見たパフォーマンスは、この産経ホールだったと推測され、高校一年生の眼にそれは強烈な印象を焼きつけた。

この後、昭和四十五年（一九七〇）に日本万国博覧会（以下、大阪万博）が千里丘陵で開催され、具体美術協会は、企業パピリオンのみどり館エントランスホールで展示したほか、「お祭り広場」において「具体美術まつり」を開いて大規模なパフォーマンスを行っている。万博には、七〇年安保から市民の目をそらすものとする批判や、若い建築家をはじめ画家やデザイナー、音楽家などの前衛アーチストが体制側に取り込まれたとする批判がある。

松本はこの前後、昭和四十三年に「舞台空間創造グループ」を結

よる「白い空間」である。作品4の「顔と記号」では向井修二によって、舞台のパネルから十二人が顔を出し、梯子から降りてきた向井がバツ印（×点）を記すパフォーマンスが行われた。顔に×を描かれた人は沈黙していき、最後に観客を一人舞台に上げ、その顔にも×を描いて終わるものであった。

成し、翌年八月、大阪城公園で開催された、「ハンパク」の名称で知られる「反戦のための万国博覧会」で「白雪姫―呪われた玩具たちによる残酷劇」を上演する。「ハンパク」は、市民運動として盛り上がっていた「べ平連」（ベトナムに平和を！市民連合）の南大阪べ平連（通称「なんだいべ」）が発案し、翌年開催の大阪万博のパロディであることも意識していた。「ハンパクニュース」には、大阪城公園でのプログラムやシンボルタワーの図などが掲載される。具体美術協会の活動を原点の一つとしながら、「ハンパク」に参加した松本に「お祭り広場」での具体のパフォーマンスはどのように映ったのだろうか。具体も体制側に呑み込まれたと感じたのだろうか。

ただ推測だが、もしも松本が今も健在ならば、二〇二五年に開催が決定した二回目の大阪での万国博覧会では、吉原治良が「お祭り広場」でくり広げたように、維新派の存在感を発揮しようとしたと思われてしかたがない。松本の原点となった此花区の埋立地が会場予定地となったこともあるし、表現としては前衛的な傾向を目指しながらも、人生においてはリアリストに徹した大阪の芸術家たち――前田藤四郎や吉原治良に通じる姿があったのではなかろうか。

大阪万博閉幕後、同年十一月に松本は「舞台空間創造グループ」を解散して「劇団日本維新派」を結成し、本格的な劇団活動を進めていく。二年後の吉原の死による具体美術協会解散と入れ違うように、維新派による松本の活躍が始まるのである。

おわりに　空堀の坂道で

大阪の画家たちは、都会生活者として芝居や演劇を享受し、絵画とは異なるイリュージョンとして舞台に立つことも好んだ。また商都のモダニストとして前衛性と大衆性を志向し、先端の概念であった「商業美術」を具現化しようとしたり、戦後は戦争の惨禍を見つめ、演劇と美術、詩、音楽など諸芸術の融和を試みた。

そしてパフォーマンスを、演技ではなく美術作品として舞台に展示し、松本に影響を与えた具体美術協会では、行為そのものが素材や形態、色彩、照明、音響などと化合して生まれた「作品」の存在感が空間を占有していく。興味深いのが、前出「P.A.N. 通信」[*47]のインタビューで松本が次のように語っていることである。

まぁ僕たちがやっていることは芝居なんで、身体が資本なんですね。それで結構昔からなんですけども、戯曲から出発するのではなく、「稽古場から出てくる芝居創り」を合い言葉にしているんです。戯曲というのは、稽古場でいろんなものが出てきて、充満したものに方向性を与えるだけでイイという位に思っているんですね。稽古場での役者は、戯曲がないから、セリフも喋れないし衣装も無いという、言ってみればみすぼらしい人間という身体しか持ってない。そこでその身体をとにかく見つめる。そうすると世界に一つしかないその人の身体という発想が出てくるんです。例えば5人に同じような振り付けしても微妙に違ってきたりする。そういうことが稽古場で、発見され、認識され、膨らんでいって、そこでじゃあ今回の作品はこういう感じの身体を前

*47　http://www.artcomplex.net/text_archives/i/51.html

に出していこうかっていう所から脚本に入っていったりするんです。

松本が「稽古場から出てくる芝居創り」を合い言葉にしたように、具体の作家たちも、身体を用いた制作の覚悟を固め、そこから立ち現れてくるものを「作品」に結実させた。村上三郎の紙破りやロープに摑まって足で描く白髪一雄、絵具の詰まった瓶をカンヴァスに投擲する嶋本昭三なども、その場で表現が昂揚し、「作品」に結晶する。そこには肉体の緊張感がみなぎっている。

もう一つ注目したいのが、昭和五十九年（一九八四）の対談に登場した「アースワーク」である。松本の「アースワーク的な劇行」という言葉に対談相手の麿赤兒が「地球って意味なの、アースってのは？　世界？」と質問する。それに松本は「美術の世界であるんですわ。」と答え[*48]、美術用語として「アースワーク」を意識していたことが分かる。

「アースワーク」は「ランドアート」とも呼ばれ、岩石や土、水

*48　松本雄吉×麿赤兒「万畳敷きにてをどる」『日本読書新聞』第二二五〇号、一九八四年三月二十六日、『維新派・松本雄吉　1946〜1970〜2016』に再録。

などの自然を制作の素材とする美術作品を指す。一九六〇年代のアメリカで盛んで、関西において松本が出会ったとすれば、昭和四十三年（一九六八）に、神戸市の須磨離宮公園で開催された第一回野外彫刻展の関根伸夫《位相―大地》があるかもしれない。地面を直径二・二メートル、深さ二・七メートルの円柱状に掘りおこし、掘り出した土を同じサイズの円柱に固めて穴の横に設置したもので、戦後美術を代表する作品である。

前年の昭和四十二年には、池水慶一を中心として第一回「PLAY展」が三宮で開催された。「THE PLAY」は、昭和五十二年から六十一年（一九七七〜八六）まで毎夏、山の頂きに三角錐の塔を組んで、その先端への落雷を待つ《雷》などのプロジェクトも行っており[*49]、「アースワーク的な劇行」は、そうした活動も念頭にしての言葉だった可能性もある。

ここまで書いて私には疑問がある。使い古された概念だが、「中

*49　「THE PLAY」については、二〇一六年に国立国際美術館で、美術館における初の個展である「THE PLAY since 1967 まだ見ぬ流れの彼方へ」が開催された。

心」と「周縁」の関係性において、松本がかかわった大阪の地域が彼の意識において、どのように認識されていたかの問題である。

松本が育った此花区をはじめ、ヂャンヂャン☆オペラの舞台であり、上演場所でもある大阪市の港湾地区は、都心とは異なる都市の「周縁」である。南港の野外特設劇場も大阪都市圏の「周縁」に位置した。雰囲気は異なるが、維新派の事務所があった空堀商店街も、市の中心とは言え、昭和末から平成になる頃は、空襲を免れた明治大正の長屋群が老朽化し、斜陽し滅びゆく街であった気がする。

しかし、ここの見定めが私にはまだできていないのだが、〈臨海シアターDOCK〉で『ノスタルジア』が公演された平成五年ごろ、市の港湾地区は、大阪市港湾局が中心の再開発事業「テクノポート大阪」計画（一九八八年策定）などバブル期の計画によるウォーターフロント開発が進められていた。

平成二年（一九九〇）に海遊館と天保山ハーバービレッジ、なにわの海の時空館が開館し、平成六年（一九九四）にはサントリーミュージアム［天保山］（現・大阪文化館・天保山）、アジア太平洋トレードセンター（ATC）も開業する。翌平成七年（一九九五）に、55階建て、高さ二五二メートルの大阪ワールドトレードセンタービルディング（WTC、現・大阪府咲洲庁舎）と、ふれあい港館ワインミュージアム（現・大阪エンタテインメントデザイン専門学校）がオープンした*50。

松本がヂャンヂャン☆オペラにふさわしい土地として見出した南港は、すでに行政や経済界など、オール大阪的な力が再開発に注がれて、「周縁」的な地域から一挙に新しい「中心」として生まれ変わるべく目まぐるしく動いていた。

最初にあげたように小野十三郎も、昭和四十年の段階で「「葦の地方」の暗さはもうごめんである。わが大阪の経済的発展にも、人間の必要にもとづいた、偏らないつつぬけの明るさを求めたい」と書いている。大阪の港湾地区は変貌し、「周縁」に見えた港湾での公演も、その地を選んだことで、維新派を新しい時代の都市と文化

*50　天保山は幕末から大坂近郊の行楽地だったが、近代の「みなと遊園」閉園後、寂れた。海遊館はジンベエザメで有名な巨大水族館であり、天保山ハーバービレッジはショッピングモール。なにわの海の時空館は市立の海洋博物館である。サントリーミュージアム［天保山］は安藤忠雄の設計。「テクノポート大阪」の中心である咲洲コスモスクエア地区のアジア太平洋トレードセンターは見本市会場と商業施設が集まった大規模複合施設。咲洲には、平成元年に安藤設計の株式会社ライカ本社ビルも竣工した（平成二十六年解体）。

の「中心」に近づけることに成功したのではなかったか。

もう一つの空堀商店街界隈も、本来は活気ある街であり、戦前は回り舞台のある澤井座など小劇場も賑わい、直木三十五を援助したり、相撲の「タニマチ」の語源となった薄恕一の病院もあった。戦後も大栗裕（一九一八〜一九八二）が昭和三十二年（一九五七）に発表したオペラ『夫婦善哉』（原作・織田作之助）の舞台になっている。

昭和四十五年の大阪万博前後には、さらに新しい展開があり、昭和四十三年（一九六八）に地下鉄谷町線が天王寺まで開通し、谷町筋を拡幅して、立ち退いた店舗や住人の入居も含め、新谷町ビルが建てられる。昭和四十六年（一九七一）「劇団大阪」が結成されて新谷町第二ビルの谷町劇場を本拠とし、昭和四十八年（一九七三）には小野十三郎を校長とする大阪文学学校が、西側の新谷町第一ビルに移転してくる。松本が事務所を空堀に移したのは昭和の末頃らしく、平成元年の賃貸契約書が残ることを関係者から御教示いただいた。

町家再生事業が進んだ空堀界隈は、「からほりまちアート」（二〇

○一～二○一○）など地域芸術祭が行われ、ミナミに近い街としてインバウンドの民泊で賑わうなど変貌をつづけている。平成二十九年には、漫才作家の秋田實の娘で童話作家の藤田富美枝さんが、明治の厨子二階の町家を改造して「大大阪藝術劇場」を開場し、コンサートや展示を行っている「周縁」のように見えた空堀界隈もまた、新しい都市の「中心」として変貌しており、自分たちの居所としてそこを選んだことに、松本のリアルな視線を感じさせる。

ヂャンヂャン☆オペラに絞って言うならば、松本後年の活動と作品群は、戦時中や戦後への思いがモチーフになっているにしろ、年代的には、みごとに「平成」という時代の産物である。ヂャンヂャン☆オペラは、平成三年（一九九一）四月からの『少年街序曲』でスタイルが確立され、十月から、名称を冠にした第一作「ヂャンヂャン☆オペラ『少年街』」が上演される。翌年に『虹市』、翌々年に私が南港で観た『ノスタルジア』とつづき、以後も『青空』『ROMANCE』『南風』『王國』『水街』『流星』などが上演された。

平成二十八年（二〇一六）、松本は亡くなるので、ヂャンヂャン☆オペラは、三十一年間で終わった。昭和という時代の精神を体現しながら「平成」という時代の生んだ、最も「平成」らしい産物だったのではなかろうか。犬島の精錬所跡地での平成十四年「犬島アーツフェスティバル」での『カンカラ』、平成二十五年「瀬戸内芸術祭2013」の『MAREBITO』も、平成に成立した「地域芸術祭」という枠組みのなかのイベントであった。

ちなみに小野十三郎は、敗戦に至る時代の反省として昭和二十三年、「奴隷の韻律」において、五七五で構成される「短歌的抒情」を徹底的に否定する。戦争によるカタストロフィーを経験した「昭和」という時代を象徴するこの極北的な詩論とは対照的に松本は、「昭和」が終焉した後、江州音頭などから五七五のリズムをラップのように繰り返し、沸き立つようにエネルギッシュなヂャンヂャン☆オペラを創造した。

大阪万博からバブルを経て「昭和」が終わり、バブル崩壊で突入した「平成」という時代は、客体化して検証、考察するにはまだ生々しい。「令和」に入って新型ウイルスが世界中に蔓延して社会や文化、生き方の哲学なども大きな変化が余儀なくされている。松本が存命していたらこの状況にどう対峙したか興味深いが、あえて「平成」という時代を踏まえ、松本雄吉と維新派の活動をどのように解釈するかが課題となるのだろう。

私は空堀商店街の横に移って三十年、少年時代から数えれば、大学時代を除き半世紀以上もこの界隈で生活している。自宅から商店街へ買い物に出たとき、市営賑町公設市場があった坂道で、事務所から松屋町筋へとくだる松本さんに何度かお会いした。今ごろになって、その時もっとお話しを聞いておけばと後悔している。（文中敬称略）

立ち続けることの快楽

芸能史から見た維新派

小林昌廣

松本雄吉にとって、そして維新派にとって「野外劇場」とはなんであるべきなのか、あるいはなんであったのかについて考えてみたい。

ただ、ここにはすでにいくつもの多層的な問いが交錯しており、その複雑なからみあいをもった問題群をていねいに解きほぐし、そして一つひとつの「層」についてなんらかの回答の可能性のようなものを紡ぎだしてゆくことは、始めから断念されなければならないだろう。

なぜならば、問いたちは、すでに答えたちを含んでおり、答えることは同時に問うことにほかならない、という論理構造を、松本雄吉は、ないし維新派はすでに「公演」という行為として、「舞台」という存在として明白にしているからだ。問いは瞬時に答えを誘い、答えればそれが問いかけであることに気づかされる。その「問う—答える」という果てしない連鎖のなかで、維新派は、いわば生き続けている（もちろん、今も）。

旧約聖書「創世記」では、神の地球設計工程がタイムラインにしたがって書かれている。まず「天と地」を創造する。しかし「地は形なく、むなしく、やみが淵のおもてにあり」とあって、その「地」を見ることはできなかった（引用は『聖書（口語）』日本聖書協会、一九五五、以下同様）。

神は『光あれ』と言われた。すると光があった。

唯言論者であれば、神は光よりも前に「光あれ」と言語を創造されている、と考えるだろうし、精神分析学者であれば、神はまず「光あれ」と命令を下すことをした、と捉えるだろう。そもそも、神は「誰」にこのことばを投げかけたのだろうか。光？

それはまだ存在していないのだ。光をつくり地に照射する装置？　いや、まだ天と地以外には何も存在していないのだ。だから、ここではあるユダヤ人哲学者の著作名にあやかって、「存在するとは別の仕方で」まさに到来してきた、としか言えないのである。創世記の第一章からして「はじめに神は天と地を創造された」とあり、神は存在の前提であり、存在以前であり、その意味で存在とは別の仕方で、存在の彼方から到来してきた「非存在」なのだから。

いずれにしても「光」はやってきた、それは天にも地にも注がれ（というか、すでにその時点で「光」は「天から地へ注がれ」という方向性が生まれたと考えるのが自然かもしれない）、どうやらその光には「照射時間」なるものがあったようだ。

神は光を昼と名づけ、やみを夜と名づけられた。夕となり、また朝となった。第一日である。

光があまねく大地に照射されている「時間」に対して昼という名がつけられ、無照射の時間に対しては夜と名づけられたのだ、それがワンパックとなって「一日」という「時間」が生まれた。

その後、あおぞらを作った神は第三日目になって次のように言われる。

天の下の水は一つ所に集まり、かわいた地が現れよ。

もはや、創世記にしたがわなくともいいだろう、かわいた地が「陸」となり、水の集まった所を「海」と名づけられたのである。そして「神は見て、良しとされた」。世界の初期設計、いきもののいない「舞台」の完成である。

長々と聖書を引用したのは、松本雄吉が維新派の「舞台」として想定する劇場というものが、まさにこうしたプロセスで作られている、ということを言いたかったからではない。松本雄吉にとって「光あれ」というコマンドは、むしろ世界という舞台ができあがったあとにこそ発せられるものなのではないか、そう思うからだ。

それはもちろん単なる照明装置という物理的な道具としての「光」にとどまらない、ものを分け、ものを輪郭づけ、ものを隠し、ものを撹乱させる…。それは、維新派の舞台に最初に足を運んだ観客が驚かされる、あの「セリフなきセリフ」の応報、ことばのシャワーという洗礼などにきわめて近い、いわば舞台に決定的なアンカーを打つ行為に似ているものなのである。

松本雄吉は言う。

舞台に対する平面的な視線ということだけやなくて、視線が立体的になってくる分、闇とか異界があっちこっちに見え隠れする劇場になる。野外の仮設の劇場やからね、コンクリートの壁で囲った街の劇場とは違って、あっちこっちから風が入ってきて、いろんな気配を感じるという。（『維新派大全　世界演劇／世界劇場の地平から』松本工房、一九九八、以下同様）

松本は「闇とか異界」が見えるような劇場にする、とは言っていない、「あっちこっちに見え隠れする劇場になる」と言っている。つまり、都市空間の劇場においては仮に「闇とか異界」であっても、その名称にふさわしい場所なり空間を設置しなければいけないことになるが（すでにその時点で、それらは「闇とか異界」を表わす場所として演出上配置されたにすぎない記号となってしまう）、維新派は「野外劇場」であり、もともと存在していた「闇とか異界」に対して舞台装置という形態を介入させる場合もあるだろうし、また舞台設営によって抑圧された「闇とか異界」が思わぬ形で現出するという事態にもなるだろう。

松本雄吉はそれを「路地」や「廃墟」といった表現で語っている。

路地というのはそういう道（註　盆栽を並べたりしてそこを通る人が見れるようになっているし、通行人に奪われても仕方のないような置き方をしているようなエリア）であって庭であるようなところ。自分と他人の境が曖昧な、所有の感覚がええ加減なとこなんよ。（…）『家』には製作者も所有者もおるわけやけど、路地は製作するもんでもなければ所有するもんでもないよね。『廃墟』もそうやけど。

ぼく自身も廃墟マニアであるからよくわかるが、廃墟の魅力はかつての美しかったありさまを想像することではなく、おびただしい時間の堆積と人の往来によって朽ちてしまった建造物の「歴史」を楽しむとともに、いまはその歴史を継続することができないという「分断」を惜しむという分裂した感情を惹起してくれるところにある。それはある意味、解剖台に横たわった屍体を解剖してゆくときの感覚に近いものがある。屍体はもちろん廃墟ではないけれども、そこにはメスとピンセットをもってアプローチをするさいに屍体がもっていた「歴史」を思わずにはいられないのである（もちろん、解剖学的にはそうした「歴史」という「個人情報」を忘れ、屍体という「物体」を「医学的情報」として見る、ということが要請されるのであるが。それに屍体に対しては「防腐処置」という個人＝故人の歴史的時間を永遠に包埋してしまう医学的処理があって、ずっと朽ちつづける廃墟とは時間性において顕著な違いはあるかもしれない）。

そう、「路地」や「廃墟」は時間の堆積のなかで「できてしまう」ものなのである。それゆえ積極的に製作者や所有者は特定できないけれども、その土地自体がもつ（このことばはあまり使いたくないが）アウラが横溢しているのだ。

松本雄吉は、使い古されたこのアウラに対して「風」という美しい表現を当てている。

『路地』や『廃墟』というのは『風のすみか』やね。

アウラには、なにやら空気の重さや圧というものが感じられてしまい、それは「そこ」にしか成立しえない奇跡的な存在状態だ、というイメージがあるけれども、風はもじどおり吹き、そして流れ去るものであり、それが止まる（たまることはあるかもしれないが）ことはないし、風の圧や重さを非‐物理的に感覚することはむずかしい、それは身体をやさしく触り、顔を撫ぜ、毛穴を刺激し、皮膚に語りかける。身体の知覚が風を感じたとき、それはすでにそこにはいないし、次なる風が新たな感覚を身体に与えてくれるだろう。アウラという表現は、いささか身体とは距離のある何かのように思えてならない。

現実には、維新派がつくる舞台（それはしばしば映画のセットのようだとも驚かれるが、最初から建築物だと断言してはばからない人もいる）の場合、土地のアウラとかゲニウス・ロキ（地霊）のようなものを「召喚」するようなことをしない。そこが、維新派の舞台やパフォーマンスを、宗教的な儀礼から厳しく峻別すべき証左なのだ。呪文のようなセリフの連鎖、幾何学的だが奇妙な身体動作、そして物語の発散的結末（結末らしい結末をもたない。ただし二〇〇四年の『キートン』以前の作品群に顕著）、そうした表現はなるほど儀礼的なニュアンスを感じさせるかもしれない。だが、維新派は（劇場周辺の、否、劇場の一部である「屋台村」も含めて）祝祭的空間であることはまちがいないが、そこでは宗教性や儀礼性は漂白されている。

もともと、土地のアウラやゲニウス・ロキは都市部においては成立しにくいのではないか。解剖学における屍体解剖には三種類あるが、そのうち医学部・歯学部の学生が必修としておこなう解剖実習（教育解剖）においては、屍体は「解剖用」にカスタマイズされている。つまり血液は保存液と交換され、全身の内外は防腐処理される。前述したように、この時点で屍体は「死者」とは決別し、そこで「死者の時間」は終わるか半永久的に停止する。残る二つの解剖は、病理解剖と司法解剖であるが、目的はちがっていてもこれらの場合は屍体はできるだけ「現状保存」される。したがって、屍体は「死者」でありつづけることができる。そこには屍体の「歴史」がなお積み重ねられてゆく。だから、たとえば『死体は語る』といった書名の本が法医学者によって出版されるのはとてもよくわかるのだ。屍体は沈黙させられてしまうが、死者はなお語り続けるのである。

その意味では、維新派が舞台設定とする「非日常的な空間」は、異境的な空間（彼らは都市型劇場での公演は好まなかった）において、そこにさらに異境的な空間を出現させることで、「異境×異境」つまりは「マイナス×マイナス」という作用によって、都市的な空間を出来させてしまうのではないだろうか。都市的な空間と言っても、高層ビルがあり舗装された通りがあり電信柱があり駅がありといった典型的な都市の風景ではなく、むしろ都市であったところ、あるいは都市になりそこなったところ、のように異境性を強く帯びた「前–都市」ないし「没–都市」としての場所なのだ。松本雄吉自身は、「野外劇」と呼ばれることに安心の念も抵抗の思いも抱いていないように見えるが、「野」が土とか自然を想起させてしまうことを危惧している。

維新派は野外劇というのをやめて、別の言い方を考えたらどうやと。実際やっていることってすごい人工的なことやし。野外でやっているからって自然児やないからね、人工光が好きやし。トタンやペラペラの感じ、プラスチックやミニチュアの世界とか好きやしね。

そしてそんな世界を「ウルトラ・モダン」と称している。

「都市／非–都市」「日常／非–日常」「人工／自然」「必然／偶然」「内部／外部」「舞台／客席」…。そうしたさまざまな対立項を「超克」するのが松本雄吉の維新派である、と言うことは簡単である。だが、問題なのは「／」の両側にある特性同士の不断のせめぎあいであるし、それぞれの特性の配分なり濃度なり密度などによって構成される混成体のありかた、といったものだろう。もちろん舞台はナマモノだし、そんな「定量分析」は無意味だ。かりに、舞台におけるなんらかの表象を「内部」と断じたとしても、そう断じた瞬間に「では外部は？」という問いが鋭く発せられ、無限の問いのループにからめとられながら維新派の舞台を見終わってしまうというしんどい体験をしなくてはならないだろう。

維新派が舞台をつくる。それは極めて緻密な構成力をもち、寸分のズレも許されない、完全に人工的な世界だ。しかし、それが「野外」に設営されるために、必然的に自然現象との葛藤と邂逅が要請されることになる。大阪南港で公演されていたときは、いつも台風とのせめぎあいであった。土砂降りのなかでの公演の日もあれば、ときどき雷光の走る公演の日もあったし、雷が演者のインカムや音声の調整室に落ちたときもある。維新派の舞台は、いかに自然から祝福されるかというところにもその特性があったといっても過言ではないのだ。

その自然との関係において「路地」や「廃墟」が生まれ、「闇とか異界」が顔を出すことになる。それが維新派における「非-日常性」なのかもしれない。

都市部の劇場がどのように機能しているかというと、だいたい駅から近い場所にあって開演が午後七時頃と、社会の労働時間に則った劇場論理でしかないわけです。劇場で芝居を観るというのは、ある種の日常性を否定する行為のはずなのに、都市部の劇場では仕事終わりの帰り道という日常の地続きの行為でしかない。そういった日常に埋没したものではなく、劇場へ向かう道から非日常を感じてほしいという思いは確かにあります。（…）演劇や美術作品が持つ本質が非日常であることを思い出させてくれる作用が、野外劇の旅にはありますね。
（「松本雄吉、二十世紀と野外演劇を語る」、『シアターアーツ』二〇一一年春号）

非日常とは、なにも鄙びた田舎町や海の向こうの孤島にまで足を運ばなくてもいい。人工的な空間というのは、人間の身体の日常からすれば、じゅうぶんに非日常的なのである。

僕らは一時、大阪の南港という場所で野外劇を行なっていたんですけど、南港という場所は商売人とたこ焼きの町という大阪のイメージを覆してくれるんです。地下鉄の中央線に乗って南港に行くというのは、海を渡って人工の島に行くということなんです。海に浮かぶ外国からの大きなコンテナ船も見えます。普段とは違う、工業都市として世界と交わる大阪を見ることができるんです。そういった体験をしながら、僕らの劇場までたどり着いてくれる。劇場までのルートを少し設定するだけで、非日常を感じてもらえるんです。（前

掲書）

「工業都市として世界と交わる大阪を見ることが…」あたりの発言は、あたかも松本雄吉が知事選にでも立候補するのではないかと思わせるような政治的発言に聞えないこともないが、この場合は大阪の港を行き来する世界中の巨大な商船をイメージしたものと捉えてよいだろう。

松本雄吉は、「観客」がまだそう呼ばれずに「通勤帰りの人びと」として劇場を訪れ、いったいいつ「観客」になることができるのだろう、非日常の住人になれるのだろうと模索しているのだ。もちろん、維新派好きの人であれば、家を出たときから、最寄りの駅をおりたときから、「維新派の観客」というアイデンティティをすでに手に入れているかもしれない。あるいは、犬島までの海路や室生村の運動公園までの道のり、あるいは大阪南港駅から劇場までのわずかな動線であっても、「目的地」にたどりつくまでに、人びとの身体は次第に「観客-化」されてゆくのだろう。これは地下鉄の駅からすぐに劇場のエントランスへとアクセスできる多くの都市型劇場の「便利さ」とは対極にある、劇場空間に足を運ぶ人にある程度の負荷を与えることによって獲得される観客アイデンティティかもしれない。雨、寒さ、暑さ、舞台とは無関係の音、虫…。つまりは近代的劇場ができるだけ回避しようとしてきたあらゆる要素が、維新派の舞台には残されている。

だからといって、維新派の舞台が「近代以前の劇場の残渣」であると指摘することは、いささか的外れであり、もちろん安易に「かつての野外の能舞台を踏襲したもの」と断ずることもできないのである。なぜなら、松本雄吉は前-近代的な演劇空間をつくることで、かつての演劇、かつての観客なるものを取り戻そうとしたわけではないからであり、晩年近くの松本が盛んに劇場での公演（維新派公演と他の劇団の演出）をおこなったことからもそれは推量できるのだ。

要するに、松本雄吉は維新派の野外舞台によって出現させた「路地や廃墟」を、劇場という空間（それこそ寺山修司が「衛生的な空間」と呼んだ場所）でも見せることができるようになったのかもしれないし、「闇とか異界」をもそこに現出させることができるようになったのかもしれない。

「かもしれない」と書いたのは、晩年の松本雄吉が、どこまで「路地や廃墟」や「闇とか異界」を都市型の劇場空間にもちこむことに成功したのか、その明確な資料を閲していないからなのである。成功していない、というのではない。そうではなく、徹底して計算しつくされた三次元の野外舞台においてバーチャルにもノンバーチャルにも出現する「路地や廃墟」や「闇とか異界」というものが、劇場空間においてはきわめて心理的なものになってしまっているというと思うのだが、そうした見解をあまり見る機会もないためにはっきりしたことが言えない、というのが正直なところなのである。

現在のメディア表現というものは、それが平面であって立体であっても、あるいは音響であっても身体表現であっても、五官による直接的な情報入手に加えて、バーチャルな体験が重視され、さらにはそれらの直接間接の体験から得られる心理的衝撃というものに重きを置いた、いわば「心理学的作品」が少なくないと思われる。

これはあくまでもぼくの妄想だが、松本雄吉はそのような「心理学的作品」をあまり好きではなかったのではないかと思うのである。

唐突ながら、落語の世界に目を向けてみよう。

八〇年代の東京の落語界にはふたりの寵児がいた。古今亭志ん朝と立川談志であった。このふたりは互いに切磋琢磨して斯界の名人となったのだが、ふたりの落語に対する姿勢のちがいについておもしろいエピソードがある。談志の弟子である志らくが言っていたものらしいが、誰かが両師に「落語の魅力は?」と尋ねた。談志は、「落語は人間の業を肯定しているところ」と答えたのに対して、志ん朝は「狐や狸が出てくるから」と答えたのである（大友浩『花は志ん朝』河出文庫、二〇〇六）。

ふたりの名人の高座を彷彿とさせるエピソードではある。談志は理と情とを直結させることでそこに落語的世界を開闢（かいびゃく）させる。一方で志ん朝はそうした概念をやんわりと乗り越えて「風情」を高座で見せる。晩年の談志が「落語は業の肯定である」という提唱に加えて、「落語は江戸の風を吹かせるものである」と述べているのだが、どうやらそれは志ん朝に対する落語評だったのではないかといまは思っている。

では、「江戸の風」とは何か。多くの江戸落語、古典落語は、江戸という時代、江戸という町が舞台になっている。登場人物は大工であったり職人であったり、あるいは大家かもしれないし遊女かもしれない。いずれにしても市井の人ばかりが登場する（だからそうした江戸時代の市井の人びとを描いた歌舞伎劇は「世話物」と名づけられている。この場合の「世話」とは「庶民」「俗」「日常」といった複合的な概念である）。彼らの生活感、彼らの人となり、彼らの情などを「あたかもそうであった」かのように描きだすことが「江戸の風を吹かせる」ことになるのではないだろうか。たとえば、古今亭志ん朝は戦前の生まれであるが、もちろん吉原の遊廓を知らない。そこを「熟知」していた父親の志ん生からはいろいろ聞かされたかもしれないが、志ん生のリアリティとはもちろんちがう。だが、志ん朝の廓噺にはなんともいえない「艶」があり、「粋」がある。きれいな高座、とも称される。それはもちろん志ん朝が噺家としてもっているフラ（噺家固有の身体全体からかもしだされる雰囲気のようなもの）によるものかもしれないが、江戸時代の遊廓のことなんぞをまったく知らない現代人は、志ん朝の高座に、吉原の大門を、見返り柳を、張見世を、太夫を、吸付煙草を、お歯黒溝を見ることになるだろう。それはバーチャルよりもノンバーチャルよりも、はるかに高度でありながら原始的（？）な、人間の脳がつくりだす想像の賜物である。

立川談志が言う「江戸の風」とは、高座で語る噺家の話芸に引き寄せられた観客が見る「想像の世界」のことであり、またそうした世界を描き出すためのトリガーなのであろう。

松本雄吉が「『路地』や『廃墟』というのは『風のすみか』やね」と述べているのも、おそらくは維新派の舞台において、路地や廃墟がたたえている風を舞台全体へと還流させ、それを観客の身体にも貫流させることがめざされているからではないだろうか。

たしかに維新派の舞台を観終わった人びとは、あまり熱にうなされたように興奮していることもなく、なにか観てはいけないものを観てしまったという罪悪感のようなものをもっていることも少ない。そうではなく、一陣の風によって、「何か」が身体を通り抜けた、そんな身体感覚だけを抱えて舞台をあとにすることのほうが多いのではないだろうか。その風こそ、「都市／非-都市」「日常／非-日常」「人工／自然」「必然／偶然」「内部／外部」「舞台／客席」といった、演劇に付随するさまざまな対立項の間隙を流れる、たおやかな調べなのであろう。

じつは「風」はたんなるそのイメージから「たおやかさ」といったものが想定されるわけではない。歴史的には、田楽という身体表現が祝祭の場であらわれた頃、風流という流行があった。

風流は拍子物を伴ひ、華麗な化粧をし、仮装と試みて、寺社などの祭礼行列に加はることも既に平安時代より風流と称していた。（能勢朝次『能楽源流考』岩波書店、一九三八）

滑稽な物真似（散楽）を基本とし、しかもできるかぎりの華麗な化粧と拍子物（風流）を第一とする。（林屋辰三郎『中世芸能史の研究』岩波書店、一九六〇）

だが、室町期になると、風流は変化してくる。

宮廷周辺の風流の語は、主として造り物と仮装を指し、服装の趣向の美麗は風流とはいわなくなる。それとともに、前代からの伝統的な尚古性の強い、細工物などのいわば静的な風流に対し、祭礼や行事、宴席の余興などの、動的な風流には、当代性が目立ってくる。（小笠原恭子『かぶきの誕生』明治書院、一九七二）

この「当代性」に「集団性」が加わり「きらびやかな練りもの」「仮装をし囃子ものや歌を伴い大勢が手振りおもしろく踊る踊り」「人の目を驚かし、その巧否を競う作りものの展示」であったというのだ（小笠原恭子「芸能と風流―室町期―」『文学』vol.41、一九七三）。

そして『体系日本史叢書21　芸能史』（服部幸雄ほか、山川出版社、一九九八）では、以下のようにまとめられている。

『風流』はもと祭にともなう作り物を指す言葉であった。それが現世に怨みを残して死んだ人びとの魂を慰め鎮める宗教行事としての御霊会と結びつき、形態としては単に美しく飾り立てた作り物を引き出すだけでなく、そこに異形異装の仮装によって歌い踊る芸能を付随させるようになる。

「風流」は「みやび」と訓じられることがあり、それは「宮び」、すなわち「鄙び」に対してきわめて洗練されたありさまをさしている。それが歴史的に祭礼のための作り物をさし、さらには華美な仮装で激しく踊る「風流舞」が生まれたのである。都会的な風流が、なぜこうした変化ないし分化を遂げたのか、また現在の風流（ふうりゅう）に見られるような、世俗から離れた優雅なさまをさすようになったのか、その変遷については、まさに芸能史の大きなテーマであり、ここでは、こうした風流に関する記述がおどろくほど松本雄吉と維新派のやってきたことに重なっているのではないかという指摘だけにとどめたい。

折口信夫は「風流」を「浮立」と表していた。つまり、ある定常状態から「浮かぶ」ことに風流の本質を見ていたのだろう。維新派の舞台では年齢不詳、性別不詳の登場人物が多く出てくることはよく知られているし、そこにはつねに「生と死」というモチーフが底流となっていることも自明であろう。

もっとも、維新派は鎮魂とか荒ぶる神を鎮めるといった宗教的要素は剥離しており、その祝祭性とみやびさ（都びる、すなわち都市的な世界をそのままもちこむのではなく、どこまでいっても都市的なシステムと制度が人間を拘束してしまうその居心地の悪さを表象した、いわば「ポストみやび」な世界観が、維新派にはある）が、小笠原恭子の指摘する「当代性」と「集団性」が際立つ、異形異装の連中によって「大勢が手振りおもしろく踊る踊り」こそが、維新派のパフォーマンスの重要な要素なのではないだろうか。

風流舞は、都市的空間の大通りという日常的な場所で突如出現した。日常のなかに挿入された非日常だ。それは寺山修司の街頭劇や路上劇を思い起こさせるが、維新派にはそのような暴力性は見られない、だからといって民俗舞踊にありがちなその場の共有といったコミュニティ性をおびてもいない。熱情と静謐との信じがたいバランスのなかで、維新派の舞台は成立しているのである。前述した落語の例になぞらえれば、「狐や狸が登場して、人間の業を肯定している」空間として屹立しているのである。

松本雄吉の朋友であった太田省吾は、劇場が場所（プレイス）か空間（スペイス）であるかという問いを自身に発して、イーフー・トゥアンをひきあいにだす。

都市計画家は、行動の必要に迫られて、あまりにも性急にひな形と目録に結びついてしまう。そして、それらの抽象概念が依拠している私的な経験に基づく豊かなデータは、容易に忘れられてしまうのである。しかしながら、なかなか捉え難い人間の経験をきちんと表現することは可能である。芸術家は、そのような表現を目指してきたし、しばしばそれに成功している。（『空間の経験』ちくま学芸文庫、一九九三）

太田省吾は、「なかなか捉え難い人間の経験」を捨てるのが都市計画家であり、捨てないのが芸術家であるとして、「つまり、前者は劇場を〈空間〉と考え、後者は〈場所〉と考えるということになる」と述べたあとに、こう「回顧」する（『舞台の水』五柳書院、一九九四、以下同様）。

まずは、そう言っていいかもしれない。劇場はたしかに〈場所〉でなければならない。演劇は、生きている者同士が一定時間を共有し、感覚を開いて向き合って成立する。それは言ってみれば親密な関係を結ぶということであり、そこは〈場所〉である。

私は一般的な劇場やホールを使うことを避けてきたが、その理由にも、劇場やホールよりももっと〈場所〉であるところを求める気持が働いていたにちがいない。

太田省吾にとって、劇場は何よりも「親密な関係」を結ぶ「場所」であるべきであった。しかし、「その否応なしの親密さが重たるく感じられ、人間の大きさについても正確ではないように感じられはじめていた」。そこで太田が発見するのは「元何々という劇場」という「空間」である。

外国でも元宮廷の馬小屋、元教会、元消防署の劇場が気に入ったし、国内でも元石切場といった劇場を試みた。

「元石切場」というのは、転形劇場の『地の駅』が一九八五年に初演された栃木県宇都宮市にある大谷石採掘場跡（大谷資料館）のことである。太田はなぜ「元何々」という「前歴」をもつ場所が気に入ったのか。

それらは、所謂劇場やホールとちがうものをもっていた。死をもっていた。元とは、前の用途の死であり、死をもっているという名残りは、時間の深みを感じさせた。いわば、それらは〈空間〉と〈場所〉との混血種である。そして、混血種であることによって両形質をもっているのだ。

死をもっているところ、空間と場所との混血種…。これらの表現は、そのまま松本雄吉の野外劇場論や維新派の舞台に接続されることになるだろう。しかし、太田省吾の発言をさらに敷衍すれば、たとえば維新派の『カンカラ』(二〇〇二)が上演された岡山県の犬島での野外舞台は、明治時代にさかえ、昭和初期までは「現役」であった元銅精錬所の跡地であった。日本ではめずらしいレンガ積みの煙突が立ち並ぶ、危険で魅力的な「空間」だ。不良少年たちがたどりついた小さな島では明治時代の労働者たちがモッコを担いで働いている、そこは巨大な煙突が不気味に林立する精錬所。つまりは、演劇はその場所と正確につながっている。それは場所に対する演出家松本雄吉の配慮や忖度などではなく、犬島という空間に魅了されたひとりの人物が構想した、もうひとつの歴史であった。明治時代の主人公たちだ、現在から見ればみな死んでいる。だが、演劇では登場人物に死を孕ませたまま演技を続けさせることは可能である。

舞踏家土方巽の故郷である西馬音内(にしもない)では、毎夏の盆踊りが有名だが、そこでは普通の踊り手に混じって彦三頭巾という漆黒の頭巾をかぶった集団が踊りの連中のなかにいる。彼らは死者の世界から舞い戻ってきた先祖たちの霊であり、そこでは生者であり死者であり、また先祖霊でもあるという「三役」をこなす存在として受容されている。死者は生者の世界に容易に参入しているのだ。

まるで巨大な墓石のような巨大なビルを背景にした現在の歌舞伎座に行くたびに、ぼくは現在舞台にいる役者たちを観るためではなく、亡くなった彼らの親や先祖の霊を弔うためなのではないかと思うことが多い（だから、喪服とは言わないがいつも正装をして足を運んでいる）。それは劇場というコンクリートに囲まれた空間だからなのかもしれない。同じように劇場ではあるけれど、平成中村座のようなかつての小屋掛けに近い空間であれば、役者たちの先祖霊は自由に劇場空間をたゆたうことが可能なので、ぼくは舞台で生者である現役の役者と死者である当該の役者の先祖たちの両方を観ることができる。

もちろん、維新派の野外劇場は、かつての風流のように鎮魂を目的とする場ではない。だが、そこにつねに「死の到来」を感じてしまうのはなぜなのだろうか。死者がそこにいるならば、慰霊することもできるかもしれない。だが「死」というきわめて抽象的なものがやってくるとき、観客であるぼくはたじろぐしかないのである。だが同時に、そこに不思議になつかしい、やさしいある感覚を抱いてしまうことも事実である。「死をもっているという名残りは、時間の深みを感じさせた」と太田省吾は言った。劇団「ブリキの自発団」では、作家の生田萬が役者にしばしば「過去はいつも新しく、未来は不思議に懐かしい」と語らせている（このセリフは森山大道の写真集のタイトルにもなっている）。

ぼくはずっと「未来のなつかしさ」を味わうために維新派の舞台に足を運んでいたような気がする、それは同時に、維新派の「過去」をつねに新生させる試みであったのではないだろうか。

野外というのは、単に劇場を外に建てるということではなく、『外に立ち続ける』ということやから。体制に取り込まれたくない。辺境や境界にいたい、漂流していたいということやから。

松本雄吉の漂流はまだまだ終わらないのである。

No Country for Old Men

海外の視点から見た維新派

コディ・ポールトン

この題で維新派についてのこの論文集に投稿するように頼まれた時、ほかに英文での書物があるどうか探して見た。すると、きちんとしたものでは、最近出版された*Transnational Performance, Identity and Mobility in Asia*に収録された永田さんの論文がほとんど唯一だということに驚いた。二〇〇〇年アデレードの『水街』以来の海外公演の劇評は色々あるが、その時の現地の新聞や雑誌に載ったものしかなく、いずれもあまり印象的ではなく、それほど深みのある評論ではなかった。一九七〇年から五十年近く経ってようやく最後の十七年間に海外で知られるようになった維新派は、松本雄吉の同世代の寺山修司、鈴木忠志、蜷川幸雄、あるいは現代の宮城聡、平田オリザ、岡田利規などの劇作家や演出家のように、日本の現代舞台芸術を代表する一人としてもっと世界的に有名にならなかったのが非常に残念に思う。（松本雄吉氏の死と維新派の解散まで評論を書くのを怠った自分もいくらか責任を追わなければいけない。）

海外の公演でもオーストリア、北アイルランド（維新派の公式ウェブサイトではイギリスとなっているがそれは大きな間違い！）、メキシコやブラジルなど世界の辺境をわざと選んだような気がしてならない。第二次大戦終戦後の日本の文化のほとんどが、政治経済と同じように、東京に集中したのに逆らい、維新派は大阪にこだわり、活躍した、地方の劇団であった。この中心に対する周辺的でフリンジっぽい感性には、維新派の反植民主義的な態度が窺われると思う。『水街』（二〇〇〇）の大阪へ出稼ぎに来た沖縄の人々、『nostalgia』（二〇〇七）のブラジルへ渡った日本人、『呼吸機械』（二〇〇八）の第二次世界大戦時のヨーロッパの難民など、主人公たちは皆、中心から周辺、あるいはその反対の方向へと漂流する。維新派の劇の代表的な物語では、特に二十世紀のアジア、ヨーロッパ、南米などの世界人類の移動というテーマが顕著である。松本氏がもし存命であれば、現在のアフリカや中近東や東南アジアに見られる史上最大のディアスポラを見て、どんなスペクタクルを作っただろうか。

大阪南港で行われた維新派で行われた公演を初めて観に行った時のことは今も覚えている。フェリーニの映画『8½』のラストシーンでマルチェロ・マストロヤンニが作った映画の巨大防音スタジオを思い出した。維新派の公演はサーカスのようで舞台の周りに屋台がたくさんあり、芝居を観るだけでなく飲んで食べて楽しむ場所でもあった。それは日本の祭のようであって、その観客はただの観客ではなかった。つまり、観客は客観的に鑑賞するためではなく、崇拝と遊びが混ざった人間と神々との祝宴に溶け込むために行ったのである。それはいかにも解放的で平等な快感を感じさせた。西洋の演劇とははるかに違うと思う。あるオーストラリアの雑誌のインタビューで（Henkin 2000, 84）、松本氏は昭和初期のチンドン屋を思い出せる公演を作りたいと言ったが、維新派は祭から市場まで聖なるものと俗なるものを統合して新しい劇的体験を生み出そうとしていたのではないか。

維新派の公演は言うまでもなくかなり贅沢なものだった。大体年に一度限り、ほぼ村のような野外舞台と観客席を造るのに五十人ほどの一団で二ヶ月もかかり、たった三週間しか行わない公演が終わるとそれを全て壊して更地にする。演劇は束の間のものであり、特定の時と場所において存在し、最後にはなくなるものである。松本氏のこの蜃気楼は元々どこかの駐車場か精錬所か廃校か、あるいは湖か海のほとりの浜に突然現れて、かりそめに賑わう場所になった。どれも自然と歴史に深く関係しているところであった。日本維新派の時代以来舞踏に深く関わった松本氏は公演をする場所とその背景を敏感に認識して枯山水の庭師のように「借景」を巧みに使った芸術家であった。現実を枠にしてその中に架空の神話的な世界を見事に創造した。しかし、その夢は遂になくなり、丁寧に作った舞台措置と青空スタンドが解体され、その現場は元のままに都会の駐車場か工場、あるいは森の神社か海辺の砂浜に戻った。サーカスは町を去った。その終わりを知っている維新派のすべての公演には哀歌的なところがあったが、松本氏が逝って以来、一層そう感じてならない。

海外の観衆には維新派の舞台は比較的分かりやすかったと思う。「喋らない台詞、歌わない音楽」という言葉が示すように、維新派は言葉の暴政から釈放された芸術であった。近代演劇は二本足で歩んだものである。しかも、日本の新劇のように現実を写すために時々四つ這いに進んでいった。その代わり、維新派は羽で飛んだ演劇を見せた。散文は韻文になり、人の動きはマーチングあるいはダンスになり、音楽監督の内橋和久のおかげで声は詩歌にもなり自然の囀（さえず）りやせせらぎにもなった。維新派の舞台は近代演劇に見られる人間の心理描写、葛藤と物語性を排除して、ワーグナーが理想とした音楽・建築・彫刻・パフォーマンスアートや映画などの融合の*Gesamtkunstwerk*（総合芸術）に相当する芸術であった。松本氏はアントナン・アルトーやロバート・ウィルソンなどの二十世紀のアヴァンギャルド演出家のように演劇は文学と違って、その独自の伝達方式があることを理解していた。もとより見世物的であった維新派の舞台はスペクタクルとして綿密で複合の構造をしてその意味を伝えるもので、日本語が分からない観衆でも充分楽しめたのである。言葉を中心とした近代写実劇はその生まれた国と文化からなかなか離れにくいものだと思われる。非写実的な演劇の方が輸出しやすい。アルトーやウィルソンのように、松本雄吉は理性を使わずにその観客に直感的で本能的な体験を伝えたかったに違いない。その気持ちは完璧に海外の人々に伝わったと思う。

維新派の舞台芸術の特徴

この独特な劇世界は世界的に匹敵する類例はあまりない。維新派の公演のストーリーは殆ど隔離された日本の少数民族の小さな人生の物語だが、その描かれた世界はなんともグローバルなものになった。その演劇想像力の特異性に関して、維新派の舞台芸術はロバート・ウィルソンとポーランドのタデウシュ・カントルと比べるのも無理もないと思う。（ところが、維新派はその西洋の演出家に直接的な影響を受けたかどうか知らない。もちろん、ウィルソンは一九八四年から一九九八年まで日本舞踊の花柳寿々紫のおかげで日本の伝統演劇に影響されたとはよく知られ、その劇の様式美にはっきりと現れている。）以下では維新派の舞台装置や登場人物や言葉に対する立場について論じてみたいと思う。

舞台——静と流れの仕組み

松本氏は視覚芸術の教育を受けた人で、最後までの演劇の強いイメージを造るのに苦心した演出家であることはよく知られている。

もちろん、その舞台監督の大田和司の力に大きく依存してはいた。先に維新派の劇は非写実的と書いたが、実はその舞台装置は一九九七年の『南風』の中上健次が描いた新宮の路地や『水街』の港部のバラック地区や『呼吸機械』のワルシャワの廃墟のように非常に写実的であった。その背景は都会的で庶民的で労働者の仮に棲む場所で放浪する群生の十字路であった。「維新派という美学」というインタビューで松本氏は抽象的な絵画や舞台芸術より写真や映画に見られる「本物」のようなものを造りたいと述べた。丸太・泥・鉄・コンクリート・蒸気などの物質界、つまり木火土金水の五行で出来ている固いものと柔らかいものの万象を精密に作り上げている。そして琵琶湖のほとりの『呼吸機械』や犬島の精錬所の二〇一〇年の『台湾の、灰色の牛が背のびをしたとき』のように、空・月・雨・風・水をふんだんに使った背景を借りて、静と流れの世界を、見事に野外劇ならではのスペクタクルに仕立て上げた。そういう点ではシンプルで抽象的なウィルソンの舞台とは対照的であった。維新派の劇では人間よりその環境に目が移ることが多くて、動いている登場人物たちは小人になり巨大な舞台装置に圧倒されていた。

衣装・化粧・動きから見た維新派の演者

カナダの劇作家・演出家のロベール・ルパージュが言ったように、罪悪感を強く感じた二十世紀の演劇は人間の心理に深くまで飛び込んで行こうとしていた。精神分析によって人間の個人的な問題と社会的な問題を解釈・解決しようとしていたのである。世界の近代演劇は確かに人間を中心としたもので、とりわけ人間の心理を追求してきたものだとしたら、日本の現代演劇はポスト・ヒューマンと言ってもいいだろう。維新派の劇はまさにそのものである。その舞台装置に覆われている演者たちはちっぽけなものにしか見えない。代表的な登場人物は少年か少女であり、その名はヒカル・ワタル・タケル・ハルハ・カナのように皆片仮名で書かれ呼ばれたので、リアルな舞台装置と比べて個性の抜けた抽象的で類型的なモノにしか見えない。このカタカナの使い方はブレヒト的な異化効果に関係していると言ってもいいのではないだろうか。人間が記号になり、単一より群衆が主題になる。そういう点では維新派の舞台は心理学的というより社会学的なものであった。

衣装もワイシャツにズボンやサスペンダーやズックが典型で、ウィルソンの「アインシュタイン服」のように、人の個性が抜けていた。時には懐かしい昭和初期の学生服やワンピースと麦藁帽子を着装した。背景は松本氏が子供の頃体験した戦後の廃墟とも言えるだろう。少年たちが着ている服もやはりその時代のもので、捕虫網を持っている少年たちは何をつかもうとしていただろうか。自然、新しい小さな命を求めていたのではないか。登場人物の動きは個人よりアンサンブル、声は一声になり、青年は老いに勝った。しかし、最終的に振り付けはその見世物のための音楽的な要素で人間を機械に変えたように見えた。

維新派の登場人物の匿名的で群衆的な特徴は演者たちの顔の白塗りにも強調されている。白塗りは顔をきれいに映すためであると同時に、その演者の本当の顔を隠すためでもあり、人の個性を消すためでもある。顔を白く塗った少年たちは肉体的にも心理的にも厚みと深みのある人間でなくなり、「man」ではなく、マネキンになる。その白塗りの顔は歌舞伎から象っているとある外国の評論家が書いたが、ウィルソンの登場人物をも思い出させるのではないか。その白塗りの系譜は舞踏を経由してドイツの表現主義演劇にあるだろう。維新派に登場している少年たちは舞踏を受け継いでいながら、その体は肉体ではなく、身体であり、性、生の匂いはあまりしない。顔を白く塗った親なき少年たちは純粋無垢なモノで、三途の川原で石ころを積んで彷徨っている子供の霊のようである。その世界は都会的な、しかも荒廃した背景で、非常に細心に構築された美しい廃墟である。人種が生きるために使ったものが、蛇が脱皮するように捨てられ、そこで人魂になった少年たちがさらに生きるためにそのガラクタを集めて新しいものを造る。無表情な顔、きれいなのっぺらぼう。妖怪は原則としてグロテスクなものだが、維新派のお化けたちは永遠に若く、純粋で絶えず可愛いので、なぜか不思議な快感を感じさせた。

野外劇を見に行ったら、舞台だけではなく劇場全体が一つの小宇宙になり、観客はその空間を造り上げた精霊たちと飲んだり食べたりすることもできた。そこは現代の河原になり、演じている若者はゴドーではなくて、地蔵の来迎を待っている河原者になった。日本語では「モノ」というのは、物質を表すが、場合によって「物の怪」のように「魂」という意味合いもある。松本氏はたぶんその物質と魂を越境している「ろじ」をこの五十年間もさまよい続けて来たのだろう。

言葉の音楽性

維新派の台詞は周知の通り大阪の言葉、関西弁が用いられている。場合によって沖縄、ポルトガル語などほかの土地の言葉が混じった。しかもその台詞は文章を解体して言葉と言葉をそのまま連ねていたもので、言葉の物質的存在を露わにした。音楽ならラップ、ダンスならタップのようにノリに乗った群衆のシンコペーションの句読点にされたコトバ。その点でもウィルソンの演劇に似ている。ウィルソンの劇の言葉は「馬に綱が付いているごとく意味には繋がっていない」と言われたように（Homberg, 61）、アメリカのモダニズム作家ガートルード・スタインからの影響が強い。松本氏は文章を解体し原子にして意味を純粋な音に置き換え、また新しい構成に組み替えた。ブリコラージュの過程で少年たちが拾っていたガラクタのように、人間の言語をサウンド・オブジェやファウンド・オブジェ、またマルセル・デュシャンの「レディ・メード」に作り直したのである。指示性を失ったことばは、syntagm（言語の統合体）よりparadigm（模範）に特権を与えることによって、中心より辺境を優越する手法にもなる。

ここに来るすべての人というテーマ

維新派の描いた物語の大抵はある少年少女の貴種流離譚であった。故郷を失って大阪や台湾や南米へと渡って生き残る話で、しかもそれは二十世紀の世界人類の物語でもあった。ジェームズ・ジョイスの小説『フィネガンズ・ウェイク』の主人公Humphrey Chimpden Earwickerの省略のHCEは「Here Comes Everybody」つまり「ここに来るすべての人」の省略でもある。この「Everybody」は「誰でも」であり、「誰でもない」とも言える。人間は人類になり、ただの「種」にもなる。維新派の登場人物も同じ系譜のものであったかも知れない。

エドワード・ゴードン・クレイグの演劇論以来、ヨーロッパのアヴァンギャルドの大きな目的は俳優を"uber-marionette"（超人形）に変えることであった。もちろん、それは役者を演出家が使う道具にするためでもあったが、ドイツのロマン主義作家クライストの有名なエッセイ「マリオネット演劇について」が説くように、人形には形而上的な意味が濃くて、アダムとイヴの堕落以来人間が失った神様の恩寵も表わしているのである。死を知っている人間は生き物たちに授けられた自由を失い、永遠の解放と美を復元するのに造形芸術しかできない。この観念は十九世紀から二十世紀の前半までの文学や演劇の大きな課題であった。それはアイルランドの詩人ウイリアム・バトラー・イエーツの「ビザンティウムへの船出」では次のように見事に描かれている。

O sages standing in God's holy fire
As in the gold mosaic of a wall,
Come from the holy fire, perne in a gyre,
And be the singing-masters of my soul.
Consume my heart away; sick with desire
And fastened to a dying animal
It knows not what it is; and gather me

Into the artifice of eternity.

Once out of nature I shall never take
My bodily form from any natural thing,
But such a form as Grecian goldsmiths make
Of hammered gold and gold enamelling
To keep a drowsy Emperor awake;
Or set upon a golden bough to sing
To lords and ladies of Byzantium
Of what is past, or passing, or to come.

壁に嵌められた黄金のモザイクのような
神の火につつまれた聖者たちよ
その火のなかから螺旋を描きながら飛び出し
わたしに魂の歌を教えてほしい

わたしの心を焼き尽くしてほしい
欲望に燃え命に執着するわたしの心を
それは自分のなんなるかを知らないゆえ
永遠の芸術品へと鍛えなおしてほしい

かくして自然を超越したからには
ふたたび現身の姿には戻るまい
眠たげな皇帝を目覚めさせておくために
ギリシャの匠たちが黄金でつくったという
あの永遠の姿をまとうとしよう
しかして黄金の枝を握りながら
ビザンティウムの貴人たちを前に
過去　現在　未来について歌い続けよう（壺齋散人訳）

ここには自然界の崩れていく有機物（"the dying animal"）を拒絶し、死を超越する存在への希望のイメージが印象強い。恰もビザンティウムは「老人の住める国ではない」というように、維新派の少年少女たちは「永遠の芸術品」のようになった気がしてならない。

タデウシュ・カントルの「死の演劇」は、俳優の身体が死骸か幽霊になる過程でこの傾向が最も基本的な形を捉えたと思う。演者がエントロピーによってその個性と性格と働きを失うのである。血が抜けた表情のない顔には無機物への退化が窺われる。この神様の宇宙的な視点から見た人間描写はカントルの生と死に対する芸術観が見られる。「カントルは死んだ物質には込められた追憶、舞台の小道具には過ぎ去った事件や儀式が潜んでいると信じていた。万物にはその形而上学的意味があると述べた」と、ポーランドの評論家クリスティイナ・チェルニーが述べている (Czerni, ND)。

松本雄吉も自分の美学のことを同じように言っている。「命あるものと命ないものとの差をなくしていく。今ヂャンヂャン☆オペラでやっているのはイメージとしてその等質感の追求かな。宇宙的な視点で言えば、あらゆるものが物質であるという言い方が出来る。有機物と無機物の差がないという世界観。」（西尾・衛藤一九九八、二七頁）

維新派の登場人物には次第にその巨大な物質的な舞台装置と一体していっただろう。

二〇〇九年の『ろじ式』の設定は野外劇と違って、もっと身近な空間で行われる「儀式」であった。松本氏によるとニュージーランドで訪れた自然史の博物館からヒントをもらったらしい。自然史博物館は人間の歴史を中心とせず、自然全体の歴史を解く場所で、その中に「人間」が現れた。こういう博物館は十九世紀に盛んになって、ダーウィンが見事に解明した進化論を具体化する施設なのだ。しかし、その進化を見せるために自然を過ぎ去った形で、生きたものを解剖してその骸骨をさらに組み立てて、枠の中に展示せざるを得なくなるのだ。こういう典型的な博物館の中では自然はまさに歴史（つまり過去のもの）になってしまう。まるで世界の終わりに、我々生き残った人間たちがマンモスやドードーのような絶滅した自然の名残を振り返っているような光景。維新派が描写しているのは世界の終わりでもあり、劇団の名前が暗示しているように「世代わり」ともいえる。松本氏がこの六百点もの標本によって造り上げた世界は、一方で十九世紀の博物館の構成になっていたが、他方では仏教的な世界観によって遠い（あるいは近い?）将来から我々のはかない命を暖かいまなざしで凝視していただろう。

参考文献

Czerni, Krystyna, et al. "Kantor and Memory Mechanisms. *Wirtualne Muzea Malopolski*, ND: http://muzea.malopolska.pl/documents/10191/4061173/kantor_and_memory_mechanisms.pdf. Accessed May 25, 2018.

Henkin, Stephen. "Over the Top, Down Under-Adelaide's Awesome Festival." *The World and I* 15: 6 (2000), 84.

Holmberg, Arthur. *The Theatre of Robert Wilson*. Cambridge and New York: Cambridge University Press, 1996.

Nagata, Yasushi. "Crossing the Sea: the Ishinha Theatre Company's Geographic Trail." In Iris H. Tuan, Ivy I-Chu Chang, eds. *Transnational Performance, Identity and Mobility in Asia.* (Singapore: Palgrave Macmillan, 2018), 53–67.

William Butler Yeats. "Sailing to Byzantium." From *The Tower* (1928) in *Selected Poems* (London: Folio Society, 1998), 106–107.

――. 「ビザンティウムへの船出」"Sailing to Byzantium"（壺齋散人訳）http://poetry.hix05.com/Yeats/yeats23.bizantium.html Accessed May 25, 2018.

維新派の公式ウェブサイト：http://ishinha.com/

西尾俊一・衛藤千穂監修『維新派大全　世界演劇／世界劇場の地平から』大阪：松本工房、一九九八年。

美術と演劇の間

具体美術協会と維新派との接点をさぐる

加藤瑞穂

松本雄吉は生前インタビューで幾度か、自身が劇団を立ち上げる前の若い頃に、大きな衝撃を受けた事柄の一つとして具体美術協会（具体）との出会いを挙げている。

高校生の時に出会ったから、僕の中にも具体美術協会の精神って刻み込まれていると思う。ともかく表現というのは人のやっていないことをやる、あるものを潰して、ない表現をやるということやから。内的テーマとかなんとかよりも、先に材料とか方法とか探さなあかん。なんでも面白いと思ったものは自分のものにせなあかんという。その内容がどうのとかいうのではなく、誰もやっていなければそれは面白い[*1]。

松本が高校生の時といえば一九六二年から六五年にあたるが、その当時具体は、ちょうど大阪の中之島にグタイピナコテカという私立の美術館を開設し、積極的に展覧会を開催していた。開館から早くも三年あまりで「来日する世界の美術関係者、あるいは前衛芸術家たちの必ず訪れる名所的存在[*2]」と評されるようになったグタイピナコテカは、東京を経由することなく、大阪から直に世界へつながり、交流する拠点になっていたのである。松本自身が「現代美術の最先端いってる人らが中心になって大阪から国際的な芸術運動が高まりつつあるという機運がすごくあった[*3]」と述懐している

*1
「松本雄吉ロングインタビュー1　芸術論を語る」、西尾俊一・衛藤千穂監修『維新派大全　世界演劇／世界劇場の地平から』松本工房、一九九八年四月十五日、一八頁。なお松本は別のインタビュー（「松本雄吉インタビュー　具体・維新派・Gonzo」（聞き手：中西理）『Corpus　身体表現批評』第六号、二〇〇九年二月二十五日、二～六頁［このうち三頁］）で、村上三郎の紙破りなど具体のパフォーマンスを中央公会堂で一度見たと発言しているが、これはおそらく一九六二年十一月六日に大阪

状況が、たとえ直接的ではなくとも既存の枠の外へと松本を突き動かしていく原動力の一つになったことは確かだろう。

　この小文では、松本が具体というグループのどのような側面に鼓舞されたのか、言い換えれば具体と松本の維新派との接点は具体的に何なのかについて考える。なお、維新派と一口に言っても、七〇年代の日本維新派の時代、八〇年代前半の化身塾開設の時代、そして一九八七年に維新派と改名しやがて「ヂャンヂャン☆オペラ」のスタイルを確立していく時代、それぞれで手法に大きな幅があるため、ここでは八〇年代末以降の作品を念頭におきたい。

　まず具体について、その概要を確認しておこう。具体は、吉原治良（一九〇五～一九七二年、図1）が中心となって一九五四年に結成された前衛美術グループである。戦後は大小さまざまな前衛美術グループが創設されたが、いずれもほぼ数年で解散、解消された中で、具体は吉原が没する一九七二年までの約十八年もの間存続し、また活動の場が一九五〇年代後半から日本のみならず欧米へと展開

のサンケイホールで行なわれた「だいじょうぶ月はおちない　具体美術と森田モダンダンス」を指すと思われる。この公演は、具体が一九五八年を境に活動の中心を平面作品制作へ移した後、久々に行った、そして具体としては最後となった舞台での発表であり、第一部が具体、第二部が森田モダンダンス、第三部が両者の合同演目で、松本が見たという村上の紙破りは、第一部の作品2《通過》であったと推測される。

*2
赤根和生「〈具体〉グループ　その運動の軌跡」『オール関西』創刊号、一九六六年二

図1　グタイピナコテカ前に立つ吉原治良
1962年8月27日頃
写真所蔵：大阪中之島美術館

月一日、一〇〇頁。グタイピナコテカの詳細については次を参照。加藤瑞穂「グタイピナコテカ─吉原治良の「傑作」としての具体美術館　その意義と課題」、橋爪節也・加藤瑞穂編著『戦後大阪のアヴァンギャルド芸術─焼け跡から万博前夜まで─』（大阪大学総合学術博物館叢書9）、大阪大学出版会、二〇一三年七月一日、七〇～七九頁。

＊3
「松本雄吉に聞く『街をつくる』」（聞き手：小堀純）、『しんげき』第三十八巻第十二号（四六六号）、一九九一年十一月一日、一八～三四頁（このうち一八頁）。

した点で他に類例を見ない。しかも特に結成から三年あまりの間、いわゆる展覧会場だけでなく、野外や舞台でも従来の絵画・彫刻の枠に収まらない奇想天外な作品を次々と発表した点で、突出した前衛性を顕示した。

そのグループのリーダー・吉原は、一九三〇年代から関西における抽象絵画の旗手として二科会を中心に活動していた画家で、戦後まもない頃から彼の周囲には、新しい美術を模索する阪神間の若い作家たちが助言を求めて集まるようになっていた。父親が吉原製油株式会社の社長で、自身も一九五五年に家業を継いで社長に就任した吉原は、大阪の中之島に本宅、大阪近郊の芦屋に別宅があり、主に芦屋で例会を重ねながら、大阪・神戸・京都をはじめ東京でも展覧会を開催した。そして一九五七年に来日したフランスの批評家兼画商のミシェル・タピエより、同時代の優れた先鋭な美術と比肩しうると絶賛されたことを契機に、ニューヨーク、トリノ、パリ等欧米でも作品発表の機会を得る。その後一九六〇年代後半にアメリカの作家アラン・カプローによってハプニングの先駆と位置づけられるなど、一九六〇年代末にはその評価が確かなものとなった。

こうした海外との交流を活発化させる拠点になったのが、先に記したグタイピナコテカで、吉原の本宅の斜向いにあり、吉原自身が所有していた江戸時代末期の土蔵三棟を改装して一九六二年に開設され、常時会員の作品を展示しながら、海外作家の特別展も開催した。さらに、海外の作家に制作の場を提供して、滞在期間中の作品を展示する、今で言うアーティスト・イン・レジデンスや、新しい才能の発掘をめざした公募型の新人展なども実施した。公の近現代美術館がまだ関西には存在しなかった当時、そのような機能を果たす場所は極めて貴重だったにちがいなく、具体をめぐる六〇年代の状況が、学生時代の松本に「大阪から国際的な芸術運動が高まりつつあるという機運」を感じ取らせ、やがて「人のやっていない」演劇を実践していく原点となったのである。

このような具体と松本による維新派を時間軸に沿って比較した場

合、活動時期に関しては実はほとんど重なっていない。具体は一九七二年三月に解散した一方で、維新派は前身の日本維新派が一九七〇年十一月に結成されており、表向きには一年あまりの重なりがある。ただ具体は一九七〇年三月から九月にかけての大阪万博以後、メンバー各自の発表は続くものの、グループとして新たな方向性を打ち出す催しは行っていない。松本が日本維新派を旗揚げする前には、具体はすでにグループとしての役割を終えつつある状況だったのであり、加えて具体的な人的交流もなかったことを考慮すると、両者の間に直接的なつながりは見いだせないのである。ちなみに松本が日本維新派立ち上げ前に加わっていた舞台空間創造グループは、大阪万博開催に反対して一九六九年（八月七日〜十一日）に大阪城公園で開かれた「反戦のための万国博」（反博）に参加しており[*4]、展覧会やイベント、屋外設置のオブジェ等、大阪万博に全面的に協力した具体とは一見正反対のように思われる点すらある。

しかし両者の作品そのものに注目すれば、そこには本質的な共通

*4　松本が出演したのは、舞台空間創造グループの二作目「白雪姫――呪われた玩具たちによる残酷劇」であり、「鏡」の役だったという。藤野勲「彼方への役目　松本雄吉論のための〈資料〉と覚え書き〈前編〉」、アクションプロジェクト編『楽に寄す』竹馬の友社、一九八〇年、三三六〜三五〇頁（このうち三三九頁）。

点が見出せる。最初に挙げられるのは、言語によって構築された既存の意味の体系というものに懐疑の目を向ける姿勢である。吉原が『芸術新潮』第七巻第十二号（一九五六年十二月）に発表した名高い「具体美術宣言」では、人間が周囲の「物」に与えてきた日常的な意味を徹底的に拒否し、冒頭で次のように述べた。

> 今日の意識に於ては従来の美術は概して意味あり気な風貌を呈する偽物に見える。
> うず高い、祭壇の、宮殿の、客間の、骨董店のいかものたちに訣別しよう。
> これ等のものは絵具という物質や布切れや金属や、土や、大理石を人間たちの無意味な意味づけによって、素材という魔法で、何らかの他の物質のような風貌に欺瞞した化物たちである。精神的所産の美名に隠れて物質はことごとく殺戮されて何ごとをも語り得ない。
> これ等の屍を墓場にとじこめろ[*5]。

[*5] 吉原治良「具体美術宣言」『芸術新潮』第七巻第十二号、一九五六年十二月、二〇二～二〇四頁。「具体美術宣言」の詳細については次を参照。加藤瑞穂「アンフォルメル受容の観点から見た吉原治良の『具体美術宣言』」、吉原治良研究会編『吉原治良研究論集』吉原治良研究会（財団法人ポーラ美術振興財団助成）、二〇〇二年九月二十七日、五五～六九頁。

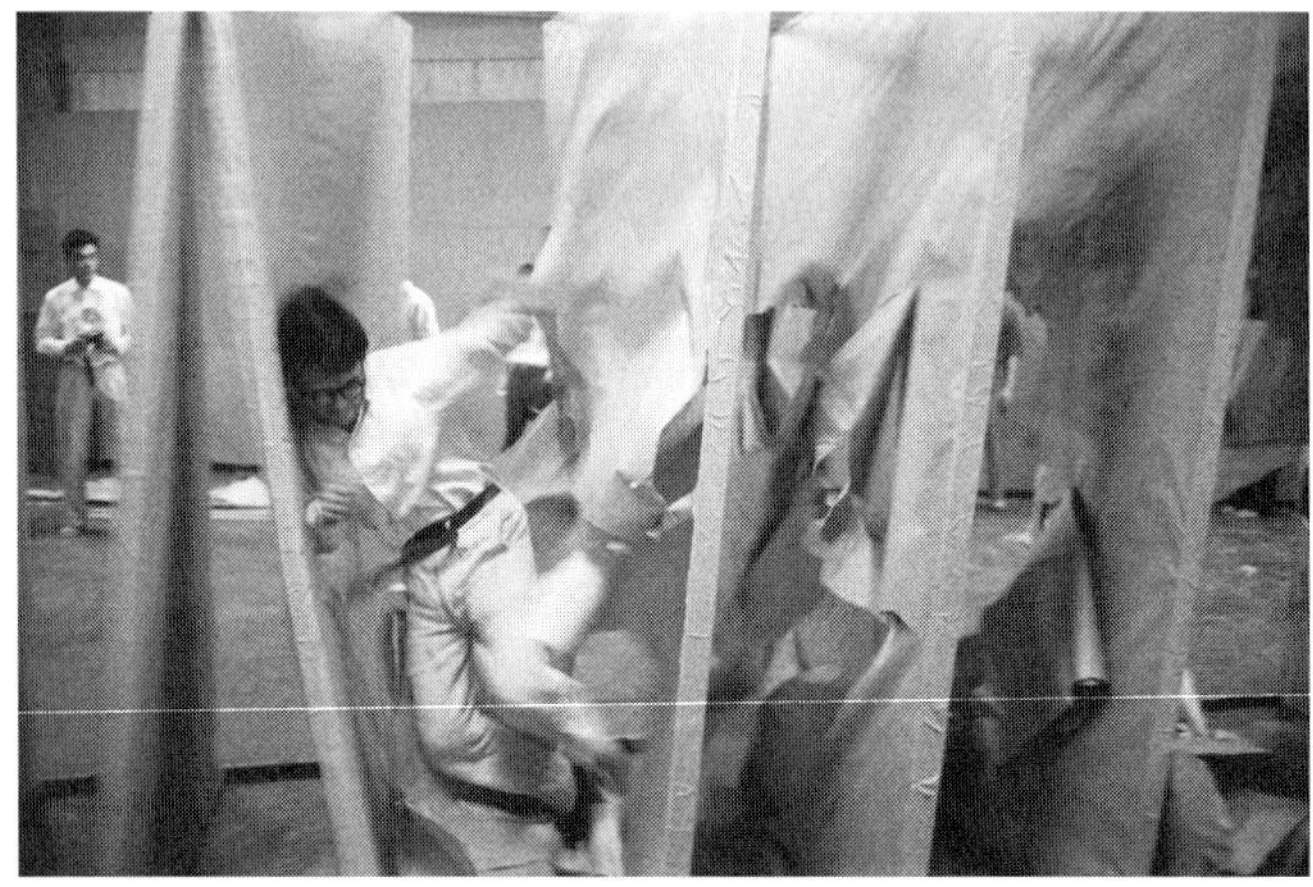

図2　第2回具体美術展（小原会館・東京、1956年10月11日〜17日）オープン前日の10月10日に行われた村上三郎《通過》制作風景［撮影：大辻清司］

写真所蔵：武蔵野美術大学 美術館・図書館

Courtesy of the Estate of Saburo Murakami and ARTCOUT Gallery

そして、「物質は物質のままでその特質を露呈したとき物語りをはじめ、絶叫さえする」と考えるがゆえに、また「物質を生かし切ることは精神を生かす方法だ。精神を高めることは物質を高き精神の場に導き入れることだ」と考えるがゆえに、具体では「人間精神と物質とが対立したまま、握手している」状況を希求した。つまり、すでに確定した言語による意味づけを解体し、いまだ定まっていない新たな意味づけを求める、しかも言語が先取りをせず、物質自体の特性から導き出された、未知の意味を宿したもの――造形作品であれ行為の作品であれ――を求めたのである。紙を破った村上三郎の行為の作品［図2］や、泥と格闘した白髪一雄の行為の作品、巨大な布を風にはためくよう設置した田中敦子の作品や、足跡が延々と細長く続くビニールシートを会場に敷いた金山明の作品、あるいはビニールシートに色水を入れて松林の枝に掛け渡した元永定正の作品、もしくは足で描画した白髪作品や、絵の具を詰めたビンの投擲による嶋本昭三の作品、その他メンバー各自が素材や手法をそれぞれに考案して描画した作品群など、一九五〇年代半ばだけでも枚挙にいとまがないが、いずれも従来の作品概念には収まりきらないものばかりである。これら多様な作品群に共通するのは、言葉ですぐに語れるような意味内容の表現をいずれも否定し、それまでは表現の単なる手段でしかなかった素材や描画方法を一新して、既存の知識では名づけることができない造形を、具体的に目に見えるかたちで示した点である。その実践は、言語に基づくすでに確立された意味体系を揺さぶり、それまでの絵画や彫刻における意味のあり方とは別の、新しい価値と意味づけ、その創出方法を提起した。

維新派の「ヂャンヂャン☆オペラ」もまた、演劇において同様の試みに取り組んできたのではないだろうか。例えば、役者たちの発話は、通常の台詞のように意味の連関というよりも、音の共通性やリズムでつながっていく言葉遊びの要素を強く打ち出しており、どれほど耳をそばだてても、そこに首尾一貫した意味内容を摑み取ることは難しい。また役者たちの動きは、登場人物の主観的な感情を表すというよりも、複数が同期した反復的な動作や、顔面をはじめ衣服に覆われていない部位の一様な白塗りなどによって、身体そのものの造形的要素を際立たせている。言葉を換えれば、通常の演劇では、唯一無二の個の存在と、個が持つ固有の感情の表出が第一義とされ、役者の発話や動作はそれらの透明な媒体と見なされるのに対して、維新派の舞台では、個の主張よりも、その媒体となっている発話や動作そのものが前景化される。すなわち言葉で呼びかけ、それに応じるときの音の響き、発声の抑揚やリズム、歩き、走り、立ち止まるときの振る舞い方や、役者同士の動きの呼応といった、意味内容ではなくそれを伝達する媒体として扱われてきた要素が浮き彫りになる[*6]。その結果、日常における既存の意味のつながりが解かれ、未知の文脈の形成を通して、新しい意味が編み出されることになる。

このように具体、維新派はいずれも、美術、演劇の各ジャンルにおける規範の積極的な解体を進めた点が通底する。ただしそれは単

*6 松本は日本維新派時代に早くも、「表現するということに疑問があった」、「表現集団でなく行為集団であろうとした」と語っている(「松本雄吉ロングインタビュー3 維新派全史を語る」、西尾俊一・衛藤千穂監修『維新派大全 世界演劇/世界劇場の地平から』松本工房、一九九八年四月十五日、一六三頁)。それは維新派になって以後も一貫していたと思われる。

なる破壊活動に終始することなく、むしろ再構築の意思を明確に持っており、これこそが第二の共通点として浮上するだろう。具体は一九五〇年代、まだパフォーマンスやインスタレーションといった概念がなかった頃に、その先駆と呼びうるような作品群を矢継ぎ早に発表したが、初めからそれを目指していたわけではない。メンバーは皆、元々画家であり、木枠に張ったキャンバスに絵筆で絵の具を塗るという行為を根源的に問い直す中で、従来の素材・手法をこれまでにないものに置き換えていき、結果として各自が新しい「絵」を描いたのである。先に挙げた村上の紙破りや白髪の《泥にいどむ》では、ハトロン紙を張った衝立がキャンバス、自らの身体が絵筆、泥が絵の具であった。松林の公園に設置された田中の巨大な布や元永の色水による作品もまた、二次元のキャンバス上に色を配置し、その対比や光の変化を描く試みを、三次元に置き換えたものと言える。彼らはこのような実験的作品を経て、彼ら自身の「絵」をより大胆に変貌させていったのであり、それはまさに美術の概念の再構築に他ならない。舞台で発表を行ったのも、舞台ではいつも「従属的にとりあつかわれることが宿命のように考えられてきた[*7]」美術を、自律的な美術作品として見せたいと欲したからであり、新しい演劇の創造を目論んだからではなかった。

それを踏まえると、維新派の一連の試みも、演劇という自らの領域を定義し直すための活動と解釈できる。まず言語に関しては、日常の文脈を逸脱し、撹乱するような使い方を頻繁にする一方で、言語自体を放棄することは決してない。また、あたかも実物の街のごとく壮大で、しかも文字どおり劇的に場面を転換させていく舞台美術は、維新派作品の不可欠な要素ではあるものの、だからといって舞台美術のみで作品を成立させることを目指していないのは明らかである。そして音楽も、役者の台詞と共に維新派の世界観を語るもう一人の役者とも言えるほど重要な役割を担っているが、それでも維新派の舞台は、ミュージカルともダンスとも、あるいは舞踏とも呼び得ない。このように美術、音楽、舞踊等、複数の隣接領域との

*7　吉原治良「舞台を使用する具体美術について」『具体』第七号、一九五七年七月十五日、頁なし。

境界をときに越境し、曖昧にするのは、ひとえに未知の演劇を創るためであり、その志向が、維新派を形容する言葉として定着した「喋らない台詞、歌わない音楽、踊らない踊り」の演劇を出現させたのである。松本は一九九一年にインタビューで、一九七〇年代から「中間芸術」に憧れていたと回想しているが[*8]、具体は維新派以前に、まさに「中間」であることにより前代未聞の美術を実現しており、その意味でも、当初美術を志した松本にとっては大きな指針の一つになったのである。

具体と維新派、かれらの活動を実体験することはもはや叶わない。しかし、確立したものを壊してまた別のものを生み出そうとする、そのしなやかで強靭な精神は、彼らが残した作品や記録に生き続け、それに触れる人の心を揺さぶり続ける。とりわけ新しい美術や演劇の実践を目指す人にとっては、今後も常に顧み参照すべき歴史的な存在であり続けるにちがいない。

*8　註3、一九頁。

謝辞

本稿執筆にあたって、資料調査や写真提供等でご協力を賜りました関係各位、ここにお名前を記すことのできなかった方々に深く感謝の意を表します。(順不同、敬称略)

大阪中之島美術館準備室、武蔵野美術大学 美術館・図書館、アートコートギャラリー

大辻誠子、村上知彦、松山ひとみ、古賀祐馬、須川渡

なお本稿は、平成二十八年度科学研究費助成事業(学術研究助成基金助成金 基盤研究(C)課題番号16K02266「具体美術協会」再考—複合的視点から見直す戦後日本美術の一断面—)による研究成果の一部です。

焼酎の入った透明の瓶

家成俊勝

はっきり言って維新派について何かを書くのは荷が重すぎる。今までに四回観た公演では、単に演劇を楽しんで、酒を飲んでいただけの、維新派歴の少ない私になぜお鉢が回ってきたのか。無茶振りである。一九九八年に大阪にある夜間の建築専門学校に入学した私は、そこで建築設計の教鞭をとっていた稲村純先生と出会う。稲村先生にある日、一枚の写真を見せてもらったのを覚えている。それは維新派の舞台の写真で、私の維新派との出会いであった。

私は大学に入る前から幼馴染であった友人の父親が働く工務店で

現場仕事のアルバイトをしていた。大学時代も鉄筋工などして建設現場に少しながら関わってきたが、その後、よく飲みにいっていた神戸元町のバーで出会った『Anywhere 空間の諸問題』（NTT出版、一九九四年）という本に書かれていた建築界や思想界のトップランナーの言説が一行も解らないということに興味が湧いて、建築を学ぶことに決めたのである。そうして通い出した学校は夜間の専門学校であるので、二級建築士の資格を取るためのカリキュラムが組まれており、建設現場からも遠く、空間の諸問題からもはるか遠い場所にいた。そんな時に稲村先生と出会い、私は稲村先生に多くの訓示を受けることになる。その稲村先生は松本雄吉さんの高校時代の美術部の先輩である。稲村先生にはよく飲みに連れていっていただいたが、その度というのは大袈裟だが、「お前の話は面白くないから飲み代をおごれ」と言われたものだ。

色々話してコテンパンにやられてボロボロになり街路樹の根っこに嘔吐していた私を鼻で笑いながら「ざまあみろ」と笑っていた。

稲村先生が退官される時には「常道非道」の四文字が刻まれたハガキをいただいた。常の道から外れきれない私が書いた駄文を、稲村先生が読んだら怒るに違いない。

維新派の舞台の写真にあった、荒々しい丸太で組まれた構築物は、かつて働いていた建設現場のボキャブラリーでもなく、空間の諸問題でもなく、ぶっ飛んだ化け物のように目に映ったのを覚えている。金のためでもない、建築のためでもない、何か全く別の世界があった。その世界を「材料」と「仮設」という二つの視点から考えてみたい。まずは「材料」であるが、私にとって維新派との出会いは先述の通り、一枚の写真に写った組み上げられた無数の丸太である。当時の建設現場の足場と言えば丸太であるが、丸太には大した製材の技術も必要ない。間伐された杉やヒノキの皮を剥いで乾かすだけである。組み方もめっぽうシンプルで丸太の交点を番線という太い鉄線で締め上げるだけである。現在の建築は、雨や風、地震や火事から人々の暮らしを守るために、あるいは次々と新商品を出して産業そのものを存続させるためにディテールは洗練されるばかりであり、ほとんどの部材が工場生産されたもので出来上がっている。その生産システムそのものに関われる人はごく限られた人たちである。一方で丸太はどうだろうか。それは言い換えれば、ただの太い一本の棒であり、誰もがアクセス可能な材料である。そして丸太にはおおよその規格しか存在しない。同じ丸太は一本としてない。どこで接続しようが構わないし、現場での判断を積み重ねながら切ったり貼ったり微調整を繰り返していける。当時、丸太が最も手に入りやすく安価な材料だったと思われるが、その工法のシンプルさゆえ多くの人が建設に関われたのではないだろうか。一本の棒の組み合わせであり、かつ規格品でないルーズさが、舞台建設そのものに包摂性をもたらしたと思われる。ただし、それらが全体性や計画性のない全く場当たり的なものであるかというと、もちろんそうではない。演劇を行う場としての質を担保し、力学的に構造が解析されることで全体性を獲得しながら、同時に部分部分で細かいアドリブが積み上げられていたと予想される。そうやって立ち上がったであろう舞台のさまからは南の、開放系の、建築のあり方を感じることができる。外部環境と壁に穿った小さな穴でしか繋がってないような北の閉鎖系のあり方では決してない。柳田国男が『海上の道』で書いていた佐渡島の浜に流れよるココ椰子のごとく、南方から流れついたようである。同時に材料が持つ汎用性にも特徴がある。丸太は演劇が終わって解体された後に別の建設現場の足場として再度使用できるし、ちょっとした小屋の構造材としても使用可能である。切断した部材は風呂屋の薪や、たき火の燃料にもなる。ある意味では都会の中で循環する部材を一時集めてカタチにし、バラせばまたどこかで別の用途に使われるという流動性の中から立ち上がる空間だったとも言える。維新派が実践していた丸太という素材がもたらす建設方法とネットワークは今でも十分に示唆的である。

次に「仮設性」である。建築というものは、一回建つと長くそこにあり続けるものだと思いがちであるが、木造の建築も鉄筋コンクリートの建築も一〇〇年以上建っているものはとても少ない。言い換えれば、まちで見えるものは全て仮の状態であると言える。仮であるということは、生まれて、無くなり、また生まれて、また無くなるという、分解と合成の中に、揺れ動きの中に生きているということである。その仮の状態とは数時間から数百年までバリエーションは無数にあるが、いずれすべての空間はそっくりつくりかえられるはずである。つまり全てが仮設建築だと言えると思うのだが、建築の仮設性に関する言説は思いのほか少ない。高祖岩三郎は『死にゆく都市、回帰する巷　―ニューヨークとその彼方』（以文社、二〇一〇）の中で都市を構成する要素を楼閣と巷の二種に分けている。楼閣とは巨大建築や高速道路、鉄道網、発電所など、現代の私たちの生活を下支えしている基盤施設のことで国家や資本によってつくられているものである。巷とは、様々な人が集まり、その関係性が活性化したような状況のことを指している。巷の語源は路の股であると言われていて、路が分岐している地点、つまり辻や岐路のことを言い、人が往来し出会いや別れと共ににぎやかさが生まれる場所でもある。維新派の舞台というのはまさにその巷をつくりだす行為であり、多くの人が出会い、舞台を観て、酒を飲み交わし、既存の空間とは別の仮設のゾーンが開かれていく。第二次世界大戦後に焦土と化した都市部では楼閣が消滅し、市場や賭場や演芸場や仕事場など巷がそこかしこに生成していたが、国家再建にあたって新しい大規模計画が実現されインフラが整備されて流通網が拡大を見せる二十世紀中頃にはすっかり楼閣が立ち上がり、巷は追いやられるようになる。建築家がコンペティションなどを通じて未来へのヴィジョンを投げかける主戦場は、そのような楼閣を中心に据えたフィールドであった。現在の日本は高度成長期に続々と出来上がった楼閣がメンテナンスや建て替えの時期を迎えると同時に、規制緩和による再開発によって未だに国家や資本によって出来上がるフィールドは健在である。その一方で巷の営みは激減している。駆逐されている。路上は規制に溢れ、路は流通や移動にとって変わられている。かつて路上にあった仮設のゾーンはすっかりなりを潜めている。しかし、そういった仮設のゾーンを〝建築〟の文脈で捉えると間違えることになる。建築基準法における建築物の定義は土地に定着していて、屋根があり、壁若しくは柱のあるものであり、さらに常設と仮設に分けられる。つまり仮設でも土地に定着せず、屋根がないものは建築物ではない。維新派の舞台はいつも屋根がない。空き地に大層に現れるサーカス小屋やイベント空間と違い、いつも見上げれば広い空が見えている。建築ではないのだ。だから維新派を私のような建築を生業にしている人間がとやかく言ってはいけないのである。建築の原理ではなく路上の原理なのだ。空の下の巷の営み、路上に展開していた靴磨き屋や包丁研ぎ屋、紙芝居屋や行商の魚売りやひよこ売りの延長上にあるととらえ、そういった活動が最大限活性化したと考えた方が腑に落ちる。移動や漂流を繰り返し、良い場所や条件が整えば、その土地のポテンシャルを引き出しつつ、地面の上に大きく展開していくのである。維新派は、決して潤沢ではないと思われる予算とやりくりできる材料を元手に近場の人々の協力によって、その時々の状況に合わせて実験的な場と実践を生み出してきた。二〇一四年の『透視図』の舞台では、四角い小さな床が狭い路地のような溝を挟んでグリッド状に並んでいて、遠くに高層ビル群が見えていた。町場だ。現在の都市はこういったことがますますやりにくく、コンプライアンスだなんだと本当にやかましくてどうしようもない。『透視図』の舞台には最後に安治川の水が流れ込んでくる。まるで大阪の長屋や路地が、色々な無茶苦茶な人間の生き様が、洗練だか発展だかという名の下にますますつまらなくなる都市にのみ込まれるようだった。私事だが小さな路地に面した築一〇六年の長屋に住んでいる。やがて開発に呑み込まれるだろう。

そして、もう一つ忘れてはいけないのが屋台村の存在である。演劇を観る前にも、演劇を観た後にも、劇場に隣接する屋台で色々と食べたり飲んだりできる。砂漠に現れた蜃気楼のように、裸電球に照らされたその商いの場は夢のようである。お店で何杯かの焼酎飲んで、鶏を食べて、演劇を観る前にすでにいい気分になっている。観終わった後に、松本雄吉さんと少しお話しさせていただいたこともある。初めて会う私にもとても気さくに話しかけて下さった。ブティック内橋でTシャツを買ったりして、また酒を飲む。音楽を担当している内橋和久さんとも何度かお仕事をさせていただく機会もあって色々と刺激を頂いた。今は私の事務所の近くにある千鳥文化という築六十年のボロボロの文化住宅を改装した施設を通じて、維新派の制作を担当されていた山﨑さんや清水さんにお世話になっていることも多い。元維新派俳優の由美さんの作るお昼ご飯を事務所にいる時は欠かさず食べている。これがとびっきり美味しい。かつて稲村先生は私が事務所を訪ねると、五百円玉を握らせて、商店街で缶詰買ってこいと言った。買って帰ると、ジャケットを羽織って、ラベルの貼ってない、どこのものともわからない焼酎の入った透明の瓶を片手に待って出迎えてくれたことを思い出す。

「わたしはこの町を知らない」

松本雄吉とノスタルジー

酒井隆史

ある都市の真の相貌ほど、シュルレアリスム的な相貌はない
（ヴァルター・ベンヤミン）*1

1

わたしの友人のアーティストにユージ・アゲマツというひとがいて[*2]、ニューヨーク在住で二十年以上、町を徘徊しながらゴミを拾い、それでオブジェを制作している。かれは歩く速度も異常に速いのだが、いっしょに町を歩いていても、気がつくとよく消える。そういうときは、なにかを発見して、街路にうずくまって、なにかを拾っているのである。

あるとき、かれのマンハッタンにあるスタジオを訪ねて驚嘆した。そこでは二十年以上にわたるゴミのコレクションが独自の分類方法によって、たんねんに整理され、ていねいにパッケージングしたうえ保存されているのである。それだけではない。かれは町を歩いたその都度の記録——場所、時間、拾ったゴミのポイント、そして歩き出した足の左右などを、まるで米粒に書いた字のような極小の文字でメモに書き連ねていた。しかもまったく切れ目なく一頁にビッシリとである。当人以外には謎の象形文字である。ときには町

*1 浅井健二郎、久保哲司訳「シュルレアリスム」『ベンヤミン・コレクションI』ちくま学芸文庫、一九九五年より。

*2 Yuji Agematsu、最近では、ホイットニー・ミュージアムで個展をひらくなど、注目も高まっている。https://whitney.org/Exhibitions/YujiAgematsu

の構造が図式化され、そこには矢印が記されている。その都度の歩くおおよそのプランニングである。町の混沌を日々漂流するアゲマツの、気ままで、ランダム、ノンシャランにみえた活動は、この尋常ならざる整理能力あってのものだったのだ。というかむしろ、かれのいとなみの根本はこの独特の秩序化能力にこそあるのではないかという気がしてきた。つまり、ひとつの都市のカオスに深く侵入し、それを愛でるには、独特の尋常ならざる秩序形成の能力が必要なのだ、と。

計画者(プランナー)たちの机上でかたちが定められ、上からグリッドをあてがい、命令によってその〈秩序〉を押しつける過程があり、その〈秩序〉に従属しながら都市を生きるやり方がある。一般的に都市の〈秩序〉形成とみなされているものはこれであり、わたしたちの能力はその定められたグリッドをどれほど効率的に利用するかに限定される。そこでは、カオスへの嫌悪や異質性の強制的同質化がつきものだ。それに対し、カオスこそ都市の本質とみなし、さらにカオスをカオスとして表現たらしめるには、カオスを全面的に受け容れつつ、それに呑み込まれることなく、あるいはカオスの創造性をくり込みながら表現たらしめるための、自発的で繊細かつ柔軟な秩序化の能力が必要なのではないか。

これはわたしの初発の素朴なレベルの感覚なのだが、維新派の舞台を最初にみたとき、まず不思議であったのは、それが都市の猥雑や混沌、あるいは大地と海を越境しての移動と交雑をひとつの主要なモチーフとしてもちながら、また、野外の舞台もその土地の固有性から積み上げ、しばしば具体的な地名や固有の歴史が重視されるその一方で、抹消された役者の個性、すみずみまで統制されたようにみえる役者の動き、可能なかぎり排除された偶然、抽象化された空間によって舞台が構築されていることだった。しかし、たとえば、地理的な固有名であっても、それがシンタックスから脱落して「ラップ」されるならば、それは抽象化であろう。そしてそれは、むしろ都市の「真の相貌」を露呈させ、上からグリッドをあてられた地図とは別様の地図をつくるために必要な前提の手続きなのである。おそらく、秘密の抜け穴、秘密の近道、秘密の集会場を熟知する子どもたちは、このような別様の地図をつくる能力、カオスに接触して、それを自発的に組織化する能力を保持している。しかし、わたしたちは、年を重ねるにつれ、その能力を減退させていく。そういえば、維新派事務所のご好意で松本さん所有の拙著『通天閣——新・日本資本主義発達史』（青土社、二〇一一）をみせていただいたのだが[*3]、織田作之助と川島雄三を論じたところでの「子どもたちこそ、まるで、大人たちから都市を逃がしてやっているかのようなのだ」という箇所に、線がひいてあった。たいして意味はないのかもしれないが、それは維新派の舞台を走り回る少年少女たちの群れを想起させた。

もうひとつ、興味ぶかいのは、アゲマツの活動（かれはもともとこれを「アート」と認識すらしていなかった）が、ジャズ・パーカッショニ

*3　気軽におみせいただいた清水翼氏に深く感謝します。

ストのミルフォード・グレイヴスに師事していたかれの、もともと志していたパーカッションのトレーニングに由来しているということである。グレイヴスは弟子たちに、まず徹底的に集団的に歩くことからはじめさせた。十人ほどでぐるぐると円状に歩かせ、それを延々とつづけることによって、エネルギーの凝集によってある磁場が形成され、個々人の意識は減退し無意識がせり上がってくる。さらにその歩く運動が心臓の鼓動に作用することで、十人のリズムがシンクロしていく。ドラムをさわるまえに、そのようなトレーニングが延々とつづくというのである。それは意識の背負ってしまったさまざまの拘束から解放されることを促すと同時に、ブラック・コミュニティにみなぎる他者との暴力的な接触形態からも解放を促し、あらたにコミュニティを結び直す試みでもあった。アゲマツは、どうしてもその出自において当のコミュニティからは疎外されてしまうことからも、そのサークルから一歩ふみだして、しかしそこでえた方法を「新参者」としてニューヨークという大都市にシンクロする技法として活用しはじめた。グレイヴスはスティックを使わず、まず素手で太鼓を「タッチ」して、それでリズムをつくることを推奨したという。それは、太鼓の「スキン」をじかに感じるためである。リズムは物質の「スキン」への「タッチ」から生まれてくる、というわけだ。アゲマツは、この「タッチ」を都市空間に応用した。都市の排泄したモノをじかに「タッチ」することで、この都市の「スキン」にふれるためである。

『透視図』のすばらしい発端のシーンがこのアゲマツの話に重なった。町の人々のリズム（走っている）からひとり、取り残されてとまどっている「新参者」のヒツジは、カバンを盗まれ、犯人を追いかけているうちに町のリズムに同化して、みずからも走りはじめていく。カバンとその盗みがかれを「フック」として都市へとひきずり入れるのである。このリズムが変拍子であることが、肝要であろう。大都市の人間の挙動はおおづかみにみれば、画一化され、リズムも同質化されている。それでもそれは、そのリズムへの同調が個別化されるときに、どこかに偏位とか揺らぎをはらんでいる。変拍子への同調によるあの走りそのものが、多層性のアレゴリーといってもいいのはないだろうか。

2

以上のはなしもまた「フック」であって、これもそのアゲマツの好む表現であるのだが、日本語ではなんと表現すべきだろうか。なにかひとつの外部の契機をみずからのもとに惹き寄せるというようなニュアンスである。「とりつくしまもない」ものに「とっかかり」をつけるといった含意もある。たとえば、ヒップホップでは「サビ」にあたるリフレインを「フック」という。それは、まず、そこでその曲にひとを惹きつけるキャッチーな釣り餌であるということを意味している。とはいえ、これだけであれば唄の「サビ」にも似たようなことがいえる。なぜあえてフックかというと、そのリフレインが、あるひとつの（永遠の）流れ（フロウ）をそこで切断し、全体のまとまり（ひとつの作品）を認識可能にするマークであり、ひとつの作品を構成する起伏に同調するとっかかりを提供するからである（たとえば歌謡曲であれば、サビがなくてもイントロからの歌い出しですでにわたしたちはひとつの作品の同一性を認識する）。また、この表現には、未知のものに積極的に釣り針を投げるといった身体的挙動を示唆するものがあり、イメージを喚起しやすい。

要するになにをいいたいかというと、わたしにとって維新派の演劇は「とりつくしまもない」ようなものだったから、「フック」が必要であるということであり、アゲマツのいとなみはそのひとつということである。

わたしがはじめて維新派の作品を経験したのは、二〇一〇年の犬島での『台湾の、灰色の牛が背のびをしたとき』であった。もちろん、維新派の名は知っていたが、自発的にみたいとおもったわけではなく友人に誘われ、ほとんどなんの知識もなくみてしまったのである。これまでにみた野外劇のどれとも異なる圧倒的な空間造形には驚嘆したのだが、率直にいって、内容にピンときたとはいえない。先ほど述べたような初発の感覚もあって、「とりつくしま」がなかったのである。

ところが、偶然にも、それからしばらくして、松本さんからひとを介して連絡があり、『夕顔のはなしろきゆふぐれ』（二〇一二）に誘っていただいた。そこで舞台の終わったあとにはじめてお会いしたのだが、これほど先鋭的かつ統制の効いた舞台をつくるひとであるから、カリスマのオーラを発散させた眼光するどき人物で、わたしの無知に気分を害するのではあるまいかと半ばおそれていたら、大阪のどこかの飲み屋で立って飲んでいそうな気さくなおじさんがあらわれた。どうやら拙著（先述した『通天閣』）を読んでいただいて、なにか感じるところがあった、というようなことをいわれたようにおもう。身に余る光栄なのだが、しかし、松本雄吉が何者であるのか、その当時はいまよりさらにぼんやりとしていたので、どのぐらい身に「余っている」のかよくわからない。そして、『透視図』（二〇一四）である。知識がそれなりにつくにつれ、だんだん「余りすぎじゃないか」と、おそろしくなってきた、というところである。

わたしの維新派の経験は、したがって、おおよそ松本さんによるアプローチによるものであり、これまでにみた作品も四つにすぎない（それと『蜃気楼劇場』を映像でみている）乏しいものである。もちろん、多少、関連するテキストや松本さんのインタビューを読んだりして、以前よりもある程度の知識はえた。しかし、その程度で、維新派の全貌、あるいは松本雄吉の軌跡をたどりながらなにかをいうことはできない。それゆえ、この論考も、とくに『透視図』に集中したきわめて断片的なものであり、私的な経験にきわめて依存していることをことわっておきたい。

いずれにしても、松本さんはなにかを感じてくれたわけである。『透視図』の公演前にはプレイベント的なセミナーのようなものにお誘いをいただき、そこで松本さんと話をする予定だった。折悪しく台風がイベントごと吹き飛ばしてしまったのだが、それが実現していれば、松本さんがわたしの著作のどこにどう共鳴しているのか、それを理解する絶好の機会であっただろうに、残念でならない。実は『透視図』の公演のあと、呑みにお誘いいただき、京橋の立ち飲み街の穴場、ある焼き肉屋の二階でかなり長いこと話をしたのだが、なにか松本さんにいろいろ聞くつもりが、逆にいろいろ聞かれ、調子にのって松本さんにはいわずもがなであるようにしかおもえない話をぺらぺらとしてしまった悔いの残る記憶しかない。

ただ、そこで松本さんは、わたしの出身が熊本であることをご存知で、自身も天草出身であり、そこの共通性について語られた。松本さんは吉本隆明も出自が天草であるとして（知らなかったのだが）、ご自身との骨格の類似を述べられたのだが、実はわたしの父親も天草出身ではないのだが、骨格が吉本隆明に、したがって松本さんにもどこか似ている。それはどうでもいい話なので、元に戻すと、たしかに、わたしも熊本県出身であり、大阪には移住してやってきた

「よそもの」である。そして、おそらくあの『透視図』の冒頭のとまどうよそものの身体が「走り」という集団的な身体動作によって都市に同化していく、このような契機の表現は、移住の経験に独特のものであろう。ただし、わたしの出身地は県北部の玉名という温泉地である。ざっくりとみれば、ともに有明海文明圏にあるといってもいいかもしれないが、この違いは大きい。実のところ隔絶しているといってもよい。天草という場所は、熊本県という行政的単位ではなく、長崎県の島原から水俣、そしておそらく五木あたりに広がる地理的範域で考えたほうがいい。そうしてみるならば、島々の移民たちが海を隔てて呼応し合う『台湾の、灰色の牛が背のびをしたとき』も、八十島としての大阪という都市の空間造形、南の島から北上しその浮島にたどりつくところからはじまる『透視図』のモチーフ、すなわち群島としての都市というモチーフは、すぐれて松本雄吉自身を構成する身体的な地理感覚にもとづくものといえるだろう。わたしたち県北部の人間には、そうした島々として地理をとらえる感覚は、おそらくふつうに生活をしていたのでは生まれようがない。

3

最初に原稿の依頼があったとき、思い浮かんだテーマはノスタルジーであった。これで、もしかすると書けるかもしれないとおもったのである。というのも、もしかすると松本さんがわたしの大阪論に共鳴した主要なひとつは、このノスタルジーの次元にあるのではないかと感じていたからである。

ノスタルジーは評判が悪い。おおよそそれが使われるときには、「たんなるノスタルジー」というふうに、「たんなる」という形容句が使用される。そこにひそむのは、いろいろあるとはおもうが、おそらく「進歩」であり「前向き」をよしとする公式近代にとっては、そのうしろむきで退行的に捉えられる感情は矮小にみえるからだろう。しかし、わたしは少なくとも、ノスタルジーは現在あるものを相対化する決定的な契機、つまり、このいまここに現前している世界がすべての世界をくみつくしているわけではないこと、現在のうちには別様の可能性が胚胎していることを意識したり、いまの世界やじぶんとの関係を過去との関係で切り結び直す重要な機会ともなるとおもう。端的にいえば、ノスタルジーは革命的要素すら帯びている。もちろん、本当にただ退行的で閉塞的にすぎない場合もあるだろう。なんでもそうなのだが、アンビヴァレントなのである。

しかし、松本さんのノスタルジーを考えるには、もう少し一歩ふみだすべきだとおもう。わたしがはじめて維新派と遭遇した『台湾の、灰色の牛が背のびをしたとき』をみても、それはときにたちのぼるノスタルジーの雰囲気の基底には、夢破れ、敗北し、取り残され、苦闘する人々の二十世紀を悼む「メランコリー」に彩られていた。この作品は「〈彼〉と旅をする20世紀三部作」の最終作であったわけだが、まさに第一作の『nostalgia』というそのものズバリのタイトルの作品（わたしは未見である）も、第二作の『呼吸機械』もテーマはおなじである。松本さんはこの構想がアンゲロプロスの『エレニの旅』にはじまる二十世紀三部作に触発されたと述べている[*4]が、まさにアンゲロプロスの一連の作品は、二十世紀の民衆のもちえた壮大な夢と苦闘、革命と残酷のすべてへの愛惜に充ちた深い喪失感、すなわち「メランコリー」に彩られたものであった。ヂャンヂャン☆オペラの維新派には、おなじ「二十世紀三部作」といえどもアンゲロプロスにはないユーモアとコメディの感覚があるが、しかし、その基層にあるのは同質のメランコリーであって、そのような次元においてアンゲロプロスの構想に応答するものであるのはあきらかであるようにおもわれる。

その点でいえば、およそ親子三代にわたる時間軸がヒツジやガタロの身体で交錯する『透視図』も、大阪を舞台にした二十世紀の旅であった。

ガタロとヒツジとが会話する場面がある。ヒツジは、浚渫（しゅんせつ）船、泥

*4 西堂行人『蜷川幸雄×松本雄吉――二人の演出家の死と現代演劇』作品社、二〇一七年、一四七頁。

の川、土左衛門といったかつての大阪の風景を点描しながら、この町の記憶を語る。それは祖母の記憶の記憶である。しばらく沈黙があり、「わたしはこの町を知らない」とぽつりという。それにガタロが応答する。ガタロは、高層マンションから町を一望できるというのだが、通天閣も、海も、川もみえないのだ。「でもガタロはこの町をよく知っているじゃないか」「地図をみて」「わたしはこの町のことが知りたい」「ぼくも知りたい」。

このやりとりに、わたしは胸をつかれたのだが、それはある記憶が呼び起こされたせいでもある。天王寺公園でずっと屋台をいとなんでいたある店舗のご主人である。かれはこの土地に長いひとであった。その屋台であるが、大阪市の方針で突如として撤去となり、かれらはぎりぎりまで立ち退きに抵抗したが、最終的には、みずから撤退することになった。店をたたむにあたって、ふだんは寡黙なこのご主人が、淡々としかし怒りをあらわにしながら、この町はじぶんにとってもいまだにわからない、としみじみ口にしたのである。そうした屋台をだれが往来し、だれが必要とし、どのようなりわいがくり広げられているのか、要するに、町では本当になにが起きているのか、なにも理解しようとせず、ただ上からくだる都合によって長年のいとなみを解体しまちづくりの計画を押しつけいく行政を批判する文脈である。わたしじしんが天王寺周りのことを調べているとき、このかれの言葉は小さく頭のすみにひびいていた。だから、この町を知りたい、と。

「この町を知らない」というのは、実はいまではまれな感性であるとおもう。それが意味しているのは、梅田が異様に複雑でなんど来てもすぐに迷うとか、あまりなじみがない、行ったことがないといったことでは決してあるまい。そのような「知らない」ならば、いまでもふつうに口にされているだろう。そしてそれは、スマホで検索したりGPSで調べればすぐに「わかった」に転化する程度の「知らない」である。そうではなく、ヒツジたちのいう「わたしたちはこの町を知らない」は、自然と人間のおりなす過去から現在にわたるいとなみ、その巨大で複雑な積み重ね、その重み、そこに交錯した担いきれないほどの感情を、かれらが感受しているからこそ口をついてでる言葉であったはずだ。そして、そこにある含意はあきらかである。かれらはただ、知的欲求や好奇心を充たしたいといっているのではない。かれらは「知ること」が、わずかなりとも「救済」につながることを知っているのである。沖縄や半島からやってきて、二十世紀という希望と残酷の時代のなかで、おそらく大きな苦痛とささやかな幸福のなかで生きた、かろうじてわずかの記憶しかついやされていない、ヒツジの父母のようなひとたちの人生の「救済」である。そしておそらく、かれらのその欲求がかなうことはない。それが、この『透視図』の基底をなすメランコリーであって、ノスタルジーはそこから立ち上ってくる蒸気である。

『透視図』は、この大阪という都市の二十世紀への、ディープなメランコリーに彩られた哀悼劇であった。そこでは都市の記憶は、行為、光と影、三つの河の流れの合流分岐する磁場のなかで、ひとつの大都市とその歴史は、走りやダンス、ひとの挙動と名詞の羅列に、時間の錯誤と現実と夢想の錯乱を通して解体される。その断片のひとつひとつが町の記憶を喚起させるとともに、ひとを別様の地図の構築に誘うのである。町をつくるのはだれなのか。それは無名の一見おなじ動きをしている、あなたやわたしなのである、と。

Ⅳ 旅×松本雄吉

ストリップ小屋の楽屋で熱中した、松ちゃんの「漢字当てゲーム」

松本雄吉との出会い、そして『日本維新派』

若一光司

二〇一五年の春に藤野勲が亡くなったとき、松ちゃんが泥酔して電話をかけてきた。「藤野が死によった。あいつは大恩人やのに、ちゃんとした礼もでけへんまま、死なれてしもうた。ほんまに情けないこっちゃ」と、松ちゃんは涙声でくり返した。

その翌年の六月に、思いがけず松ちゃん自身が亡くなり、今度は私が、同じ思いに苛まれずにはいられなかった。「松ちゃんは大恩人やのに、ちゃんとした礼もでけへんまま、死なれてしもうた。ほんまに情けないこっちゃ」と……。

松ちゃん（松本雄吉）と初めて会ったのは、一九六八年の十二月だった。

親しかった女性陶芸家のHさんから、「妹のM子の彼氏も絵を描いていて、とても個性的で面白い人やから、いっぺん会うてみる？」と誘われ、M子さんを含めた四人で、鶴橋の焼肉屋で食事をしたのだ。その「M子の彼氏」というのが、松本雄吉だった。

そのときの私は大阪市立工芸高校美術科の学生だったが、あまり学校には通わず、自宅でシコシコとミニマルアート風の作品を作り続けており、四歳年長の松ちゃんも大阪学芸大学（現大阪教育大学）で美術を専攻しながら、ポップアート系の絵を描いていた。

初対面の松ちゃんは痩せぎすで眉毛が薄く、二十二歳とは思えない大人びた印象だった。いや、「大人びた」と言うより、「老人っぽい」と言った方が正確かもしれない。松ちゃんが湛えていた独特の寂寥感が、なぜか老人の気配に近いものを感じさせたからである。

その夜の松ちゃんはかなり酔っ払いながら、「絵を描いてても空しいだけやから、そのうち新しい劇団作って、東京の状況劇場や早稲田小劇場なんかと全然違う、新機軸の芝居をやったろと思うてるんや」というようなことを、興奮気味に話してくれた。

そしてその言葉通り、松ちゃんらは翌年、「舞台空間創造グループ」を結成する。

それ以前の松ちゃんは演劇に関しては全くの素人だったが、大学の先輩である池水慶一らのハプニング集団「THE PLAY」の活動に関わったり、友人と組んで梅田の繁華街でハプニングを行ったりして、現代美術の側から「演劇的行為」に接近しつつあった。

その松ちゃんが、京都大学の西部講堂を拠点に芝居を続けていた藤野勲と知り合い、二人が意気投合したことが、「舞台空間創造グループ」の出発点となったのだ。

私も何度か、新劇団結成に向けての会合に同席したことがあるが、松ちゃんは一歳年上の藤野氏の、役者としての才能と経験に惚れ込んでおり、藤野氏は藤野氏で、松ちゃんの大胆な発想力と人並み外れた行動力に、大きな期待を寄せていた。

とはいえ、舞台空間創造グループに結集したメンバーの大半は、松ちゃんの呼びかけに応じた大阪学芸大学の学生たちで、各々が美術や音楽を齧っているだけあって、なかなかの個性派、そして変人揃いだったが、演劇経験のある者はほとんどいなかった。

それゆえ、グループ結成の「宣言文」作成や旗揚げ公演の段取りなど、ほとんどの初期作業は、藤野氏と制作担当の関谷茂樹の主導で進められた。いきなり、不条理演劇の代表作であるサミエル・ベケットの『ゴドーを待ちながら』に挑戦することになったのも、藤野氏の提案によるものだ。

そして一九六九年五月の、旗揚げ公演当日。

大阪毎日文化ホールで幕開けしたその舞台を、私は女性陶芸家のHさんと、その妹で松ちゃんの恋人のM子さん、そして、この姉妹の母親の四人で見守ったが、主役の一人である老浮浪者のエストラゴンを松ちゃんが見事に演じ切ったことに、驚嘆させられた。

観客にとっては物語の背景やストーリー展開を理解する術もなく進行する芝居だけに、役者の存在感やセリフの一言一句の発し方が大きな意味を持つが、松ちゃんはだれもが想像しなかったずば抜けた演技力を発揮して、完全に周囲を圧倒した。

みずからも役者として出演すると同時に演出も担当した藤野勲から、「松ちゃんは天性の役者や。奇跡的な演技やったで！」と激賞された松ちゃんは、「それ、褒めすぎやろ」と照れながらも、まんざらでもなさそうだった。

これ以降、公演回数を重ねるごとに、松ちゃんは舞台空間創造グループの看板役者として存在感を増してゆくが、その年の暮れに、松ちゃんの人生を左右する大事件が発生する。松ちゃんの恋人で美大生だったM子さんが、大阪市庁舎の屋上から転落死したのだ。

遺書などは発見されず、自殺なのか事故死なのか、最後まで判然としなかったが、このときの松ちゃんの悲歎ぶりは、もう、半狂乱としか言いようのないものだった。

HさんとM子さん姉妹のお宅は東大阪市の小阪にあり、お父さんは開業医で、お母さんは歌人だった。M子さんと実質的な婚約関係にあった松ちゃんは、この一家にとても溶け込んでおり、みんなに「松ちゃん」と呼ばれて愛されていた。私が年長の松本雄吉を早くから「松ちゃん」と呼ぶようになったのも、この一家に倣ってのことだった。

ちなみに、熊本県の天草で生まれた松ちゃんは、幼少の頃に父親が失踪したため、父親の顔を知らずに育っている。それに、七歳のときに母親と二人で大阪に出てきてからも、伯父の家に預けられたりしていたので、一般的な家庭の温もりなどとは縁遠かった。

　そんな松ちゃんにとって、初めて一家団欒の温もりを実感させてくれたのが、M子さんの家族だった。しかし、多くの人に衝撃をもたらしたM子さんの不審死により、松ちゃんはその家族との関係も失うことになってしまった。

　松ちゃんが大阪学芸大学を卒業して、大阪の心斎橋にあったテレビ映画制作会社に就職したのは、翌一九七〇年二月のことである。まだENGシステムが普及していなかったこの時代、多くのテレビ番組やCF（コマーシャル・フィルム）はフィルムで撮影され、映画と同じ方法で制作されていた。松ちゃんはそうした番組用のテレビ映画やCF制作のディレクターとして働き始めたわけだが、一カ月後には、松ちゃんの誘いで藤野氏もその会社に就職した。それだけではない。さらにその一カ月後に、高卒でブラブラしていた私も、同じ社員に加えてもらった。

こうして予期せず職場の同僚となった私は、毎日のように、演劇に対する松ちゃんの熱い思いを聞かされ続けた。松ちゃんの最大の理解者だったM子さんの死が、松ちゃんをしてさらに演劇にのめり込ませる契機となったことは、想像に難くはない。

やがて、「賢さを装った予定調和的な演劇は、もうあかん。なにも装うことのない、素のままの、純粋な出来事のような演劇に近づきたい」というようなことを言いはじめた松ちゃんは、『少年たちの二五二五年』と題する戯曲を、みずから書き下ろす。

それは、「少年たちにとって完全無欠の聖域のような広場に、奇妙な大人の男女が次々に侵入してきたり、迷い込んだりしてきて、広場の自由を破壊してしまう」といったストーリーだったが、決して政治的な意図を含んだものではなかった。

松ちゃんは一貫して、政治に対しては無関心だった。「政治でも経済でもなんでも、数で左右されるものには興味が湧かん」というのが、松ちゃんの基本スタンスだった。

『少年たちの二五二五年』は一九七〇年七月に、五日間にわたって天王寺野外音楽堂で演じられたが、最終日は天気予報に反したどしゃぶりの大雨となり、見ている方も演じている方も、なかば苦行のような二時間だった。

だが、そんな状況下でただ一人、水を得た魚のような元気さで走り回っていたのが、松ちゃんだった。松ちゃんは後半、自分で書いた戯曲の流れを完全に無視して、意表を突いたアドリブ演技を連発するなど、ずぶ濡れになりながらも実に活き活きとしていた。

この『少年たちの二五二五年』を最終公演として舞台空間創造グループは解散し、また新たな劇団を立ち上げることになったのには、三つの大きな理由があったように思う。

一つは、舞台空間創造グループのメンバーの多くが大学を出て社会人となり、演劇への関わり方に大きな個人差が生じてきたこと。二つ目は、中心的存在となっていた松ちゃんが、より優れた役者を集めて、さらに次元の高い演劇を実現したいと望んだこと。

そして三つ目が、京大で藤野勲の先輩だった亀山孝治が、演劇活動の拠点を大阪に移そうとして、藤野氏に「一緒に何かやらないか」とアプローチしてきたこと。亀山は「マルチ演劇」を提唱する東京の円劇場で、役者兼演出家として活躍していた。

要するに、アマチュア集団的な不徹底な演劇活動では物足らなくなった松ちゃんや藤野氏が、亀ちゃん（亀山孝治）の演出のもとでよりプロ的な芝居作りを目指そうとして、新劇団を立ち上げることになったわけである。

大阪（信濃橋画廊）と東京（村松画廊）で個展を開いたものの、次第に現代美術への意欲を失いつつあった私は、松ちゃんに誘われ、演出見習いとしてこの新劇団に参加することになった。そして劇団名を決める会議で、「日本の演劇に維新的な変革をもたらす一派、という意味で、『日本維新派』はどうやろ？」と提案したところ、なぜか皆の賛同を得てそれが新劇団名となり、一九七〇年十一月に「劇団日本維新派」が立ち上がった。

しかし私が劇団に在籍したのは、準備期間も含めて、わずか半年ほどだった。日本維新派には、他劇団でしこたま鍛えられてきた、一癖も二癖もある役者が集っていた。そんな百戦錬磨の連中が、青臭い演出見習いである私の言葉を素直に聞き入れてくれるはずもなく、ほとんど出る幕がなかった。

とは言え、日本維新派を離れた後も、松ちゃんとの関係に変化はなかったし、また依然として、職場の同僚でもあり続けた。徹夜で書き上げた番組企画案を持って、松ちゃんと二人でクライアントやテレビ局にプレゼンテーションに行くこともあったし、松ちゃんがひねり出したＣＦの企画案を、私が絵コンテにまとめることもよくあった。

ところが一九七一年五月のある日、松ちゃんが突然、いつもの背広姿ではなく、Ｔシャツにジーパン、サンダル履きという普段着で出勤してきて、私たちを驚かせた。

松ちゃんはその姿ですぐに社長室に直行すると、「突然で恐縮ですが、私は今日から、芝居を最優先とする生活を送ることに決めました。ついては今日限りで、会社を辞めさせていただきます」と大声で宣言して、皆を唖然とさせた。松ちゃんはそれ以後、亡くなるまでに二度と就職することはなかった。

松ちゃんが会社を辞めたのは、亀ちゃんの脚本・演出による『帝都鉄道・暁風の巻』の公演直前で、まずはその芝居に全力投球したいとの気持ちが強かったのだと思う。

東京の劇団で演出経験を積んできた亀ちゃんが書く脚本は、一作ごとに物語性を増し、講談調の長台詞が多用されるようになった。主役の松ちゃんはその長台詞を完璧に血肉化しようと、会社でも勤務時間の内外にかかわらず、常に台本のページを繰っていた。

ところで、松ちゃんが威勢よく会社を辞めた二カ月後には、私と藤野氏を含む七人の社員が、一斉に辞表を叩きつけて退社することとなる。松ちゃんが辞めた後に、会社側が一方的な労務管理強化策を押しつけてきたので、集団でケツを割ったのだ。

ともあれ、『帝都鉄道・暁風の巻』(一九七一年六月)の後も、『忍びてこそ恋の新撰組』(一九七二年二月)、『さよなら一族』(同年六〜七月)、『命にかえたる男ぢゃもの』(同年十一月)など、積極果敢な公演を続けていた日本維新派が、周囲に対して何の広報もないまま一年半以上の沈黙期に入ったのは、一九七二年末のことだった。

実はその間に、家庭の事情で藤野氏が劇団を去ったこともあり、日本維新派がやるべき芝居の路線を巡って、松ちゃんと亀ちゃんの方向性の違いが顕在化したのだ。

「なんとか芝居だけで食える状況」を目指しているのは二人とも同じだったが、「物語の架空性や完成度を高め、わかりやすい舞台展開で観客を巻きこんでいくような、戦略的なエンターテイメント性のある芝居を」と唱える亀ちゃんと、「役者の肉体や行為があらかじめの物語に隷属するような芝居を脱して、肉体や行為からこそ沸き上がってくる物語を演じたい」と主張する松ちゃんとでは、芝居作りの方向が違いすぎた。

ただ、そうした方向性の違いは、日本維新派の初期から内包されていたものである。それが問題化しなかったのは、役者としてはまだ万全の自信を身につけていなかった松ちゃんが、修行にも似た思いで、亀ちゃんの戯曲世界への真摯な対応を自分に課し続けたからだ。そして、それをやりきったという自信を獲得できた時点で、松ちゃんは正直に、自分の芝居の方向を主張するようになった。

結局、亀ちゃんが活動の場をまた東京に戻すと決めたことで、日本維新派はこれ以降、完全に「松本雄吉の劇団」となる。松ちゃんは当時、「どっちがええ悪いやのうて、要は、大乗仏教か、小乗仏教かの違いや」などと語っていたが、それは当然、自らが選択した小乗仏教の厳しさを熟知した上での言葉だったように思う。

このような経緯を経て、一九七四年六月の『あまてらす』（天王寺野外音楽堂）で松ちゃんはついに、みずからが志向する演劇世界を初めてストレートに体現してみせた。

土俗的神話世界の薄暮の中で、迷妄に震える群像の前に突如降臨した松ちゃんが、全裸に近いその貧弱な肉体を少女のように恥じらいながら、「灰色の確信に満ちた悲惨……諦念で縁取られた入り江……轢殺された水屋の思い出……」などと、意味不明な言葉を呪詛的につぶやき続ける場面では、思いがけず哀切の極みに引きずり込まれて、私は戦慄するほど感動した。私だけではなく藤野氏も終演後に、「松ちゃんらしさに溢れた、ええ芝居やった。途中で泣けて仕方なかった」と、興奮冷めやらぬ様子で話していた。

綿密な脚本も進行台本もなく、ただ、松ちゃんが書いたラフスケッチ入りの覚え書きだけを手がかりに制作されたこの芝居で、松ちゃんは確実に、独自の演出法を体得した。

加えて、「大駱駝艦」の麿赤児や、「発見の会」の瓜生良介らとも親しく交流するようになった松ちゃんは、急速に舞踏の世界に接近しつつも、決して踊ることのない独自の肉体表現を軸として、新たな演劇の地平を切り開いてゆく。

翌七五年十月に大阪工業大学裏の淀川河川敷に仮設の塔を打ち建

てて、演劇・音楽・デザイン・建築・映像など、多様な分野から集めた百数十人が出演するという『足の裏から冥王まで』を公演した際には、一種の社会的事件として新聞やテレビでも取り上げられ、松ちゃんと日本維新派はその存在を広く世に知られるようになっていく。

しかし、これ以降も矢継ぎ早に派手な公演を打ち続けたことで、松ちゃんらはやがて、深刻な資金難に直面。そこで、環状線の天満駅に近いビルの二階に「三姉妹」という名の居酒屋を開店し、コンスタントに活動資金を得ようとしたものの、客の大半は私のような身内ばかりで、客単価が低いため、期待通りの成果にはつながらなかった。

いよいよ行き詰まった松ちゃんらは、「思い通りの壮大な芝居を実現するには、もう、ストリップで稼ぐしかない！」と腹をくくって、七八年の末頃からストリップ界に進出。松本雄吉と高橋章代を中心メンバーとする「ダン松本と愛の家族」、池内琢磨と有田亜季子を中心メンバーとする「リック美剣&愛の宴」の二チームを編成して、全国各地のストリップ劇場を巡業するようになった。

そして、「来週は美作の温泉劇場やから、釣りもできるし、一緒に行けへんか」などと松ちゃんに誘われることの多かった私は、三カ月に一度ぐらいの割合で、その巡業に同行した。当時の私は個人でデザイン事務所を経営しながら、作家になることを夢見ていたので、ストリップ業界は小説のネタ元としても、非常に興味深い世界だった。

こうして四年ほどの間に、全国十数カ所のストリップ劇場を一緒に巡ったたが、その間に楽屋や宿舎で、松ちゃんと二人して徹底的にのめり込んだゲームがある。それは松ちゃんが独自に考案した、「漢字当てゲーム」である。

ルールは簡単で、出題者はまず、共通した漢字を含む二字の熟語を十種、書き出しておく。たとえば、家族・家庭・家出・家紋・家事・家相・家督・家柄・家業・家内、というように。そして共通する一字（この場合は「家」）が熟語の頭と尻のどちらに来るかを告げた上で、その一字を省いた残りの漢字を、一字づつ紙に書いて出題する。

だから回答者はまず「族」という漢字を手がかりに、その頭にくる一字がどんな漢字なのかを推理する。それで正解しなければ、二番目に「庭」が、三番目には「出」が出題される。その後は、紋・事・相・督・柄・業・内、と続くわけだが、十問が出題されても正解できなければ、得点はゼロ。仮に「出」の字の段階で正解すれば、八得点となる。最終的な勝敗は、出題と回答を同回数終えた時点の、合計得点で決まる。

そうしたルールの説明を受けながら、片山津温泉劇場の楽屋で初めて対戦したとき、ほんの僅差で私が勝利した。しかしそれは、私をこのゲームに引きずり込むための、松ちゃんの作戦だった。そうとも知らずに、「これ、けっこう面白いゲームやなぁ。漢字や表現の勉強にもなるし」と、その日のうちに深みにはまってしまった私は、結局それからの四年間、松ちゃんにコテンパにやられ続けることになる。

このゲームでは当然、漢字や熟語の知識量や語彙力の差が歴然と表れるし、相手がどんな分野の熟語に弱いかを素早く察知し、そこを集中的に攻めた方が、勝率が高くなる。

ところが、松ちゃんの知識量や語彙力は実に凄まじく、勝負に敗れる度に、「ええっ、ほんまにそんな熟語があるんかいな？　松ちゃんが適当に作った造語と違うんか？」などと、疑問を抱いた私がすぐに辞書を調べてみるのだが、やはりそこには松ちゃんが出題した通りの、私が見たこともないような熟語が記されているのである。日頃はややこしい熟語など滅多に口にすることがなく、大阪人らしい庶民的な言葉で人と接することの多かった松ちゃんだが、実は脳内には、想像を絶する量と広がりの熟語がストックされており、それが臨機応変にアウトプットされるのだ。

たとえば、「学・語・字・天・文・論・行・音・王・唄」の順で松ちゃんに漢字を出題されて、その頭に載る共通漢字が「梵」だとわかる人が、どれだけいるだろうか。

また、「腸・圧・旗・走・進・山・子・黒・甲・守」の頭にくる漢字が「背」だと、いったい何人の方が、出題の途中で気づくだろうか。

松ちゃんは仏教や東洋医学、日本史、機械関係、地理関係、物理関係など、専門的な熟語に精通した得意分野を多く持っていたが、その反面、これといった苦手分野がないため、私が攻め込めるウイークポイントなど皆無に等しかった。私がごくまれに辛勝できたのは、私の唯一の得意分野である化石や古生物学の世界にうまく松ちゃんをおびき出せたときだけで、しかしそれもすぐにタマ切れしてしまい、後が続かなかった。

ストリップショーの最終ステージを終えた午後十時半から、翌朝の六時や七時まで、ぶっ続けで「漢字当てゲーム」に没頭することもよくあったし、「漢字当てゲーム」を終日楽しむために、わざわざ犬鳴山温泉や有馬温泉に宿を取って出かけたこともある。

「ゲームしよか！」と言い出すのはいつも松ちゃんの方だったが、松ちゃんがあれほどの執着を持って「漢字当てゲーム」に熱中、没頭したのは、不思議なことに、ストリップで全国を旅していた期間だけに限られており、ストリップの仕事をやめた後は、「ゲームしよか！」と言い出す回数が極端なまでに激減した。

思い返せば、松ちゃんとの半世紀近い交友の中で、もっとも真剣に対峙した時間が長かったのが、「漢字当てゲーム」の対戦時であったことは、疑う余地がない。そしてこのゲームを通して、松ちゃんの特異な言語領域の一端を垣間見ることができたのは、私にとって実に思い出深い、刺激的な経験でもあった。

松ちゃんの巡業のお供をしながら見聞きしたことに想を得て、ドサ廻りのストリッパーと知的障害の青年との交流を描いた私の小説『海に夜を重ねて』が、一九八三年度の「文藝賞」を受賞したとき、松ちゃんは自分のことのように喜んでくれ、「おれらがストリップ巡業に明け暮れた時代の、証しにも、記念にもなる作品や」とまで言ってくれた。

そんな松ちゃんはいま頃、先に黄泉の国に移住した亀ちゃんや藤野氏らを対戦相手にして、また思い出したように、「漢字当てゲーム」に熱中しているかもしれない。身をもって死を体験した分だけ、その語彙力や言語知識量に、さらなる磨きをかけて……。

踊ろう、朝まで、その地図で。

演出家・松本雄吉（作品『PORTAL』を通じて）

林慎一郎

二〇一四年夏、豊中市立文化芸術センター開設のプレ事業で、僕は劇作家として演出家・松本雄吉と作品を作る機会を得た。

松本さんが、自作以外の戯曲を演出したのは、日本維新派（維新派の前身）の初期の頃を除いては、『イキシマ』（作　松田正隆）が最初といってよく、実にそれは二〇一〇年になってからのことだ。

松本さんの演出といえば、維新派を率い、五拍子、七拍子の変拍子に乗せた独特の文体によって形作られる「ヂャンヂャン☆オペラ」であるという印象が強い。しかし、二〇一〇年以降、自作以外の演出においては、その方法を離れることで、かえって演出家・松本雄吉の空間や言葉、そしてなにより行為についての独特のエッセンスが際立つ作品が次々に生まれていた。(『石のような水』(作　松田正隆、二〇一三)、『レミング』(作　寺山修司、二〇一三、二〇一五)、「十九歳のジェイコブ」(作　松井周　二〇一四)など)

「人の言葉を演出するのは、自分の血を入れ替えるような作業やねんなあ」

松本さんはそう言って笑っていた。

二〇一六年二月の上演までの二年にわたって、我々は劇作家、演出家として脚本の構想を練り、作品のモチーフとなった豊中市にある庄内という地域を歩き回り、多くの時間を過ごした。劇作家と演出家のこの関係の中で生み出されたことは、作品にとって非常に幸福であったように思う。ただ、『PORTAL』と題したその作品は、演出家・松本雄吉の最後の演出作品となってしまった。いよいよ稽古場で陣頭指揮を取り始め、作品を引っさげて各地の劇場を回ることを楽しみにしていた矢先に病のことを知り、松本さんは残念そうであった。

この作品を創作するにあたって、直接の対話だけではなく、たくさんのメールをやりとりした。松本さんは、携帯電話を持っていなかった。主な連絡手段はＰＣメールである。本章では、この『PORTAL』という作品、特に戯曲を練り上げた過程を松本さんの言葉とメールを引用しながら述べてみようと思う。それが稀有な演出家であった松本雄吉の思考を、ほんの一面だとしても感じられるものになればと願う。

踊ろう、朝まで、その地図で。

『PORTAL』にあるセリフである。
帰れなかった都市住民たちが集う「辺境のクラブ『待合室』」で踊る女が、迷い込んできた男を誘うセリフだ。

「林くん、ええやんか。これ、チラシのコピーにしよおや」

この言葉で僕は、松本さんに逆にこの劇の世界に誘い込まれた。演出家・松本雄吉との作業はまさにこのセリフ通りの日々だった。

地図を歩く、風景を記憶する

「林くん、俺と演劇作るならどんなんやりたい」

とある居酒屋での唐突な質問から始まった。とっさに思いつかなかった僕は、ただ自分がやりたいことを言った。

「地図、やりたいです」

「それおもろいやないか」

「地図」を「演劇」にする。

「演劇」で「地図」を作る。

こう言っても興味を示す人は周りにはあまりいなかった。少なくとも、それがどういうことかという質問を挟まずに、すぐに「おもしろい」と返ってきたのは初めてのことであった。

「都市論」僕以外にもこんなにヤッテいる奴がいるということに嬉しさと、こそばゆさみたいなものを感じた舞台でした。

都市を語ることの不可能性、それゆえの舞台への高い志を感じました。

そのへんまたゆっくりと話せたらと思います。
林くんと共同作業する意味が改めて発見できた舞台でした。
ありがとう。がんばってください。

二〇一四年に上演した『ガベコレ　—garbage collection』という作品を観に来てくれた後のメールだ。

二年にわたる『PORTAL』の構想期間の中で、松本さんは『透視図』、『トワイライト』の二作品を発表した。特に『トワイライト』は、まさに奈良県曽爾村の運動場に広大な地図を描くような作品であった。

世界は細部の寄せ集まりでできている。どうしようもない個人、どうしようもない事件の寄せ集まりがたまたま世界を形作っている。世界が先にあって部分ができるのではない。

そう語る松本さんは、演劇で世界を語るような態度には否定的だった。ところが、今度はそのどうしようもない個人の物語や事件だけをチマチマネチネチ描くものが増えてきて、それが嫌いになって、もっと世界を見て描いたらいいのにと思うようになったそうだ。

地図にはその両方を存在させることが可能だ。細密な部分の集合としての全体。俯瞰的な全体像に有機的に配置された部分。地図の観測者は、その両方を眺めることが可能だ。

松本さんは演劇にもその可能性を感じていたように思う。地図は断片、地図は把握、地図は俯瞰、地図は歴史、地図は視点。あらゆる個が、絶えず流入したり流出したりを繰り返し、変容していく世界の辺縁の有様、それを都市と名付けていた。

都市・オオサカのさまざまな場所を巡る物語として聞きましたが、それらの場所のリアリティが地図を読むことで展開するのであるなら、ぜひとも、地図戯曲といった構成の脚本をと、夢想します。

移動のダイナミズムとして、それが、過去への追想、同時性、地理上の関連、地名の連想、地形上の物語などと推理小説のようにさまざまな要因で動いていくというのが魅力だと思います。
シーン変わりの接続詞のようなことがうまく表現されることを演出できたらいいなと思います。

作品を作るにあたっては、豊中市の庄内という地域をモチーフとして選んだ。豊中市は大阪市の衛星都市の一つとして発展した都市だ。庄内という地域は、ちょうど大阪市と豊中市の境目に位置している。大阪国際空港へ向かう飛行機が轟音をたてて頭上をかすめる。

「林くん、行ってみよか。俺、どんな完成度高くても、閉じこもって書くようなせまい作家性に興味ないねん」

それが始まりだった。以来、何度もそこを訪れ、歩き回ることになる。

「林くん、シーンは多くてかめへんで。多い方がええ。少ないと飽きる」

いわゆる劇場的発想からすればセオリーとは真逆の提案である。松本さんも、観客が目にするであろうシーンについて、構想を始めたようだった。

観客の主観的目線

それからは庄内を何度も歩いた。

能勢街道沿いの農村地帯だった庄内という場所は、南を神崎川、西を旧猪名川、東を天竺川に囲まれ、かつては北にも川が流れていたが埋め立てられ、堤防の跡だけが残っている。四方を堤防に囲まれた、いわゆる輪中という土地性だ。

天井川といわれる天竺川の急勾配の堤防を登ると、眼下に低い屋根の家々が広がり、空にアンテナが乱雑に手を伸ばしている。見上げると赤い誘導灯が瞬き、飛行機が上をかすめるように飛ぶ。行方を追えば、西側の家並みに突っ込むように消えていく。昔からの曲がりくねった路地を建設中の南北の通りが貫き迷路のようだ。国道をまたいだところで賑わいを見せる商店街を西にしばらくいくと、突然、来る者を拒むように南北にシャッター商店街が接続されている。恐る恐る通り抜けたその先には、文化住宅が群れをなし、窓にはずらりとエアコンの室外機が並ぶ。そんな中にポツンポツンと高いフェンスで区切られた不思議な空き地が点在する。飛行機の騒音と関係していることは想像に難くない。その空き地の一つに建設中の小学校。後に森友学園で知られることとなるあの小学校だ。その点在する「空き地」が、PORTAL＝出入口として劇中で捉え直され、作品のタイトルになる。

林くんの、衛星都市のハナシ、刺激的です。大都市の中心部から流れ出す〈アク〉が、さまざまなかたちでその周辺で、造形されること。それが、その土地の地霊とどういったまぐあいをなすのか・・みたいなイメージを浮かべました。

それが庄内の街並みの風景の本質であるように思えました。もっと、あるいて、きわめたいです。

ぼくのいた頃の庄内にはあちこち田んぼがあって、〈カエルの鳴き声〉がしていた記憶があります。ゴジラの咆哮のように、林くんのカエルの鳴き声のオノマトペが出てくる予感があります・・・。


松本さんはかつてこの地域に住んでいたのだ。かつて暮らした町を四十年以上たって訪れ、その町に興味深い眼差しを送っていたようである。我々は、路地から路地へと脈をたどるように歩き、目の前に現れる風景に迷い込んだ。

松本さんは観客の主観的目線と、意識参加にこだわりたいとよく話していた。維新派の作品でもよく観られた演出は、この道の歩き方、風景の捉え方に端を発しているのではないかと想像する。

維新派の作品をみると、まずは目の前に立ち上がってくる圧倒的な光景に目を奪われる。観客が息を飲んでそれを眺めていると、いつの間にか客席の先頭にこちらに背を向けて同じ光景を眺めている者が一人。表情の伺えないその旅人は、その光景を眺めしばらく佇むが、ようやく踏み出すとあっという間にその光景の中に溶け込んでいく。観客は、目の前に立ち上がる光景を一度他者の目線で眺めるが、やがて客席から歩み出た旅人の目を借りることで主観となり、そしてその光景の中に連れていかれるのだ。

路地に迷い込む。

路地をたどった先にパッと広がる風景。

その風景にまた迷い込む。

そこで聞こえる音に耳を傾ける。

松本さんの町を歩む足取りはまさにそれだった。

パブリックなもの（地図）と
パーソナルな視点にさらされたもの（断片）
という関係は何か都市的な感じがします。
（劇中に登場する）男1が架空の存在というのは、観客の意識参加というこ とでも面白いと思います。ひょっとして、男1は全く台詞無し、というのもありますね。

幾度となく庄内歩きの果てに書き上げた初稿をもとに、我々は作品の骨格を探していた。ちょうどそのとき、ペーパータウンという言葉の存在を知った。地図出版社が他社による著作権妨害を防止するために作り出す、実際には存在しないが地図に記載する架空の町のことだ。

「架空の街」とても興味深いです。
この作品も、大阪・大都市をベースにしながら林くんの中にある架空の都市を掘り当てているのではないかと考えました。

我々は、作品を通じて、観客個人個人の中に架空の都市の地図を作り上げることを目指すことにした。そしてそれを眺める行為と同時に、その中を旅する行為をも誘発してみたいと思ったのだ。松本さん自身は、そんな都市を劇場ごと作ってしまうような腕力をすでに持っているように見えたが、まだ物足りなさを感じていたようである。それを他者の言葉を使うことで拡張できる可能性について、目を輝かせて考えていた。

都市と神話

国の成り立ちや、世界の始まりを語る神話は数多くあるが、現代の都市の成り立ちを語る神話はない。すべてが人の手で作られたことが明らかである都市に神話はない。そう言われるかもしれない。果たしてそうだろうか。都市のシステムは複雑に入り組み、すでに人間のコントロールできる領域をはみ出して成長を続けている。

「これは衛星都市の現代神話やな」

そんな現代都市のありさまを架空の神話として描いてみる。こうして出来上がったのが『PORTAL』という作品だった。

町の真ん中には、ハンマー投げに興じる男がいる。彼がハンマーを回すたびに、町は拡大し発展していく。その遠心力が最大に達したとき、ハンマーは放り投げられる。町の境界に落下したハンマーは、人の姿に変わり、再び放り投げられるべく、町の真ん中を目指す。

繰り返されるこの運動が、都市を形成していくことになるのだ。真ん中を目指すハンマーは、町のいたるところに「空き地」のようにぽっかりと空いた穴を潜り抜けながら、ワープするように旅して歩く。「衛星都市」を象徴するスポットに空くその穴はポータル（入ロ）と呼ばれている。コンビニエンスストア、シネマコンプレックス、レンタルビデオ店、文化住宅、ニュータウン、ネットカフェ、パチンコ店…。真ん中を目指すハンマーの足取りは、町の住民たちによって記録されていく。さらにその足取りは架空の地図として、実在のスマートフォンゲーム「Ingress（イングレス）」の中に現れる。

イングレス・アートに老夫婦が巨大な煙草の吸い殻のモニュメントの前に佇む作品、興味持ちました。
イングレスに関係ないかもしれませんが、都市を俯瞰する都市論（感覚）ではなく、吸い殻や、動物の死骸・マンホール・アスファルトのクラック・自動販売機の音・室外機のうなり、などなど、都市の断片のコラージュも都市生活者の正直な感性ですよね。

Ingress（イングレス）とはスマートフォンを利用した位置情報ゲームで、現在も世界的に流行している。スマートフォンの位置情報システムを利用し、実際の地図上に広げた架空の地図の上を歩きながら、『PORTAL』という拠点を占領していく陣取りゲームだ。世界中のユーザーはエージェントと呼ばれ、青と緑の陣営に分かれて争い、日毎に優劣は見えるが終わりのないゲームである。このゲームを開発した会社、ナイアンティックは、その後このゲームで収集した情報を利用して「ポケモンGO」を開発し大きな話題となる。

このリアルな世界をバーチャルに歩くという体験と、我々が劇の目で町を歩いた体験を重ね合わせ、作品が描く架空の地図が、いまや誰もが手にするスマートフォンのゲームとして表示される。

前述のとおり松本さんはスマートフォンを持たない。携帯電話自体を持っていなかった。そのせいもあって、町を歩きまわる動機が、特定できない町の住人によって日々更新される地図であるということに興味を持っていた。

近所で尋ね人の張り紙を見つけました。

以下抜粋です。

崔　鎮益（サイ　チンエキ）

72歳

心臓が弱い　左眼が見えにくい

物忘れがある

言語　中国語　韓国語　日本語は全く話せません。

民家の物置や、空き家、神社、公園のトイレなど

屋根のあるところに身をひそめている可能性あり。

連絡先　サイ　コウキ（娘）

興味惹かれましたので・・・・

二年にわたって進めた衛星都市の断片のコラージュの果て、松本さん自身の中にも、都市と衛星都市の境界が奏でるヂャンヂャン☆オペラのリズムが湧き始めていた。

こうして戯曲『PORTAL』は出来上がった。

助詞の欠落

稽古を経て上演を目指すまで、病と闘いながら『PORTAL』を演出し続けた松本さんとは、その過程でも多くの言葉を交わしたが、『PORTAL』について述べるのは、一旦ここで筆を擱くことにする。演出家・松本雄吉が、他者である劇作家と創作をした作品はそれほど多くなく、最後はそこに重きをおいて記すことが僕の使命と考えたからだ。

松本さんが亡くなってしばらくして、僕は維新派の事務所を訪れた。松本さんの演出メモを見せてもらうためだ。棚に収められた各作品ごとの膨大なノート。その中に、「動作一覧」、「語彙集」という自ら編んだ資料集があった。いつごろ書かれたものかはわからない。

「動作一覧」は、例えば「全身」という見出しに対して「蹲る」「組みつく」「掻き抱く」…という動作の分析。「語彙集」は五十音順に、同じ音ではじまる単語を並べた、いわばラッパーのリリック帳のようなものだった。ヂャンヂャン☆オペラの辞書だろうか。ヂャンヂャン☆オペラにおける変拍子のリズムは、音楽の内橋和久さんとの共同作業で発明されたものだが、松本さんが都市を描くために必要としていたテキスト（言葉）とはなんであったのだろうか。

聞きなれないリズムである5拍子、7拍子。実は5拍子は聞きなれたリズムである3拍子と2拍子に、7拍子もまた聞きなれた4拍子と3拍子に解体できるのだと松本さんは言っていた。因数分解である。小節が増えれば増えるほど、割り切れない奇数の組み合わせは、偶数のそれよりも多くなる。僕はここにヂャンヂャン☆オペラの文体の本質があると思う。一見、エキセントリックに見えるリズムが繰り返され続けることで、ノスタルジーに因数分解されていく。そして、やがてそれはさらにさらに解体され、オノマトペとなる。たとえば「電柱」という言葉は、「でんちゅう」となり、「でんちゅう」となり、「で　ん　ち ゅ　う」となっていく。そして、助詞（てにをは）が欠落していく。「でんちゅう」「が」なのか、「でんちゅう」「は」なのか、「でんちゅう」「に」なのか、「でんちゅう」「を」なのか、ハダカにされた言葉が残っていく。観客はその言葉の関係を想像し、結びつけ続ける作業をすることになる。それは地図を見る行為のように、部分と全体を往還する作業だ。

5拍子・7拍子は、架空地図に入り込むための歩行訓練といったところでしょうか。

ぜひ、身に着けて楽しんでもらえたらと思っています。

架空地図（バーチャル）と、現実の地図を重ね合わせる〈行為〉といっ

ていいような作品作り、
めざしたいです。

ハダカにされた言葉と、それをオノマトペにする身体。松本さんにとってはそれがまさに演劇で描く地図だったのではないかと思う。

朝まで踊り続けることで生まれてくる地図。松本さんは、それを演劇と呼び丹精こめて作り続けた。それは、グーグルマップのような地図が持つ有用性とは全く縁のない、個人と世界、世界と個人を結びつけるための架空の地図だったと思う。

最後に、もう一つだけメールを引用し、本章を締めくくりたいと思う。

それは、まだ『PORTAL』を書き始める前の二〇一四年十二月のことだ。

松本さんが東京都現代美術館で、海水を汲みそれを劇場に運び入れ、また海に戻すというパフォーマンス*1をしたときの印象を語ってくれたものだ。

海の水を自転車に積んで走る道は、東京湾にせり出した埋立地です。歴史も、記憶もない地図に表象された架空の島を走っている感覚でした。逆説的に言えば、架空性の上を走っているということで、現在的な（現代的な？）リアリテイがありました。歴史や、記憶というものの強く感じられる土地よりも、地図感覚でしか捉えられない土地性のほうが、現在を生きているぼくらの正直なリアリテイなのかなとも思います。世界に対する認識、個人が持つことのできる世界というもののイメージのそれぞれの造形・・・

松本さんの言ったこの身体感覚こそが、現在も僕の創作において追求し続けるべきテーマとなっている。松本さんの言葉には、「感」

*1 松本雄吉×ジュン・グエン＝ハッシバ×垣尾優「sea water」於：東京都現代美術館（二〇一四年十二月十三～十四日）

と「性」が現れることが多かった。

歩行感・地図感・路地感・架空感・正面感・宇宙感…
歩行性・地図性・路地性・架空性・正面性・宇宙性…

こうして並べて見ると維新派のセリフのようだ。おそらく全ての名詞に「感」と「性」は接続可能である。「感」とは自らの意思にかかわらず自然とそう認識されることであり、「性」とはそれがつくことにより性質となる。

言葉がもつ意味合いを、感覚や性質として高める感性。そしてその言葉を行為にするために捉え直す感性。それを探して僕はまだま だ踊り続けなければならない。

幻の維新派天草公演

松本雄吉の帰郷

五島朋子

はじめに

知人に誘われて観た『南風』（一九九七）が、私にとって維新派との初めての出会いである。維新派ワールドに魅了され、以来、私は公演の度に観劇に駆けつける熱心なファンの一人となった。

維新派といえば大阪の劇団、言葉もリズムも大阪弁、率いる松本雄吉も自身を「大阪人」と称する。しかしその松本のルーツが、父と同じく天草と知り、私は維新派だけでなく松本にも親近感を抱くようになった。本章では、一ファンにすぎなかった私が思いがけず、維新派天草公演の企画に参加することになった経緯と、幻に終わった顛末とを振り返りながら、その過程で起きた松本と故郷の再会ドラマを再現してみたい。松本が亡くなった今、そのドラマを私一人の思い出に止めず記録に残すことが、松本や維新派作品の理解に役立つ可能性があると考えたのである。

新「天草市」の誕生のために

維新派天草公演の企てを持って、大阪・空堀商店街の維新派事務所を訪ねたのは二〇〇三年一月十一日のことだ。公演を発案した九州芸術工科大学准教授藤原惠洋[*1]に、新国立劇場演劇制作部井上桂と私が同行した。藤原は、天草地域における市町合併後のまちづくり構想策定[*2]に、学識経験者として二〇〇二年秋から携わっており、新「天草市」誕生の合併記念イベントとして、維新派公演を着想していた。

藤原は、近代日本建築史を研究の基盤としつつ、住民参加のためのまちづくりワークショップを一九九〇年代半ばから九州各地の自治体で企画実施する一方、ものづくりやデザインのフィールドサーベイを通じて熊本および天草にも様々な人的つながりを蓄積していた。私は、藤原研究室でアートマネジメントやまちづくりを学び、二〇〇一年に博士課程は終えたものの、博士論文も書いておらず定職もなく、大学非常勤

*1　以降、登場する人物の所属と肩書きはいずれも二〇〇三年一月当時のもの。

*2　事業の正式名称は「市町合併による広域的まちづくり推進計画策定」作業で、天草地域合併協議会が（株）玉野総合コンサルタントに業務委託。コンサルタントから、熊本県出身で住民参加ワークショップの実績が豊富な藤原に、

講師、自治体嘱託職員、劇団制作など複数の不安定な仕事で食いつないでいた。天草にルーツがあるということで、新「天草市」のまちづくり構想策定に、研究室スタッフとして参加することになった。藤原と旧知の間柄である井上が、二〇〇三年秋の維新派新国立劇場公演を担当しており、この日の事務所訪問をつないでいた。公演には何度も出かけていたが、藤原も私も、松本と直接話をするのは、この日が初めてだった。

学識経験者として計画策定作業への参加が依頼された。

天草の市町合併

天草といえば、正確な場所は知らなくとも、おそらく誰もが聞いたことのある地名だろう。天草は、上島、下島と呼ばれる二つの大きな島と百二十余の島々からなる諸島である。長崎県にあると勘違いされることも多いが、行政区域としては熊本県に属する。平成の大合併を経て現在は、上天草市、天草市、苓北町の3自治体に再編されている。（図1に、九州における天草の位置と合併前後の市町界に示した。）天草地域全体で、現在の人口は十二万人程度である。一九六六年完成の「天草五橋」が熊本側と島々をつなぐまでは、航路に頼るしかない離島だった。二〇〇〇年に天草空港が開港し、福岡空港まで三十分、熊本空港を経由して、大阪伊丹空港（大阪国際空港）まで二時間で行くことできるようになった。しかし、熊本市内から天草市中心の本渡までの八十二キ

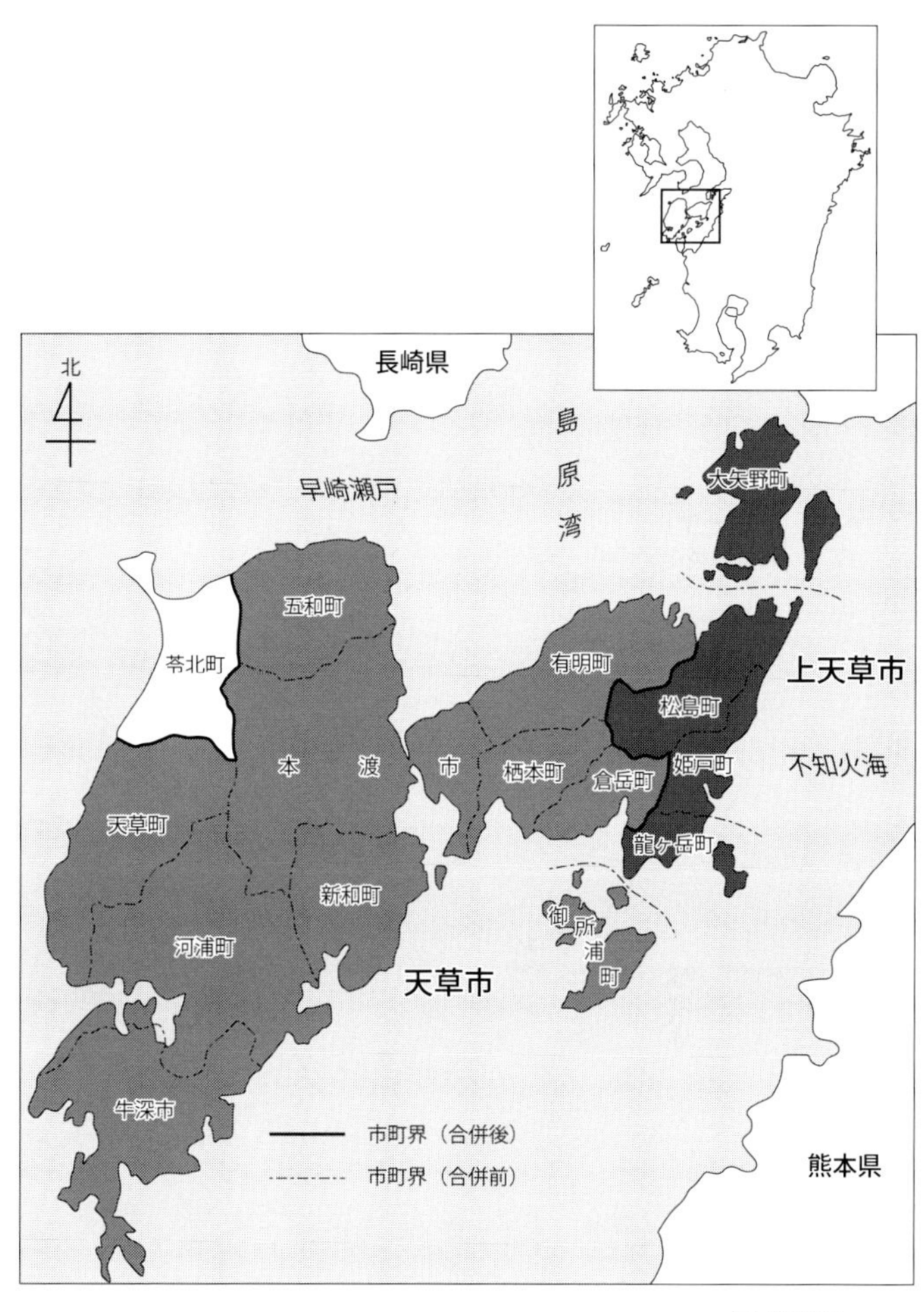
北
長崎県
島原湾
早崎瀬戸
大矢野町
五和町
苓北町
有明町
上天草市
松島町
本
渡
市
栖本町
倉岳町
姫戸町
不知火海
天草町
龍ヶ岳町
新和町
御所浦町
河浦町
天草市
牛深市
市町界（合併後）
市町界（合併前）
熊本県
苓北町
天草市
上天草市

図１　天草全域

ロメートルは、一部自動車専用道路はあるものの二時間を要し、未だ遠い場所である。

平成の大合併以前は、2市13町の自治体であったが、熊本に近い上島の4町が合併して二〇〇四年にまず「上天草市」が誕生した*3。上島の西側および下島全体の2市9町で二〇〇一年から進められた合併協議は、九州電力火力発電所による電源立地交付金を持つ苓北町議会が不参加を決議したため、残る2市8町（有明町、栖本町、御所浦町、本渡市、新和町、天草町、河浦町、牛深市）で協議を進めていた。

藤原と私が関わったのは2市8町による「天草市」の合併協議であり、その中心となる旧本渡市に、松本の生まれ故郷がある。新市まちづくりの議論に住民参加の機会を設けようと、住民ワークショップの開催が検討され、私はその企画運営に二〇〇二年秋から携わった。合併協議会とコンサルタントが、地域の現状分析や、新市の主要事業及びその財政計画の検討を進めており、ワークショップは、それらの情報を住民に提供しながら、議論を積み上げていくように組み立てられた。また、合併地域全体の一体感の醸成や、天草の島としての魅力を再発見しようと「日本の宝島」というキーフレーズが登場していた。藤原は、市町合併を天草が島としての誇りを取り戻す好機と捉え、維新派天草公演が新市誕生記念イベントにふさわしい、象徴的な役割を

*3　二〇〇〇年に始まった市町合併議論では、「天草は一つ」という理念のもと、上島・下島全島での合併が目指されたが、具体的な検討に入る中で、二つの合併協議会に分かれることとなった。

果たすと考えていた。その土地ならではのサイトスペシフィックな維新派の上演に、まちづくりや建築を専門とする藤原もまた並々ならない思い入れを持っていた。この時点では、天草市は二〇〇五年四月に誕生する予定であった。

一月十一日空堀の事務所で、藤原の提案に松本がどう反応したか、私の記憶は曖昧だが、公演候補地探し、合併のリーダーシップをとる本渡市長との面談、維新派ファンで祖父が天草出身の吉本ばなな[*4]と松本との対談というプレイベント案など、様々なアイディアに話は弾んだ。維新派制作の衛藤千穂から二〇〇五年度のおおよその予定が示され、九月の新国立劇場公演が終わったら、松本が天草を訪問するということが決まった。

二〇〇三年一月下旬から始まった住民ワークショップは、合併地域を三地区に分けて巡回しながら、合計九回を三月半ばまでに実施する実に忙しいスケジュールだった[*5]。その合間を縫って藤原と私は、安田公寛本渡市長[*6]に維新派公演のプレゼンをし、また、天草公演実現のキーマンたち、窯元丸尾焼五代目当主金澤一弘[*7]、天草観光協会小山真一、熊本朝日放送ディレクター山森英雄に声をかけていった。新市まちづくり構想の策定が終わると、三月下旬、藤原は一年間の研究休暇のため遠くオランダへ旅立った。

*4 蛇足ながら、小説家吉本ばななの祖父、つまり詩人・評論家の吉本隆明の父の出身地は、市町合併に参加しなかった苓北町である。『吉本隆明の帰郷』に、隆明の父祖の地として天草を訪ねるルポルタージュがある。

*5 2市8町を3グループに分け、各3回（1回目・宝さがし「天草の宝をみんなで探しま

残った私は、長崎の大学で非常勤講師、北九州市で劇団制作の仕事に追われながら、井上と連絡を取り合い、天草の関係者へ維新派情報を提供するとともに、松本の天草訪問の調整を進めた。山森は、二〇〇五年が熊本朝日放送開局十五周年にあたることから、新市誕生とあわせて記念番組をつくる企画を早々にたちあげた。安田市長も含め天草関係者は、二〇〇三年九月、維新派新国立劇場公演『nocturne』を観劇した。維新派が二〇〇二年の犬島公演で朝日舞台芸術賞を受賞していたことも後押しとなり、天草の関係者間には上演に向けた気運が醸成されつつあった。

松本、故郷天草を訪ねる

松本にとって、大阪移住後初めてとなる天草訪問は、二〇〇三年十月二十九日、三十日に実現した。一日目は安田市長表敬訪問と松本の生家探し、二日目は下島での上演候補地見学に当てられた。両日ともさわやかな秋晴れのロケハン日和だった。二十九日、私は大阪の松本と衛藤、東京の井上と福岡空港で合流し、飛行機で天草へ向かった。天草空港では、金澤、小山が待ち受け、テレビ局の山森はすでに手持ちのカメラをまわしていた。以下の記述は、山森が二日間撮影し、約百分に編集した映像記録に多くを負っている。

す」2回目・宝づくり「天草の宝をみんなで考えます」3回目・宝島物語「将来のまちの物語をつくります」）ずつ合計九回、各地域で三十から四十数名の住民が参加して、三時間程度のワークショップを実施した。

*6　一九四九年旧本渡市生まれの市長は、このとき四十五歳。若い頃に日本青年会議所副会頭を務め、元熊本

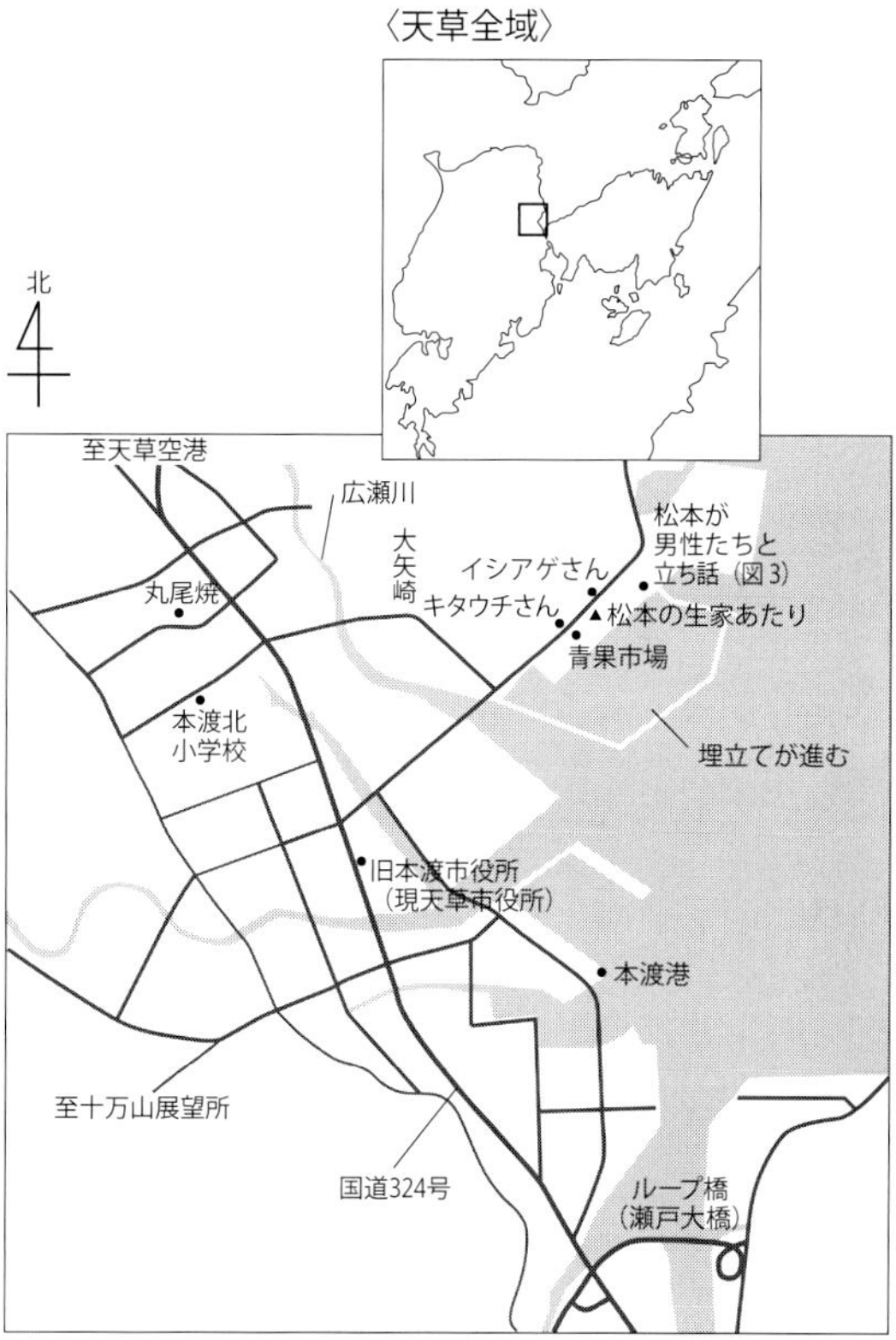

空港到着後、私たちは丸尾焼の工房に移動し、当日の行動予定を確認した。合わせて、松本に天草の地図を見せながら、生家の思い出を聞いた。「勝鬨橋」[*8]の開閉が見えたこと、船からこぼれ落ちる石炭（天草では無煙炭が採れた）を海で拾ったという話から、大矢崎あたりと小山がすぐに断言した。天草観光協会でフィルムコミッション

図２　旧本渡市中心部から大矢崎界隈

県知事細川護熙が創設した日本新党から参議院選挙に出馬するなど、島の市長ながらも全国的に活躍した経験を持ち、文化的なことにも関心や包容力があった。合併のリーダーであり、新市誕生後、天草市長を2期務めた。

*7　金澤は、江戸末期に創業された窯元丸尾焼を担う陶芸家。産業としての天草陶磁の活性化を牽引する他、天

も担当する小山は、天草の歴史と地理に詳しかった。約束の時間になり、本渡市役所に市長を表敬訪問した後、標高二百二十メートルの十万山へ車で移動した。展望台からは眼下に本渡市街、北に雲仙普賢岳や島原天草の乱の終結地原城、東には不知火海が臨める。先ほど降り立った天草空港や熊本三角港の位置を尋ねる松本は、自分が今いる場所を確かめようとしているようだった。

中心市街地に下って少し散策した後、松本が小学校一年生まで住んでいたと思われる大矢崎界隈へ移動した。本渡市中心部の北東、有明海に面した場所だ。有明海に注ぐ広瀬川に沿ってしばらく歩くが、周囲には比較的新しい集合住宅が立ち並ぶだけだ。「古い家は残ってないなぁ」と記憶のよすがを探すかのように松本が言う。天草について母親が話してくれたことは、「とにかく、イワシ。イワシがうまい。それから海に続く川で採れる海苔がうまい、うまい。もう味の話ばっかりやった」と笑う。父親が和船の造船所で働いていたこと、住まいから岸壁が見えた、という松本の話から、私たちは海岸に近い場所へ車で移動した。

比較的新しく設置された岸壁に降りると、松本は「ああ、ここから勝関橋が見えますね！　ああ、この辺やわ！　この辺ですねぇ。向かいにこんな島があったんや」と小さく感嘆の声をあげる。確かにそこからは、ループ橋がよく見えた。埠頭には仕事

草外に広い人脈を持ち、舞台、音楽など様々な文化活動、祭りやまちづくりにもリーダーシップを発揮するキーマンである。

*8　上島と下島の間の瀬戸を結ぶ橋のこと。一九七四年に現在のループ橋（天草瀬戸大橋）に架け替えられる前までは、両開き跳開橋であった。それを、松本は勝関橋と呼んだ。

図3　埠頭で男性たちに質問する松本

終わりなのか、作業服を着た年配の男性が二人佇んでいた。松本は、男性たちの方へスタスタと歩いて行き、やや唐突に「イシアゲ君」という人がこの辺りに住んでいないかと尋ねる。イシアゲ君は、小学校の同級生の名前らしい。男性たちが知る「イシアゲ」さんと、松本の同級生は一致しなかったが、重ねて造船所がなかったかと質問すると、片方の男性が指さして「造船所ならあっちです。ここは後からの埋め立てだから」と答えた。松本は、すかさず「そこに住んどったんですよ！　子どもの時のことなんで（場所を）覚えてないんです。そのイシアゲ君とは、小学校の時別れたきりや。今僕が57やから、その人も57」と話を続ける。

松本は、手元にあるわずかな記憶をたぐりよせるように、質問を重ねる。「馬車を引いてはったキタウチさん、あの辺ですか？」「本渡（市街地中心）から、馬車が来てたのは、僕も知ってます。でも馬車立てがあったかどうかは、わからないですね。キタウチさんは、今も2軒ありますよ」。山森がカメラを回しているせいか、地元の男性は方言を交えず慎重に受け答えする。松本はそれを聞き、「やっぱ、あの辺やわ！」とうれしそうだ。「キタウチさん、姫路あたりに引っ越された人があるでしょ？　息子さんか、娘さんか。一度大阪で会うたことあるんですよ」と懐かしそうだ。

私たちは教えられた「キタウチさん」の家を目指した。表札がすぐに見つかり、松本は「あ、これそやわ！　この名前。覚えてるわ」としばし何かを思いを巡らしているようだった。松本とカメラを回す山森の二人だけが、玄関先に入る。出てきた家人に、松本は「自分の家がどこやったか、探してるんですが」と口火を切り、キタウチさんについて覚えていることや、松本という家を知らないかなど、立て続けに尋ねた。しかし、応対した年配の女性は、カメラを警戒しているのか、夫も亡くなり、何も知らないと答えるばかりだ。松本は、外で待っていた私たちに、「ここにお嫁に来たのが遅かったみたいで」何もわからなかったと報告するが、「この家が元の地所のままやったら、僕とこの家はこの方向やわ」と確信に満ちた様子で、海の方を指差す。急に思い出したのか、小山が「そのあたりに、船大工の家がありましたよ」と応じた。松本の脳裏には、幼い頃の記憶が次々と甦っている様子で、「その隣ですわ、僕の住んでたとこは。そしたらこの道が、元々の道ちゃうかなあ」と続ける。「この道を行くと、本渡北小学校です」と金澤。「ああ！　思い出しましたわ。僕の家、こっちでねぇ。ここへきて、馬車に乗って、こっちに行った！　家、その辺やったんや」と興奮している。「それじゃあ、松本さんの家だったところへ行ってみましょうか」と小山が誘うと、松本は急に我に返って「もう、跡形もないやろうけど。悪いなあ、なんか、みんな（をつきあわせて）。」と照れたように笑った。

道路を渡って海側へ進むと、本渡青果市場がある。記憶を確かめるように「ああ、ここか。青果市場やったな。ここや。この辺やったと思うわ、この辺や」と、松本が指さす場所は、今は鉄筋コンクリート三階建ての集合住宅に形を変えている。「ということは、そっからが海やったんか」と、コンクリートの岸壁を見つめた。その先は埋め立てが始まっており、海が随分と先の方に見えた。周囲には、和船工場の名残や、昭和二十年代終わりから昭和三十年代を思い起こさせるような痕跡は、何も見当たらなかった。

私たちは、「イシアゲ」君の家を探すことにして、大矢崎を横切る通りに戻った。程なく表札が見つかり、松本と山森の二人で玄関に入っていく。出てきた家人に、松本が「小学校のときイシアゲハルヒコ君という同級生がおったんですけども」と切り出す。その年配の女性は、「ああ、ハルヒコと同級生ですか？　ハルヒコはここにはおらんですばってん」と打ち解けた返事だ。松本は、「やっぱりそや。ここでおうとった!!」と、カメラの山森に満面の笑みを見せた。勢いを得て会話が続く。「ハルヒコさんお元気ですか？」「今は熊本の方にいます」「ああ、引っ越しされたんですね。そうですか。住所とか分かります？」「ええ」「お母さんですか？」「いやいや、(ハルヒコの)兄の嫁です。ハルヒコはずっと年は離れとって。兄弟だけど、13も離れとってですよ。よう間違えらるっとですよ。」「家、前からここでしたよね？」「はい、家はここやったって。十一月三十日が法事ですから、(ハルヒコも)来ますよ。電話番号を教えますよ。おたくの名前は？」「松本雄吉です。覚えてくれてるかどうか分からんけど。小学校一年までしかおらんかったから。久々の里帰りで。覚えているのはイシアゲ君だけなんでね。仲よかったんですよ」ハルヒコの義理の姉も気さくに、イシアゲ君の現在の仕事などを話してくれる。松本は、彼女が見せてくれた電話番号を手帖に書き留めた。それは松本が、自分の記憶に確証を与える人とこの日初めて出会った瞬間だった。五十年前、天草のここに住んでいたという痕跡が見つかったのだ。

「イシアゲ君」の家を辞し、少し落ち着いた松本は「太平洋の荒波をイメージしとったら、違うなあ。ここは内海。軟弱に育ったんやな、俺。（自分が生まれた天草は）もっと湿しいところかと思ってた」とつぶやいた。小山が「内海といっても波はけっこう上がっていたと思いますよ。北風が吹くときは」と慰めるように声をかけた。私たちは、まずは第一のミッションである松本の生家確認を終え、夕方は安田市長も交えて会食したが、五十年振りに生まれ故郷を訪ねた松本の心中には、様々な思いが去来していたことだろう。

天草公演の候補地ロケハン

二日目も快晴に恵まれた。小山に代わって、同じ観光協会の岩美龍二郎が案内役を努めた。五和町の「鬼の城公園」、農業振興事業で生まれた天草町高浜の広大な空き地、民間企業が保養地として購入したものの使われずに町が買い戻した空き地など、下島北部の四、五カ所を回った。金澤と観光協会が、これら候補地を探してくれていた。松本に観光名所の紹介もしながら、ロケハンの車は本渡市から五和町、苓北町と北上した後、下島の西海岸天草町を南下し、最後は河浦町の崎津教会堂で旅を締めくくった。

どの候補地でも、松本は「ここいいなぁ」「一等地やなあ」「面白いなあ」「広さはいいな」と、まず必ず肯定的なコメントを発する。また、舞台の向きや、俳優たちの登場の仕方、客席の配置など、その場所ごとに具体的な劇場イメージが即座に立ち上がっているようで、現実的なポイントを次々に私たちに示す。十分な電源があるか、整地の必要性がないか、車道からの車のライトをどう遮るか、観客の来場のしやすさ、資材の運びやすさ、スタッフ・キャストが自炊しながら滞在できる場所が近くにあるか、などなど。私たちにとってロケハンは、維新派野外公演に何が必要なのかを学ぶプロセスでもあった。

奈良平城宮跡で上演された『アマハラ』のパンフレットで、制作の清水は公演場所の決定について、以下のように語っている。「松本さんが不思議なのは、いつも公演の場所を決める時は即決だったということです。「トワイライト」の時も、（移動の）車から降りて、あのグラウンドを見た瞬間に〝ここ！〟と決めてました。〝ここもいいけどあそこもいいなあ〟みたいな迷いを口にしたことは、全く聞いたことがない。多分松本さんにしか見えていない〈絵〉が、風景を見た瞬間パッと浮かぶんだと思います。」だとすれば、その時の天草公演候補地には、残念ながら松本を触発するものがなかったのだろう。

ロケハン後、松本、衛藤、井上、五島の四名は、天草エアラインで福岡を経由し、それぞれの本拠地へ戻る予定だった。しかし松本は、天草空港へ向かう車中で、突然「御所浦へ行く」と言い出した。御所浦は、不知火海に浮かぶ大小の離島からなる町で、本渡港から定期船で四十分ほどを要する。そういえば松本は、十万山展望台から臨む多島海の風景に「きれいやなぁ」を連発していたし、白亜紀の恐竜の化石が発見された島に惹かれたのかもしれない。あるいは、半世紀ぶりの故郷訪問を、一人で静かに振り返りたかったのかもしれない。

最終の定期船に、まだ間に合う時間だった。岩見が民宿に予約の電話を入れると、松本は一人飄々と恐竜の島へ渡ってしまった。翌日、金澤が松本を本渡港から天草空港へ送迎する予定だったが、松本から金澤への電話は、天草空港からだったという。

紆余曲折の市町合併

ロケハンまで行った天草公演は、この後実現へ向けて動き出すことはなかった。ひとつには、「公演実現に必要な一億円をどう集めるのか、知恵をしぼってください」、という井上の激励に、元来小心者の私がひるんでしまったこともあるが、肝心の市町合併がいったん頓挫したことが気勢をそいでしまった。

新市建設計画は二〇〇三年春に策定されていたが、一部自治体で合併前に駆け込みで大型投資事業（公共施設建設）を行う計画が発覚し、参加自治体の議会間に大きな不信感が生まれていた。二〇〇三年九月末までに2市8町のうち4町が、合併協議会離脱を相次いで決定した。松本らの来島はその直後だったのだが、参加自治体数が減っても、合併協議は進み天草市は二〇〇五年春には誕生する、というのがその時点での大方の見込みだった。

しかしながら、関係自治体間での議論は紛糾、二〇〇四年三月末には合併協議会そのものが解散し、合併協議は一旦白紙に戻ってしまった。その後、仕切り直しの議論を経て同年七月二十日に、当初の2市8町による合併協議会が再設置された。このような曲折を経て、予定より一年遅れの二〇〇五年年明けに合併協定の調印、諸手続きが行われ、新市は二〇〇六年三月末にようやく誕生した。その間私は、所属していた劇団の海外初公演で忙殺され、そうこうするうちに、二〇〇五年春に鳥取大学に着任し、九州からも演劇制作の現場からも完全に離れ、維新派天草公演を推進するエネルギーとタイミングを失ってしまっていた。

私はその後も維新派公演には通いつづけたが、天草公演立ち消えに後ろめたさを感じ、松本に話しかけることができないままでいた。二〇一〇年七月に岡山市で開催された松本の講演会で、ようやく謝罪と再会の機会を得ることができた。講演会は、NPO法人アートファームが「風景としての劇場〜地域とつながる野外劇場のチカラ〜」と題して主催したもので、ちょうど七月下旬から『台湾の、灰色の牛が背のびをしたとき』が犬島で上演予定だった。講演終了後思い切って挨拶すると、松本は驚いた様子だったが、天草訪問は良い思い出だと、変わらぬ気さくさで応じてくれた。そして、「天草まで、(主に関西の)客を連れてくるのは大変やからなあ」と、私を慰めるように言ったが、それはもしかすると松本自身への慰めだったのかもしれない。

天草が島であることを思い出すために

犬島公演『台湾の、灰色の牛が背のびをしたとき』には、フィリピンのダバオでマニラ麻の栽培に携わった、天草出身の松本金十郎という人物が登場する。『台湾の——』は、「〈彼〉と旅をする20世紀三部作」の第3部で、明治以降の近代化の中で、日本から海を越えて東南アジアの各地に渡った人々が断片的に登場しながら二十世紀を振り返る作品だ。

天草では、近世の終わりから江戸末期にかけて人口が爆発的に増大する一方、農地として開拓できる場所が島には限られていることから、多くの海外移民や出稼ぎを生んだ[*9]。島を出た人々の歴史は、天草を語る上で欠かせない要素である。郷土史家北野典夫は、長崎や北海道など国内はもとより、アジア、ハワイ、ロシア、アメリカ、南米と、世界各地に渡って人生を切り開いた天草諸島の人々について、『天草海外発展史』（一九八五）上下巻という大部の書籍で詳細に紹介している。ダバオへの渡航者には、有明町赤崎村出身者が多かったと数十名の名前を挙げているが、しかしそこに金十郎の名前は見当たらない。

　第二次世界大戦により、フィリピンに残された日本人移民とその家族・残留孤児が、「忘れられた日本人」として、日本のメディアで報じられるようになったのは一九八〇年代後半からである。金十郎の顔と名前が、藤崎康夫編著『写真・絵画集成日本人移民4　アジア・オセアニア』（一九九七年）で確認できる。劇中にあった通り現地の女性と結婚したこと、現地に残された三人の息子「松本兄弟」や、熊本の養老院で暮らす金十郎本人の写真も掲載されている。しかしここには、金十郎が「天草出身」とは明記されていない。藤崎は七十年代から移民の問題に関心を寄せていたようで、一九八五年にも『移民史2　アジア・オセアニア編』をまとめている[*10]。その巻末解説に、一九二四年にダバオにわたり、麻栽培に携わった天草出身の老人と、彼がフィリピンに残した家族についての記述がある。金十郎の名前はないのだが、記述

*9　江戸期の爆発的な人口増の理由は、島原天草の乱の後、島外から多くの移民を受け入れたこと、またキリスト教及び島原天草の乱以降に根付いた仏教観から、嬰児の間引きが行われなかったこと、イワシとサツマイモという糊口をしのぐだけの食糧が確保できたからと言われている。

*10　一九八四から一九

内容から先ほどの写真集の老人と同一人物であることがわかる。また解説文は、写真集よりも詳しく金十郎の人生について触れている。松本は、この別々の二冊に掲載された文章と写真から、天草出身の金十郎を甦らせたのだ。『台湾の——』に登場した天草出身者は、海を渡って功なり名を遂げた人物ではなく、世界史に翻弄された一人の男だった。

天草が島であることを思い出すための維新派天草公演は実現しなかったが、世界史と交差する天草島民の姿の一つが、立体化された金十郎に象徴されているように思える。穏やかに鈍く光る有明海に出て、大洋につながる天草灘を越え、幾多もの人々が好むと好まざるとにかかわらず天草を離れて、それぞれの地で切り開いた人生。島を離れて生きる人によって、描きだされる天草の姿が『台湾の——』に見出せる。

二〇一八年四月、久しぶりに墓参りのため天草を訪ね、大矢崎まで足を伸ばしてみると、埋め立てが完了し、広大な「本渡港大矢崎緑地公園」が整備されていた。松本の生家があったはずの場所から、また少し海は遠くなった。平地の少ない島は埋め立てを繰り返して、必要な土地を作り出してきたのだ。緑地公園の隣には、本渡中学校が移転新築されていた。公園に入ると、穏やかな有明海が見えてきた。松本の記憶に刻まれた生地の風景だ。瀬戸をつなぐループ橋も見え、夜になれば向い側の町の灯り

八六年にかけて、1南米編、2アジア・オセアニア編、3アメリカ・カナダ編の3巻が出版されている。

が海面に浮かびあがる。ここなら、天草空港や熊本市内のバスが到着する本渡バスセンターからのアクセスも悪くないし、本渡港もすぐそばだ。本渡中学校や緑地に野球場もあるから電源も十分そうだ。

「ここ、ええなあ」松本の声が聞こえるような気がした。

謝辞

本章をまとめるにあたり、二〇一六年四月熊本地震直後の多忙な時期に、過去の映像記録を快く提供してくださった、熊本朝日放送事業部山森英雄様に深く感謝申し上げます。

参考文献

天草市教育委員会（二〇〇八）『改訂版　天草の歴史』
石関善治郎（二〇一二）『吉本隆明の帰郷』思潮社
維新派公演パンフレット（二〇一六）『アマハラ』維新派公演物販部
北野典夫（一九八五）『天草海外発展史（下）』葦書房
熊本日日新聞社編集局（一九八七）『新・天草学』熊本日日新聞社
西尾俊一・衛藤千穂監修（一九九八）『維新派大全　世界演劇／世界劇場の地平から』松本工房
藤崎康夫（一九八八）「フィリピン移民問題―忘れられた日本人（戦争への視点）」『公明』（三一九）、一一六～一二二頁、公明機関紙局

藤崎康夫・今野敏彦（一九八五）『移民史2　アジア・オセアニア編』新泉社
藤崎康夫編著（一九九七）『写真・絵画集成　日本人移民4　アジア・オセアニア』日本図書センター

様々な「所作」に関する断片的な記憶について

塚原悠也

言葉が出ない

松本雄吉さんと最後に言葉を交わしたのは、ロームシアターのサウスホールで行われた、自分もフライヤーデザインで関わらせてもらった『PORTAL』という作品の上演時だった。といっても病床の最後の時期で実際には口から言葉は出てこず、僕の奥さんの今より多少ふくよかだった頃のお腹を見ながら手振りで「子供、三人目か？」と聞かれたことを思い出す。「いえ違います。」と奥さんが笑いながら答えると松本さんはごめんごめん、と手を振っていた。自分のキャリアの終わりの方までユーモアのセンスが変わらないということは大事なことだと感じた。これは単に温かい、いい話としてしたのではなく、孫くらいの世代とも屈託なく話す、そういった柔軟な態度こそが松本さんの特に晩年のクリエイションにかなり関わっていたからではないかと思うからだ。松本さんは、話すだけではなく、一緒に仕事をして、最後までいろいろな事柄を吸収していたように思う。自分の知るアーティストで最年長だった松本さんのあり方について考えたい。晩年と書いたのは、自分が松本さんの晩年しか知らないからだ。若い頃や、日本維新派時代は当然、大阪南港でのキートンなども残念ながら自分は見ていない。自分が知り合ったときにはすでに、関西のゴッドファーザーで、白髪だった。

フィネガン

はじめてちゃんとお話をしたのは心斎橋に移ってからのバー「フィネガン」でだったと思う。友人に連れて行ってもらうと、オーナーの西尾さんがこれ面白いでと今福龍太さんの『フットボールの新世紀』を譲ってくれたりしながら「松本さんもよく来るからまたおいで」と誘ってくれた。たまたま別の日に近くにいたので寄ってみると西尾さんはなんと松本さんに直接電話して「塚原くんきてますよ」とゴッドファーザーを呼び出してしまった。まるでぺーぺーの自分が呼び出したみたいになってしまい、なんてことをしてくれたんだ西尾さんと内心恐縮していると、松本さんはしばらくしてなんと自分で調理したオイルサーディンを持ってきてくれた。そのオイルサーディンが見たこともないくらいに綺麗でびっくりした。釣りたてのような銀色の魚がここまでにきれいだということは低温で非常にゆっくり調理した結果であって、ここまでの仕上がりは自分が何かを作るということに関してよっぽど辛抱強い証拠である。野外で大量の丸太を使い劇場までつくるという集団のボス、というそれまで持っていたイメージとは正反対の繊細さを目の当たりにした瞬間だった。松本雄吉という人物の眼差しの角度や深度を理解した。この魚をゆっくり調理しながらじっくりと観るように自分たちもその所作を見られていると感じた。自分が維新派の役者だったら恐ろしいなと思いながらも、詳しくみてくれているのかと心強くもあった。それから何度もフィネガンではいろいろな話を聞かせてもらうために遊びに行った。松本さんは朝の4時とかに自転車で蛇行運転をしながら東方面へ消えていった。

足場板

フェスティバル／トーキョーというイベントが以前それこそ東京で盛り上がっていた。維新派はこの企画に定期的に参加し、その中でも二〇〇九年に自分は屋台村を組み立てる一員として何日か現場にいた。西巣鴨にある小学校をリノベイトした現場で維新派は「ろじ式」を発表した。屋台村は維新派の野外公演における重要な、劇場外の構成要素として欠かせないファクターであり、公演の前後に観客が集まる小さな「街」でもある。かつての維新派の役者の白藤茜さんの息子である白藤垂人さんがディレクターとしてこの小さな街を組み立てている。何日も木材を扱いながら組み立て、その横で維新派「本体」は作品のリハーサルを行う。夏の時期で松本さんはケータリング用のお漬け物を作っていた。長丁場になると乳酸菌があったほうがいいとのことでそういうことになったらしいが、つけている容器に蓋がなく、屋台設営で余った足場板で休憩中に小さな蓋を作った。足場板は、屋台村だけでなく、維新派本体の劇場構成にも重要な意味を持つ素材であるが、松本さんはその蓋が気に入らなかった。人が踏む素材であるうえに「便所の蓋みたいやんけ」とのことである。

屋台村

琵琶湖で二〇〇八年に発表された『呼吸機械』では屋台村独自のイベントプログラムにコンタクトゴンゾとして呼んでいただいた。これは松本さんにもあらかじめ声をかけてもらっていたものだが、いざパフォーマンスをすると終わってから松本さんに「こういう喧嘩みたいなのは、ここでは普通や。」と言われ、まぁそうよねとシュンとした。その日は屋台村の飯場で寝かせてもらったがゴンゾのメンバーの三ヶ尻敬悟は酔っ払いすぎて、琵琶湖の波打ち際でずぶ濡れになりながら寝ていた。映画監督の柴田剛さんが出していた店で、ものすごいきつい酒のドリンクを格安で販売していた為に全員が泥酔していた。朝起きると、前の晩に燃やされた木が炭となって溜まっていた。

権威・他

一度、松本さんと飲んでいるときにちょっと冗談っぽく「宮内庁の賞、おめでとうございます。」と話していたら「お前なんか、かなんなぁ。」と言われたことがあった。長い歴史のなかで、松本さんがどういう考え方をし、どういう選択をしたのかということに関して自分は意識的である。重要な選択肢がある場合、どうしても松本さんならどうしたかということが自分の場合は少し頭をよぎる。例えば、なぜ松本さんは教育の現場には入らなかったのか。どう考えてもオファーはあったと思われるし、安定的な一定の収入が活動にも寄与したのではないかと考える。自分の活動の一環でオランダの国王に謁見したことをちょっと自慢げに松本さんにメールをしたが、病床の末期で伝わらなかった。まぁどうでもいいことではある。

芸術

「芸術は、個人の暗い、ドロッとしたもの、あくまでも個人の活動やと思う。」という内容のことを話してくれたことがある。それはおそらく現代の芸術を成立させるための助成金の話や、公共の予算で行われる物事について言及したものかと思われる。以前の作品について「犯罪者が人を殺してナイフをもったまま大阪の街を走り回る作品にしたいねん」と行政関係者にはなしたら「それは困ります、言われてな」という言葉がなかなか忘れられない。芸術家の発想も一定条件のもとでは制御される時代である。

都市における遊びの機能について

松本さんと一番話したのは、どういう遊びをするかということかもしれない。アフリカで流行った「トレイン・サーフィン」は警備会社がストライキをした際に子供達が走っている電車の上に乗って踊りながら移動するものである。その動画を見ながら、松本さんが大阪で以前やっていた遊びを教えてくれた。それは土佐堀あたりを運行しているタグボートのロープにつかまって川を移動するというものだったそうだ。「どこで手を離すのかが大事で、怖がってつかまりすぎたら大阪湾の方まで行ってしまうねん」とのことだった。大阪もそうだが年々「遊び」の形態が変化している。現代の遊びは安全だ。さらにいうとタダの、金銭のかからない体を動かす遊びが減っている。遊ぶことにお金を払うとはどういうことか。自分たちは遊ばされているのではないか。松本さんと話していると社会によって管理された身体について考える。「たまに人の庭に植物の種を投げる」といっていた松本さんは、じっくりと時間のかけたささやかな抵抗とその展開を見守る人だったのかもしれない。

反博

大阪万博の開催時に、反対運動をパフォーマティブに行う「反博」というイベントを行っていたらしい。以下は、コンタクトゴンゾ・マガジンという自主発行の冊子に収録した松本さんのインタビューより抜粋。

「なんかねその当時そんなんばっかりで、劇場にたどり着くまでに例えばお正月に梅田のね今でもある、阪急と阪神の間に歩道橋あるじゃないですか、あそこの上でなんか葬式やろうかとかね。ちょうどね、反博、反戦の為の万国博というのがその頃企画されとって、要するにベトナム戦争さなかで万博をやるっていうので俺らはそんなお祭り騒ぎしてる場合じゃないよ、みたいなんでね、だから正月ってのはナカザで藤山寛美が鏡開きするようなんしとって、あれ恒例やねんね、未だにやってるらしいけど、でそっちが鏡開きやったらこっちは梅田の歩道橋で葬式やろうやないかいうてほんでそれはすごかって2元中継で藤山寛美とうちと、朝日放送が両方とりよったんや。時代やね。」

シンプルさに関して

自分がやっているコンタクトゴンゾという集団は、今でこそいろいろな世界各国の地域を仕事で回るが、おそらく松本さんがいなかったらもう少し軌道に乗ることが遅かったかもしれない。松本さんが審査員で入っていた賞などで自分たちを推してくれていたことでいろいろな人の思考に影響を与えてくれたように思う。そういう噂を聞いた。いわゆる照明効果や、作り込みの極度に少ない、音楽もない中で殴り合うパフォーマンスを評価してくれた理由を考えていた。それに関連するのが松本さんに教えてもらった「プレイ」との関連もあるかもしれない。松本さんが大阪教育大学で学んでいた時代に手伝ったりしていた池水慶一さんらを中心とする芸術家集団で都市において様々な活動をすることで知られている。松本さんが教えてくれたのは巨大な卵のような形状のものを海に放流するというものであった。いわゆる「パフォーマンス」ではなく当時「ハプニング」と呼ばれていた活動だ。演劇ではなく美術分野でのこういった活動があるためにいろいろな形状のパフォーマンスに理解が深いのだと思われる。「行為」とよばれるシンプルな行いの数々は丁寧に冊子として「報告」もされる。二〇一五年に奈良県曽爾村で発表された『トワイライト』では実現しなかったプランの一つに背景として見えている遠くの山から木を一本切り出してゆっくり客席の前まで運んでくるというものがあった事を聞いた。僕としてはそういう維新派も最高だなと思うが「役者がセリフはないんですか？」って聞いてきよるんやーと笑いながら話してくれた。現代でいうと美術作家のフランシス・アリスなどの話をお互いによくした。二〇一三年の犬島で発表された『MAREBITO』において靴を船に見立ててたくさん並べるシーンなどはその影響が強くみて取れる。

中指

松本さんは、しゃべるときに人差し指ではなく、中指でいろいろな事柄を指し示しながらしゃべる事が多い。ぼくはいつもそれをヒヤヒヤしながら見ていた。七十歳くらいになったら自分も試してみたい。なぜそうなったのかはついに聞けなかったが様々な打ち合わせに不思議な空気感を生む事に多少寄与しているように思う。松本さんの所作で最も特徴的なことではないかと思う。

sea water

自分がディレクションをさせてもらったNPO法人ダンスボックス主催の「アジア・コンテンポラリーダンスフェスティバル@神戸」に松本さんにも出演してもらった。これが生前、松本さんが実際にパフォーマンスをした最後の作品である。このフェスティバルでは、移民や移住すること、それによって何が運ばれるのかということを主題にプログラムを構成した。この作品には、松本さんと、ベトナム出身の映像作家ジュン・グエン＝ハッシバさんと、コンタクトゴンゾの立ち上げ人でもあるダンサーの垣尾優にも出演してもらった三者のコラボレーション作品である。ハッシバさんの父親を亡くされた経験や、その亡くなる際に「来世で会おう」と父親と話したというエピソードから仏教における「輪廻」のアイディアを発展させた。劇場の近くにある長田港から海水を実際に運ぶことからパフォーマンスが始まり、その様子は映像で中継されて劇場で待つ観客がそれを見守る。三十分ほどしたら実際にこの3者がバケツに入れた海水を持って劇場に登場しタライに流し込む。最終的にこの海水は様々な小さな器に分配され、その作業を観客も手伝う。海水がその質量を変化させながら移動するものである。松本さんはその間に自身のテキストを朗読した。

以下は松本さんの朗読したテキスト内容である。

——長田港にて（中継）

「わたしたち三人、ジュン・グエン・ハッシバと垣尾　優、松本雄吉は、今、長田港で海水を汲んでいます。」

「灯台が見えているわ」

「冬の海だわ」

「人間の身体の約60％は水分です。ちなみに、体重、50キロの人の身体の水分は50×0.60＝30キロです」

「わたしたちは、今日、30キロの海水を汲み、歩いて、ダンス・ボックスまで運びます」
「海の、お水取りだわ」
「ここから、ダンス・ボックスまで歩いて約15分です」

――ダンス・ボックスまで歩きながら…

老人の水分量―体重の50％、成人―60％、子供―70％
胎児―90％、クラゲ―96％

「バケツの中で海水が揺れているわ」
「海水と血液は似ている」

	海水	血液	体液
ナトリウム	32.4%	36.3%	34.2%

塩素	58.2%	40.6%	42.3%
カリウム	1.2%	1.7%	1.6%
カルシウム	1.2%	1.1%	0.5%
マグネシウム	3.9%	0.4%	0.2%

「人間の体内にも〈海〉が存在する」

「バケツの中で海水が音を立てているわ」

「今、○○を歩いています」

「地球の水の総量は、約14億Km^3。その97%が海水、淡水は約3%に過ぎない」

「バケツの中で海水がおどっているわ」

「海水には、地球上に存在するほぼすべての元素が溶けている」

水素・ヘリウム・リチウム・ベリウム・ホウ素・炭素・窒素

酸素・フッ素・ネオン・ナトリウム・マグネシウム・アルミニウム・
ケイ素・リン・硫黄・塩素・アルゴン・カリウム・カルシウム

「わたしはお母さんの骨を海へ流したわ」

スカンジウム・チタン・バナジウム・クロム・マンガン・鉄
コバルト・ニッケル・銅・亜鉛・ガリウム・ゲルマニウム・ヒ素・セレン・
臭素・クリプトン・ルビジウム・ストロンチウム

「バケツの中の海水が光っているわ」

イットリウム・ジルコニウム・ニオブ・モリブデン・テクネチウム・
ルテニウム・ロジウム・銀・カドミウム・インジウム
スズ・アンチモン・テルル・ヨウ素・キセノン・セシウム・バリウム

「海水は生きているわ」

ランタン・セリウム・プラセオジム・ネオジム・プロメチウム・サマリウム・ユウロビウム・カドリニウム・テルビウム・ジスプロニウム・ホルミウム・エルビウム・ツリウム・イッテルビウム・ルテチウム・ハフニウム・タンタル・タングステン

「海水は霧になるわ」

「海水は蒸発するわ」

レニウム・オスミウム・イリジウム・白金・金・水銀・タリウム・鉛・ビスマス・ポロニウム・アスタチン・ラドン・フランジウム

「海水は雲になるわ」

ラジウム・アクチニウム・トリウム・プロトアクチニウム・ウラン・
ネプツニウム・プルトニウム・アメリシウム・キュリウム

「海水は雨になるわ」

バークリウム・カリホリニウム・アインスタイニウム・フェルミウム・
メンテレビウム・ノーベリウム・ローレンシウム

「海水は川になるわ」

ラサホージウム・ドブニウム・シーボーギウム・ボーリウム・ハッシウム・
マイトネリウム・ダームスタチウム・レントゲニウム

「海水は海に戻るわ」
「ダンス・ボックスにつきました。階段を上ってそちらへ行きます」

——ダンス・ボックス劇場内

三人、海水を金盥へ注ぎいれる。
金盥から金盥へ、注がれ、移されていく海水。

ブラジル渡航者心得

「移民ハ男女共洋服ヲ着用シ日本服ハ一切持参スベカラズ。尚左ノ物品ハ各自之ヲ携帯スベシ。一、下シャツ及ヅボン下、一、寝巻用様式ジバン、一、敷布団ノ皮、一、手拭、一、鉽力薬缶一、毛布、一、靴及靴下、一、鉽力金盥、一、行李（竹又ハ柳）一、帽子、一、歯磨粉、楊枝、櫛、鏡、剃刀、一、手紙用紙、状袋、鼻紙、一、鉽力製湯呑、一、簡易ナル寝台アレバ得ニ妙ナリ」

「わたしも海をわたったわ」

「移民ハ大洋航海ノ汽船中ニ在テハ毎日数時間甲板ニ出デ、充分ニ運動スベシ終日臥床スルハ眼疾ヲ招クノ基ニシテ為メニ充血ヲ起シ上陸ノ際移民検疫官ニ拒絶セラル、恐アリ」

「母と一緒に舟に乗ったわ」

ジュン・グエン・ハッシバ
2011年5月のインタビュー記事から

「ジュン・グエン・ハッシバさん」

「アーティストになったのはなぜですか?」

「そもそもアーティストになると決めたのは父との約束でした。

父は工学系の技術者でした。親同士の会話などで子供の話になるたびに、自分の子供が医者や弁護士になるのではなく、芸術を勉強していることにちょっと居心地が悪かったようです。父がそう感じていることに、ぼく自身も居心地の悪さを感じていたので、芸術をめざしているのならば、ちゃんとアーティストになると約束をしたのです」

「お父様は満足されていますか？」

「二年前に亡くなったのですが、生前に僕のことを自慢してくれることもあったようなので、父の誇りとなるという約束は果たせたのではないかと思います」

「何がアーティストとして生きることへと導いたのでしょうか？」

「高校を卒業したころに仏教の教えに出会い、人生を生きる意味が分かるようになったと思います。別に仏教でなくてもよかったのです。何か生きるための指針になるもの、原理原則と出会うことが大切でした」

「どんな原則ですか？」

「仏教の基本的考え方である、輪廻の思想が僕にとっては非常に重要です。いま生きている世は前世と関係し、また次の生まれ変わりにも影響するという、すべての生がつながっているという考え方が、自分にとっての重要な考え方となっています。

現実にはその通りに厳密にしたがって生活するというのは難しいのですが」

「前世はなんだったのですか?」

「人間であったとは思いますがなんだったでしょうか? 次の生まれ変わりはわかっているんですけどね。父ともう一つの約束をしたんです。父と僕の人生を交換して生きてみようと。父が僕の体験をしてみたいと望んだからです。僕も父の人生を生きてみたいと願っています」

「水が音を立てているわ」

「海は荒れていたわ」

「自用ノ洗面金盥及手拭ハ決シテ他人ニ貸スベカラズ是レ「トラホーム」其他眼疾感染ノ恐レアレバナリ」

「わたしは船酔いしたわ」

「何人ノ面前ニ於テモ肌ヲ顕ハスベカラズ」

「卑猥ノ言語行動ハ特ニ慎ムベシ」

「わたしは夢見たわ」
「明治41年４月28日、第１回契約移民１６５家族９８１名及び自由渡航者12名、合計７９３名は東洋汽船所属笠戸丸に乗じ、神戸港を離れた」
「見知らぬ土地を夢見たわ」
「笠戸丸は、シンガポールに寄港し印度洋を横断してケープタウンに寄港し52日の長航海を無事に終へ６月18日サントス港に到着」

以下は制作過程におけるコラボレーターで映像作家のジュン・グエン＝ハッシバさんからのメモ。

Hello to ALL,
Thank you to Fumi for some updates.
I would like to raise some thoughts because I am not sure how the ideas we developed on last Skype meeting is beginning to change.
前回のスカイプミーティングからの発想が展開していっている事に関

して、不明な点があるのでいくつか考えた事をお伝えしたいと思います。

About the plastic cup idea, I think it may visually look wonderful with 1000 cups, but I also think that the concept of moving the weight of average human water content will be lost.

I think there are many critical things lost by using the cups.

プラスチックカップのアイディアに関してですが、それが１０００個風景は見た目的にすばらしいと思います。

一方で人間の体に含まれる量の水分を運ぶというコンセプトが失われるのではないかと思います。そこはかなり重要な要素が失われないでしょうか。

Are we pouring water inside one cup into another cup?

We lose the impression of human physical struggle. Cups are so easy to hold, so easy to contain water, so clean, so convenient.

コップからコップへ水を移す感じですか？
コップは簡単に持てるという事と、水を運ぶの容易である事から、なにかしら人間の体が物理的にもがいているかのような印象を失います。

I also think simplicity and rawness are lost from previous version of the idea. Before, we had the idea of larger container (large buckets, styrofoam boxes, TARAI...) They are large containers which are still an every day objects, but to move the water from one container to the other, we must physically become involved in the process. And I think the best way to simulate the "struggle" is to use their two hands to move the water.

また、生々しさ、シンプルさといったものも以前の案の大きなバケツや、発泡スチロール、タライにはあったように思います。大きな容器であり日用品であるものですが、水を移し替えるとなると、私たちは物理的に巻き込まれる事になります。身体の苦闘、もがきの用なものを作り出すには両手で水をすくうのが一番いいと思います。

We spoke about water's interesting tale about the ability to "carrying" history. I think our main theme behind the project being "migration" and "reincarnation", it is about carrying one's history. And we've connected the water we are trying to move (in circle) as the natural water we carry with us (the average water content of a human being).

水に関して私たちはそれが歴史を運ぶのだという興味深い話をしました。このプロジェクトのメインテーマでもある移民である事や輪廻天性についてということは、つまり一人の歴史を運ぶ事だと言えます。そこに私たちの体内にある量の水という要素を接合しました。それを（円形に）運ぼうと。

So, probably the best kind of container would be old fashion TARAI which has been beaten up by years of use. OR worn out tin container. I think in these options, we do not need to have all of them in same size. I think variation in sizes produce natural population of humanity. But definitely not a plastic one.
そこから考えると、一番いい容器は例えばボコボコになったふるいタライのようなものかもしれません。もしくはすり切れたブリキの容器であるとか。この場合はすべての容器がすべて同じサイズである必要は無いかもしれません。サイズの違いは人々の違いを想像させることが出来るかもしれません。ただプラスチックはそういう意味で違うかもしれないと思います。

We want to perform with sense of history, sense of the past yet with the present. We also want to give the feel of denseness of our karma, what we carry with us as we migrate（whether needing

to move or just wanting to move). It is out will which move our physical being. And we think of our inner will, it is really an heavy subject. And this heavy subject is what we are trying to move as we transfer water from one container to the next. Definitely we need to demonstrate the struggle. No audience should look like having “fun”.
私たちのパフォーマンスが現在ではなく、歴史を、過去の事を扱う事が出来ればと思っています。それと同時に私たちが移動（必要にかられて、もしくはただそうしたくて）していても常に背負っている「運命／業」というものが不明確なものであるということも感じさせたいです。その事が物理的に私たちを変化させます（?）。そして私たちは自分たちの「内なる欲求」について考えはじめます。とても重いテーマだと思います。しかしこの「重いテーマ」を水を隣の容器に移す事によって、運ぼうとしているのだと思います。何かしらの苦闘／もがきを示すことは絶対必要です。つまりお客さんが「楽しそうにしている」という事ではないと思います。

So, using the cups seems like we lose so much of genuine struggle of humanity on the move.

以上の事からコップを使う事によって人のもがきや苦闘という要素を失うのではと思っています。

I hope you can understand my thoughts and concern. I am really concern about both the aesthetics and the conceptual aspect of the work.

私の考えが伝われば幸いです。作品のビジュアル的な美しさとコンセプトの二つに関して深く考えていました。

あとがき

維新派の上演を見始めるのは、私が大阪に赴任してきてからのこと、『水街』からである。『王国』のビデオを人から借りて予習したりもした。学生たちと一緒に見に行った上演に大きな感銘を受け、翌日か翌々日かの授業でこれからは維新派と生きて行こう、などと叫んだ。その後、勤め先の大学の総合学術博物館で「ろじ式――維新派という現象」展という展覧会をすることになったのも私にとっては僥倖だった。ほとんど維新派の方がやって下さったこの展覧会は、すばらしいデザインで、私としてもとても誇らしかった。その展覧会のイベントで、松本さんをお呼びしてシンポジウムをした。東京から扇田昭彦さん、カナダのヴィクトリア大学で日本演劇の教授のコディ・ポールトンさん、そして私とで、博物館のセミナー室で行った。もう何を話したかは忘れたが、扇田さんは自分の話をするよりも松本さんの話をしきりに聞きたがっていたのが印象的だった。コディさんのその時に話された内容はもしかしたら本論集に頂戴した原稿の元になったのかも知れない。打ち上げの時に居酒屋で、左に扇田さん、右に松本さん、真ん中に満足げな私がいる写真をとって貰った。もうそのお二人にはお会いすることはできないのが今でも信じられない。だからまだどこかでお目にかかれる気がしてしかたがない。

その後、覚えめでたくして下さったのか、維新派稽古場でロシア・アヴァンギャルドについて話をしてくれと言われ、もちろん喜んで話した。松本さんを始め、劇団員の皆さんや、またアーティストで演出家のやなぎみわさんも来て下さった。維新派の仕事は世界を見渡しても類のない、日本の誇るべき演劇であることは明らかだったので、世界の演出家と松本さんを比較してその美学などについて話もした。その日の話を松本さんは大変喜んで下さったようで、その後夜遅くまでご一緒した。その時、もっとどんどん維新派について発表して下さい、あんまりそういうの好きじゃないの?と聞かれたりした。それでという訳では全くないが、私も外国での学会などでは維新派について研究発表してきた。話をすると聴衆は皆関心を持つ、しかし劇団はもうないというと非常に残念がる。

松本さんが亡くなる年の二月、豊中市が主催で、極東退屈道場の林慎一郎さん書き下ろし『PORTAL』を松本さんが演出するということがあった。その一月ほど前に、阪大で松本さんをお呼びして、林さんと私とで挟んで、これまたシンポジウムをした。『PORTAL』の上演宣伝を兼ねたものだったが、その頃松本さんは入院していて、このシンポジウムのためにこっそり抜け出してきて下さったという。抗がん剤故か頭髪が見られる状態ではないと言って帽子を深く被り、カテーテルを付けるとのことで首をマフラーでぐるぐる巻きにし、大きなマスクという出で立ちで、ほとんど見るのも痛ましい程だったが、シンポジウムで話し始めるとこれが全くの雄弁、かつ快活そのもので、素晴らしかった。まだまだ仕事して貰えると思った。それから数ヶ月後には亡くなってしまうとはとても思えなかった。

個人的な思い出を話せば切りがない。私としてはこれから本格的に研究が始まると考えているので、研究をしている時だけは松本さんや維新派の世界と一緒にいられる気がするし、だからそれは嬉しく思う。維新派の制作の山﨑佳奈子さんと清水翼さんにもお世話になり、とてもよくして下さって、感謝の言葉もない。最後の上演『アマハラ』で使った舞台小道具の椅子やスーツケースなどを、北加賀屋の倉庫を引き払われる時に下さるというので、自分の車に入るだけ入れて持ち帰り、今でも研究室に大切に保管してある。大阪大学出版会の板東詩おりさんにも企画当初から編集の細かい仕事ですっかりお世話になった。昨年刊行された『維新派・松本雄吉　1946〜1

970〜2016』が最初は大阪大学出版会でどうかという話があった時は色めき立ったが、最終的に条件などで折り合わず、結局は刊行できなかったことは、お話しを下さった小堀純さんにも申し訳なく思う。我々もとても残念だったが、今回の論集が刊行できたので本当に良かったと思う。

この論集は何よりも松本さんに読んで貰いたかった。共著者の皆さんも同じだろう。松本さん、何て言うか。あのはにかんだようないつもの調子で、ありがとうございますって言って下さるかな…。

この本を改めて、松本さんと維新派に関わったすべての皆さんに捧げたい。

永田靖

執筆者紹介

永田靖（ながた・やすし）【編者】

鳥取女子短期大学助教授を経て、現在、大阪大学大学院文学研究科教授、IFTR国際演劇学会アジア演劇WG代表。専門は演劇学、近現代演劇史。主に日本・アジア地域の演劇接触の研究と研究ネットワークの構築を行っている。共編著に『記憶の劇場―大阪大学総合学術博物館の試み』（大阪大学出版会、二〇二〇）、*Modernization of Asian Theatres* (Springer, 2019)、*Transnational Performance, Identity and Mobility in Asia* (Palgrave, 2018)、『歌舞伎と革命ロシア』（森話社、二〇一七）、共著に *Adapting Chekhov The Text and its Mutations* (Routledge, 2013)、*The Local Meets the Global in Performance* (Cambridge Scholars Publishing, 2010)、『アヴァンギャルドの世紀』（京都大学学術出版会、二〇〇一）、翻訳に『ポストモダン文化のパフォーマンス』（国文社、一九九四）等、多数。

市川明（いちかわ・あきら）

近畿大学助教授、大阪外国語大学外国語学部教授を経て、大阪大学大学院文学研究科教授。退職後、大阪大学名誉教授。ブレヒト、ハイナー・ミュラーを中心にドイツ現代演劇を主に研究。編著に「ブレヒトと音楽」シリーズの『ブレヒト　詩とソング』（花伝社、二〇〇八）、『ブレヒト　音楽と舞台』（同、二〇〇九）など。個人訳によるドイツ語圏演劇翻訳シリーズ全二十巻のうち第五巻『アンドラ』（松本工房、二〇一八）までを刊行。多くのドイツ演劇を翻訳し、上演し続けている。日本演劇学会理事。

アンドリュー・エグリントン
(Andrew Eglinton)

甲南女子大学文学部英語文化学科専任講師。演劇批評家・翻訳家。専門は演劇、パフォーマンス・スタディーズ。特に、現代演劇におけるデジタル・ドキュメントと、日本女性の移動・移民と舞台芸術表象に関する二つの科研費プロジェクトを遂行している。英字新聞『ジャパン・タイムズ』寄稿者。

エグリントンみか【翻訳】

神戸市外国語大学外国語学部英米学科教員。演劇批評家・翻訳家・ドラマターグ。

須川渡（すがわ・わたる）

福岡女学院大学人文学部講師。大阪大学大学院文学研究科修了。博士（文学）。専門は演劇学。主に東北地方の農村を中心とした戦後日本の地域演劇について調査研究を行っている。主な論文に「民話劇の系譜―劇団ぶどう座・川村光夫『うたよみざる』を中心に」（『演劇学論集』第五十号、日本演劇学会、二〇一〇）、「「役者子ども」のもつ想像力―秋浜悟史『幼児たちの後の祭り』と『ロビンフッド劇』をめぐって」（『待兼山論叢』第四十四号、待兼山藝術学会、二〇一〇）がある。

細馬宏通（ほそま・ひろみち）

早稲田大学文学学術院教授、滋賀県立大学人間文化学部名誉教授。専門は人間行動学。相互行為場面における声と身体の時間構造の分析を行う一方、さまざまなジャンルの作品批評も行っている。

主著に『二つの「この世界の片隅に」』『絵はがきの時代』『浅草十二階』（青土社）、『介護するからだ』（医学書院）、『ミッキーはなぜ口笛を吹くのか』（新潮社）、『うたのしくみ』（ぴあ）、『今日の「あまちゃん」から』（河出書房新社）他多数。編著に『ＥＬＡＮ入門』（ひつじ書房）。

福島祥行（ふくしま・よしゆき）

大阪市立大学大学院文学研究科教授。専門は、相互行為論、言語学習、外国語教育、フランス言語学、境界論、コミュニティ創発。人と人との関わりについて、言語、教育－学習、演劇などをフィールドとして学んでいる。最近の業績は、「地域防災劇団の演劇公演を通じた社会的レジリエンスの創発による防災・減災のこころみ」『都市防災研究論文集 5』（大阪市立大学都市防災教育研究センター、二〇一八）、「グループ・ワークにおけるふりかえりの生成―フランス語初級クラスの相互行為分析から」『Revue Japonaise de Didactique du Français 11-1・2』（日本フランス語教育学会、二〇一六）、「都市・境界・アート―コミュニケーション空間の相互行為的生成について」『URP GCOE DOCUMENT 13』（水曜社、二〇一二）など。大阪市内で二十五年連続テント野外劇をおこなった浪花グランドロマン代表、および地域防災劇団スミヨシ・アクト・カンパニー代表。

古後奈緒子（こご・なおこ）

大阪大学大学院文学研究科准教授。大阪アーツカウンシル委員。専門は、舞踊史・舞踊理論研究。二〇〇〇年より京阪神の上演芸術のフェスティバルに記録、批評、翻訳、アドバイザー等で関わる。論文「ホーフマンスタールの舞踊創作における異質性／他者性の作用」（『近現代演劇研究』第六号、二〇一七）、「マイノリティのパフォーマンスを引き出すメディア空間―『フリークスター3000』にみる空間の多重化」（『a+a 美学研究』第十号、二〇一七）、「批判的反復による失われた舞踊遺産のアーカイヴ」（『舞台芸術』第二十一号、二〇一八）他。

橋爪節也（はしづめ・せつや）

東京藝術大学美術学部助手から大阪市立近代美術館建設準備室主任学芸員を経て大阪大学総合学術博物館教授、大学院文学研究科（兼任）。前大阪大学総合学術博物館長。専門は日本・東洋美術史。著書に『橋爪節也の大阪百景』（創元社、二〇二〇）、編著に『大大阪イメージ―増殖するマンモス／モダン都市の幻像』（創元社、二〇〇七）、監修に『木村蒹葭堂全集』（藝華書院）など。

小林昌廣（こばやし・まさひろ）

京都造形芸術大学教授を経て、現在、情報科学芸術大学院大学教授。専門は身体論、医学哲学、表象文化論など。近年は古典芸能の批評史について研究をしている。主著に『病い論の現在形』（青弓社、一九九三）、『「医の知」の対話』（中川米造との対談、人文書院、一九九五）、『伝統芸能ことはじめ』（京都芸術センター、二〇一八）など多数。医学・哲学・芸術の三角形の中心に「身体」を据え、独自の身体論を構築している。

コディ・ポールトン（M. Cody Poulton）

ヴィクトリア大学太平洋アジア学科教授（カナダ）。PhD（トロント大学）。専門は日本の近・現代演劇。二〇一五年から二〇一六年にかけてベルリン自由大学のInterweaving Performance Cultures（織り交ぜる芸能文化）研究所のフェロー。主な出版物は *Spirits of Another Sort: The Plays of Izumi Kyōka*（『類の異なった精霊たち・泉鏡花の戯曲』、二〇〇一）、*A Beggar's Art: Scripting Modernity in Modern Japanese Drama, 1900–1930*（『乞食芸・日本の近代を脚本する』、二〇一〇）、*The Columbia Anthology of Modern Japanese Drama*（『コロンビア大学近・現代日本戯曲集』。トマス・ライマー、毛利三弥と共編、二〇一四）など。翻訳は歌舞伎から別役実、唐十郎、平田オリザなど現代演劇まで多数。

加藤瑞穂（かとう・みずほ）

芦屋市立美術博物館学芸員（一九九三～二〇一一）を経て現在、大阪大学総合学術博物館招へい准教授。専門は近現代美術史。カナダの研究者と共同企画した *Electrifying Art: Atsuko Tanaka 1954–1968*（二〇〇四～二〇〇五）で、翌年2004–05 AICA-USA［国際美術評論家連盟アメリカ支部］アワード「ニューヨーク市内で開かれた美術館での個展部門」第二席。『復刻版具体』（藝華書院、二〇一〇）の監修と別冊の執筆に携わる。近年の共同企画展として *Atsuko Tanaka. The Art of Connecting*（国際交流基金主催、二〇一一～二〇一二）。近年の共編著として『戦後大阪のアヴァンギャルド芸術』（大阪大学出版会、二〇一三）。二〇一五～二〇一八年度、三回にわたるシンポジウム「『具体』再考」シリーズ（学術研究助成基金助成金基盤研究（C）課題番号16K02266）を企画開催。

家成俊勝（いえなり・としかつ）

関西大学法学部卒。大阪工業技術専門学校夜間部卒。二〇〇四年、赤代武志と dot architects を共同設立。京都造形芸術大学空間演出デザイン学科教授。アート、オルタナティブメディア、建築、地域研究、ＮＰＯなど、分野にとらわれない人々や組織が集まる大阪のコーポ北加賀屋を拠点に活動。代表作として、個人住宅 No. 00（二〇一一）、Umaki Camp（二〇一三、小豆島）、千鳥文化（二〇一七、大阪）などがある。第十五回ヴェネチア・ビエンナーレ国際建築展（二〇一六）にて審査員特別表彰を受賞（日本館出展作家）。第十五回ヴェネチア・ビエンナーレ国際建築展（二〇一六）にて審査員特別表彰を受賞（日本館出展作家）。

酒井隆史（さかい・たかし）

大阪府立大学大学院人間社会学研究科教授。専門は社会思想史、都市文化論など。著書に、『通天閣―新・日本資本主義発達史』（青土社、二〇一〇）、『自由論（完全版）』（河出文庫、二〇一九）、『暴力の哲学』（河出文庫、二〇一五）がある。

若一光司（わかいち・こうじ）

大阪府豊中市出身。作家・画家。『海に夜を重ねて』で一九八三年度の文藝賞を受賞。小説のほかノンフィクションや評論も手がけ、趣味の化石採集での著書もある。アジア情勢や人権問題に精通しており、テレビ出演も多い。『ペラグラの指輪』・『自殺者の時代』・『毒殺魔』など著書多数。

林慎一郎（はやし・しんいちろう）

演劇ユニット極東退屈道場主宰。北海道函館市出身。京都大学総合人間学部卒。劇作家・演出家。大阪市立咲くやこの花高校演劇科講師。二〇〇七年、極東退屈道場を結成。都市とそこで暮らす人々の姿を取材し、その断片をつなぎ合わせることで現代都市神話ともいわれる作品群を作り続けている。演劇の普及活動にも積極的に取り組み、戯曲塾・伊丹想流私塾の師範を長年に渡って務めた他、劇場・学校での演劇創作のワークショップも多く行なっている。代表作に、『サブウェイ』（第十八回ＯＭＳ戯曲賞大賞）、『タイムズ』（第二十回同特別賞）がある。松本雄吉が演出した『PORTAL』は第六十一回岸田國士戯曲賞にノミネートされた。

五島朋子（ごとう・ともこ）

鳥取大学地域学部国際地域文化コース教授、地域学部附属芸術文化センター長。専門はアートマネジメント。地方自治体職員や劇団制作といった経歴を踏まえ、現在は、主に地域における演劇活動や劇場のあり方、高齢者の演劇活動についての調査研究を行っている。論文に「創造集団が運営する劇場と地域住民の関係構築に関する考察」（『アートマネジメント研究』美学出版社、二〇一七）、「地域主権時代の公共劇場を担う専門人材に関する考察」（『文化経済学』、二〇一三）等。大学と地域のまちづくりや芸術関係組織と連携し「ワークショップデザイナー育成プログラム」や「地域を知り、地域で実践するためのアートマネジメント講座」などの事業を実施している。

塚原悠也（つかはら・ゆうや）

contact Gonzo 主宰。関西学院大学大学院文学研究科美学専攻修士課程修了。二〇〇二年より大阪に拠点を構えたＮＰＯ法人ダンスボックスで運営スタッフとして活動。「新世界アーツパーク」で様々なイベントやライブを目撃。そこで出会ったダンサー垣尾優と二〇〇六年に contact Gonzo を結成し、その後様々なメンバーが合流、現在は集団として活動しパフォーマンス作品だけでなく映像、写真、インスタレーションの製作など活動は多岐にわたる。個人の名義として丸亀市猪熊弦一郎現代美術館でのパフォーマンス企画「PLAY」に参加し三年連続する三部作の作品を発表。現在は、京都市立芸術大学彫刻学科非常勤、なにわ橋駅併設アートエリアＢ１と京都国際舞台芸術祭 KYOTO EXPERIMENT においてそれぞれ共同ディレクターを務める。

漂流の演劇

維新派のパースペクティブ

2020年8月10日　初版第1刷発行　［検印廃止］

編　者　永田靖

発行所　大阪大学出版会

代表者　三成賢次

〒565-0871 吹田市山田丘2-7

大阪大学ウエストフロント

TEL　06-6877-1614（直通）

FAX　06-6877-1617

URL http://www.osaka-up.or.jp

ブックデザイン　UMA/design farm（原田祐馬、山副佳祐）

目次・扉・巻末写真　井上嘉和

協　力　株式会社カンカラ社

印刷・製本　亜細亜印刷株式会社

ISBN 978-4-87259-693-9 C1074